퍼포스풀

Purposeful

PURPOSEFUL

제 니 퍼 덜 스 키 지 음 | 박 슬 라 옮 김

사소한 시작이 위대한 성공이 되는 법칙

퍼포스풀

RHK
알에이치코리아

3 간절한 것을 설정하라
-의도를 행동으로 옮기는 첫걸음

4 골리앗을 동반자로 만들라
-결정권자를 설득하는 법

7 실패의 두려움을 넘어서라
-장애물을 넘어 끊임없이 나아가라

1

퍼포스풀의 놀라운 힘

무브먼트란 무엇인가

자신이 변화를 일으키기에 너무 작은 존재라고
생각하는 사람[1]은 모기 한 마리가 윙윙거리는 방
에서 잠을 자 본 적이 없는 사람이다.

- 크리스틴 토드 휘트먼 Christine Todd Whitman

이 책은 평범한 사람들이 비범한 변화를 일구는 방법에 관한 이야기다. 정치가나 대기업 CEO처럼 막대한 권력이나 책임을 쥐고 있는 사람들이 아니라 바로 당신, 당신과 함께 일하는 팀원들, 그리고 평범한 이웃들이 주변 사람들을 모으고 결집시켜 비전에 생명을 불어넣는 방법에 관한 이야기다. 자, 그럼 그런 일이 어떻게 가능한 걸까?

열아홉 살의 마날 로스톰Manal Rostom은 이집트 카이로에서 홍해로 가는 버스를 타고 있었다. 그녀가 사촌과 좌석을 바꿔 앉은 지 5분 쯤 지났을 때 버스의 타이어가 터지는 사고가 일어났고, 버스는 사막으로 곤두박질치며 세 바퀴를 내리 굴러 떨어졌다. 다행히 마날은 무사했지만 사촌인 모함메드는 온 몸이 마비되는 부상을 입고 3주 뒤에 숨을 거뒀다. 이 사건은 마날의 삶을 송두리째 뒤흔들어놓았다. 그녀가 슬픔과 트라우마를 견뎌낼 수 있었던 것은 오로지 신앙 덕분이었다. 사고가 일어나기 전에는 평범한 이슬람 신도였던 마날은 이 사고를 계기로 독실한 신자가 되었다. 그리고 2년 후, 가족들이 구태여 강요하거나 바라지도 않았는데 마날은 무슬림의 전통 머리쓰개인 히잡을 착용하기로 결심했다. 마날은 이렇게 말했다.

"내게 두 번째 삶의 기회를 주신 데 대해 신에게 감사드리는 내 나름의 표현 방법이었지요."

마날은 그 뒤로 14년 동안 히잡을 착용했다. 당시에는 히잡에 익숙하지 않거나 여성에 대한 탄압이라고 여기는 서구인들의 비판이 다소 있었지만, 이집트와 쿠웨이트에서 히잡을 쓰는 것은 그리 특이한 일이 아니었다. 그러나 변화의 바람이 불기 시작했다. 마날의 주위에서 점점 더 많은 여성들이 히잡을 벗었고, 언론에서는 히잡 착용에 반대하는 기사들이 등장했다. 그녀가 사는 두바이에서는 히잡을 착용한 무슬림 여성들이 비난을 받거나 일부 공공장소에 출입이 금지되기도 했다. 마날은 히잡을 쓰지 않는 사람들을 부정적으로 여기지는 않았지만, 히잡을 착용하는 것이 그녀 자신뿐 아니라 히잡을 쓰는 수많은 여성들에게 신앙과 긴밀한 연결감을 느끼게 해준다고 믿었다.

"나는 깨달음의 순간을 경험했어요. 내가 그저 체념하고 남들

퍼포스풀

이 하는 대로 따른다면 어떻게 변화를 만들 수 있겠어요? 그건 마치 흐름에 몸을 맡기는 죽은 생선이 되는 거나 마찬가지죠. 하지만 난 물살을 거스르기로 결심했어요. 난 죽은 생선이 아니니까요."

2014년에 마날은 페이스북에 히잡을 쓰는 여성들이 서로를 돕고 지지할 수 있는 커뮤니티를 개설했다. 커뮤니티의 이름은 '서바이빙 히잡Surviving Hijab'이었다. 하필 그런 이름을 붙인 이유는 그것이 바로 그녀가 하고 있는 일이라고 생각했기 때문이다. 4월의 어느 날 밤, 마날은 페이스북 그룹을 개설 후 80명의 여성을 초대했다. 대부분이 그녀의 친구와 가족들이었다. 다음 날 아침이 되자 마날은 회원 수가 5백 명이 넘는다는 사실을 알게 되었다. 그렇게 몇 달이 지나지 않아 마날의 커뮤니티는 4만 명이 넘는 여성들이 히잡을 착용하는 데 대해 자부심을 느끼고 서로를 격려하고 지지하는 공간이 되었다. 3년 후 서바이빙 히잡은 전세계 약 50만 명의 회원으로 이뤄진 대형 커뮤니티로 성장하여, 히잡을 착용하는 여성들을 지지하는 모임으로서의 역할을 다했다. 직접 행동에 나서고자 했던 마날의 바람이 하나의 무브먼트movement를 창조한 것이다.

이토록 많은 지지자들과 함께라서 더 큰 변화를 이끌어낼 수 있었다. 마날은 낮에는 제약회사에서 일하며 인터넷 커뮤니티를 운영했고, 동시에 열정적인 육상선수이기도 했다. 히잡을 착용하고 경기에 출전할 때마다 그녀는 크나큰 비난을 마주하곤 했다. 사람들은 종종 그녀에게 다가와 이런저런 것들을 물어댔다.

"그렇게 뒤집어쓰고 달리면 덥지 않아요?"

마날은 경기에 참가한 선수 중 유일하게 히잡을 쓴 선수로서, 이를 무슬림 여성에 대한 편견을 줄일 기회로 여겼다. 하지만 그녀는 그보다 더 야심차고 뜻 깊은 일을 하고 싶었다. 마날은 친구의 권유로, 그리고 그녀를 지지하는 모든 서바이빙 히잡 여성들의 응원을 등에 업은 채 나이키 중동 지부의 수석 감독인 톰 울프 Tom Woolf에게 편지를 썼다. '나이키 중동 지부에 – 베일을 쓴 여성 육상선수들 :)'이라는 제목의 이메일에서 마날은 여성들로 구성된 서바이빙 히잡 커뮤니티에 대해 설명하고, 히잡을 쓰고도 활발한 운동이나 신체활동을 할 수 있도록 여성들을 북돋고 싶다고 전했다.

"제가 이런 메일을 쓴 이유는 나이키 클럽 선수들 사진에 히잡을 쓴 여성이 한 명도 없었기 때문입니다! 여긴 중동이에요. 당연히 그런 여성이 한 명이라도 있어야 하지 않을까요?"

마날은 보내기 버튼을 누른 후, 마음을 졸였다. 그러나 두려워할 필요가 전혀 없었다. 톰이 답장을 보냈기 때문이다.

"메일을 보내주셔서 감사합니다. 시기적으로 정말 중요한 제안을 해주셨습니다. 사실 저도 이곳 나이키팀과 비슷한 대화를 나누고 있었거든요. 혹시 저희와 만나보실 생각은 없으신지요….

내일 오후 3시는 어떨까요?"

마날은 톰의 제안을 흔쾌히 수락했고, 두 달 뒤에는 히잡을 쓴 여성으로서 최초로 나이키 광고에 출연했다. 2015년 3월에는 두바이에 있는 나이키 여성전용 러닝클럽의 초대 코치로 임명되었다. 그리고 마침내 2016년 3월, 두바이에 위치한 나이키 본사에 초청받은 마날은 놀라운 소식을 들을 수 있었다. 나이키가 2018년 초반에 히잡을 착용하는 무슬림 여성들을 위해 나이키 프로 히잡Nike Pro Hijab 브랜드를 출시할 예정이라는 것이었다. 그 소식을 들었을 때, 마날은 그동안 서바이빙 히잡에서 읽었던 여성들의 온갖 힘겨운 일화가 떠올라 눈물을 터트리고 말았다.

"꿈만 같았죠. 나이키 같은 대형 글로벌 브랜드가 무슬림 여성 소비자들을 위해 상품을 출시하는 건 여태껏 처음 있는 일이었으니까요. 나이키 로고가 우리에게 힘을 준 겁니다."

나이키 웹사이트에서는[2], 프로 히잡을 개발하는 과정에서 마날과 다른 무슬림 여성 선수들이 프로토 제품의 착용성과 통기성을 직접 시험하는 등 많은 도움을 주었으며, 나아가 문화적으로 중요한 조언과 피드백(가령 히잡은 안이 비치지 않게 완전히 불투명해야 한다든가)을 제공해 주었다고 강조했다. 사실 나이키가 무슬림 여성 운동선수들을 위해 히잡을 출시한 최초의 회사는 아니지만, 거대 기업이 그녀를 지지해 주고 있다는 사실은 마날에게 엄청난 성취감을 안겨주었다. 마날은 자신과 나이키 프로 히잡을 착용하는 여성들이 신앙심을 지키는 동시에 저 드넓은 세상으로 나아가 원하는 일을 하고 싶어 하는 어린 소녀들의 롤 모델이 될 수 있을 거라고 생각했다. 한편 마날은 하나의 공동체가 공통된 목적의식을 공유한다면 편견을 극복하고 변화를 일굴 수 있다는 사실을 배웠다.

닐 그리머Neil Grimmer는 아직도 스스로를 사회 부적응자이자 펑크 록 가수라고 소개한다. 아이디오IDEO와 클리프 바Clif bar에서 고위 임원직을 역임했지만, 젊었을 적 예술가로, 그리고 펑크 밴드의 뮤지션으로 보낸 시간이 현재의 그를 설명하는 데 커다란 영향을 끼쳤기 때문이다. 그런 닐에게 아버지라는 역할은 그리 어울리지 않을 것 같았다.

권위에 도전하는 데 도가 튼 닐은, 부모가 자식들을 위해 만드는 음식에 대해서도 열렬히 항의했다. 아무리 마트를 샅샅이 뒤져도 갓난아기에게 먹일 유기농 제품을 찾을 수가 없자 닐과 부인 타나 존슨은 이유식을 직접 만들기 시작했다. 맞벌이하면서 이제 걸음마를 배우고 있는 아이와 신생아를 키우다 보니 자식들 수발을 드느라 온 몸을 바쳐야 했고, 이유식을 만들거나 어린이집에 다니는 큰 딸에게 건강식 도시락을 싸주려면 거의 매일 밤 늦게까지 고생을 해야 했다.

그러던 어느 날 밤 10시가 넘도록 유기농 야채를 익혀 잘게 갈고 있던 닐은 문득 생각했다.

'분명히 더 좋은 방법이 있을 텐데. 일하는 부모가 이렇게 고생하지 않고도 자식에게 몸에 좋은 음식을 간단히 먹일 수 있는 방법이 분명히 있을 거야.'

닐은 하루하루를 바쁘게 보내는 부모들에게 적절한 해결책을 모색하기 시작했고, 창의성과 사업가 정신을 발휘해 플럼 오가닉스Plum Organics를 설립했다. 부모들이 안전하고 몸에 좋은 음식으로 아이들을 건강하게 키울 수 있게 돕는 회사였다.

플럼 오가닉스의 이러한 설립 목적은 회사의 모든 면면을 설명할 뿐만 아니라 - 상품개발부터 팀빌딩Team Building, 주간 회의 방식까지 - 힘든 시기가 와도 헤쳐나갈 수 있게 도와주었다. 물론 모든 게 항상 쉬웠던 것은 아니다. 닐은 자신과 공동설립자인 셰릴 오로린Sheryl O'Loughlin이 때때로 섬에 갇혀 상어 떼에 포위되어 있는 느낌이라고 고백했다. 그들은 회사를 운영한 경험이 없었기 때문에 모든 것을 직접 부딪치며 배우는 수밖에 없었다. 투자자를 결정하고, 상품 제조과정을 감독하며, 나중에는 스타트업 기업을 운영하는 데 대한 스트레스로 건강 이상에 이르기까지, 수많은 위험이 도사리고 있었다.

그들은 누구를 믿어야 할지 몰랐다. 하지만 그와 동시에 가족들의 건강을 지키고자 하는 사람들을 돕는다는 회사의 분명하고 뚜렷한 목적은, 그곳에서 일하는 모든 사람들 - 섬에 갇힌 사람들 – 과 끈끈한 결속력을 다지게 해주었다. 닐과 셰릴의 믿음과 노력은 커다란 보상으로 돌아왔다. 수백만 명의 부모들이 플럼 오가닉스의 이유식을 구매하기 시작했고, 회사는 미국 최고의 유기농 이유식 회사로 발돋움했다.

플럼 오가닉스는 6년 사이에 8천만 달러의 매출을 올리며 성장했고, 전략적 파트너 및 사모투자 전문회사들로부터 엄청난 주목을 받았다. 닐은 캠벨 수프Campbell Soup의 CEO인 데니스 모리슨Denise Morison과 중요한 만남을 가진 후 깊은 유대감을 느껴, 결국 2013년에 플럼 오가닉스를 캠벨 수프에 매각하기로 결정한다. 캠벨은 플럼 오가닉스에 자원을 투자하고 회사의 사명을 충실하게 실천한다는 두 가지 약속을 모두 지켰다. 같은 해에 플럼 오가닉스가 공익법인PBC으로 전환하는 것을 허용한 것이다. 공익법인이란 주주들뿐만 아니라 기업과 관련된 모든 이해관계자의 이익을 위해 일하는 사회적기업이다. 당시 플럼 오가닉스는 법적으로 PBC로 전환한[3] 유일한 공개기업의 완전자회사였다. 이후 플럼 오가닉스는 성장을 거듭했고 뿐만 아니라 막대한 수익을 올리고 있는 유기농 이유식 부문의 선도주자가 됐다.

게다가 자녀의 입으로 들어가는 음식의 안전과 건강에 대해 관심을 갖는 부모들이 늘어나면서 2020년에는 유기농 이유식이 전체 이유식 식품의 약 76퍼센트까지[4] 차지할 것으로 전망했다. 닐이 내다봤듯이, 공통된 목적의식은 새로운 아이디어에 불을 붙이는 강력한 연료가 될 수 있다.

2014년, 메건 그라셀Megan Grassell은 아직 고등학교도 졸업하지 않은 나이에 옐로우베리Yellowberry를 창립했다. 옐로우베리는 10대 초반 및 여성 청소년들의 성장기에 적합한 브래지어를 만드는 회사다. 메건은 처음으로 브래지어를 하게 된 열세 살 여동생과 함께 수많은 속옷가게들을 돌아다녔지만 섹시함을 강조하지 않거나 패드가 없고 푸시업이 아닌 브래지어를 단 하나도 찾을 수 없었다. 그래서 메건은 직접 회사를 차리기로 결심했다. 사업을 어떻게 하는지도, 속옷은 또 어떻게 만들어야 하는지도 전혀 모른 채로 말이다. 후에 메건은 이렇게 말했다.

"그때 팍 하고 깨달음이 온 거예요. '내가 직접 그런 제품과 브랜드를 만들어서 아직 성장 중인 여자아이들에게 자신감을 북돋아줄 수 있지 않을까?'라고요."

메건은 이 생각에 푹 빠진 나머지, 사업에 대해서는 아무것도 모른 채 당장 행동에 착수했다. 몇 가지는 처음부터 순조로웠던 반면 몇 가지는 그렇지 못했다. 메건은 생각했다.

'좋아, 브래지어를 만들려면 먼저 천부터 사야겠지?'

그래서 그녀는 인터넷에서 천을 사기로 하고 색깔을 골랐지만 자신이 배의 돛을 만드는 데 쓰는 천을 골랐다는 사실을 꿈에도 몰랐다. 짐작이 가겠지만, 그건 브래지어를 만들기엔 전혀 좋은 선택이 아니었다. 메건은 우여곡절을 거쳐 함께 일할 재단사를 찾아 여러 개의 시제품을 만든 다음, 모아놓은 용돈을 투자해 공장에서 브래지어 4백 장을 제작했다. 그녀가 감당할 수 있는 최대치였다.

첫 제품을 생산한 후[5], 메건은 회사를 세우려면 자금이 더 많이 필요하다는 사실을 깨달았다. 그래서 그녀는 다른 수많은 가난한 창업가들과 같은 길을 선택했다. 킥스타터Kickstarter에서 모금 프로젝트를 시작한 것이다. 처음에는 호응이 좋지 않았다. 처음 몇 달 동안 그녀가 모은 돈은 고작 2백 달러였다. 메건의 가족과 친구들이 그녀의 킥스타터 페이지를 찾아 2만 5천 달러라는 목표의 1퍼센트도 채우지 못했다는 사실을 알게 된다고 생각하면 민망하기까지 했다. 하지만 메건은 포기하지 않고 온라인을 이용해 그녀의 상품을 지원해줄 사람이나 회사를 찾아나섰다. 메건은 자신의 사명과 여기까지 오게 된 사연을 설명하는 이메일을 여기저기 약 2백 통이나 보냈는데, 그중 응답이 온 것은 단 한 건뿐이었지만 그것만으로도 충분했다. 마이티걸A Mighty Girl이라는 회사가 메건의 편지를 받은 후 웹사이트와 페이스북에 옐로우베리에 관한 포스팅을 올린 것이다. 24시간도 지나지 않아 메건의 킥스타터 캠페인은 2만 5천 달러를 달성했다. 초반에 이런 인터넷 인플루언서들이 보내준 지지는 메건의 성공에 결정적인 역할을 해주었다.

메건은 킥스타터를 통해 최종적으로 4만 달러를 모으는 데 성공했고, 처음 생산된 제품은(버그 바이트, 타이니 티턴, 트위트하트) 빠른 속도로 매진되었다. 메건은 사업적 성공을 거두는 데서 만족하지 않았다. 그녀는 대학에 입학하는 것도 미루고 심지어 올림픽 선수가 되겠다는 꿈마저 접은 채(메건은 미국에서 상위권 스키 선수였다) 어린 소녀들의 성상품화를 저지하기 위한 싸움에 뛰어들었다. 메건은 자신의 비전이 무엇인지 처음부터 뚜렷하게 알고 있었다. 그녀가 꿈꾸는 것은 소녀들과 함께 성장하는 브랜드, 소녀들을 격려하고 지지하며 자신의 속도에 맞춰 성장해도 좋다고 말해주는 브랜드가 되는 것이었다.

메건이 회사의 이름을 '옐로우베리'라 붙인 이유도 어린 소녀들에게 성장할 기회를 주는 것이 얼마나 중요한지 말하기 위해서였다. 빨갛게 익은 베리가 되기 전에 아직 '노란' 단계여도 좋다고 말이다. 메건이 시작한 무브먼트의 비전은 '다양한 성장 단계에 있는 여자아이들을 격려하고 지지함으로써 당당하고 자신감 넘치는 젊은 여성이 될 수 있게' 돕는 것이다. 그녀가 시작한 무브먼트의 물결은 아직도 계속 성장하는 중이다.

노드스트롬Nordstrom과 같은 대기업들에서 옐로우베리 브래지어를 판매하고, 에어리Aerie 같은 유명 브랜드가 메건과 손잡고 옐로우베리의 메시지를 퍼트리며, 전 세계에서 매출이 증가하고 있다. 옐로우베리가 널리 퍼져나가면서 메건에게도 무수한 찬사가 쏟아졌다. 그녀는 2013년《타임Time》에 '세계에서 가장 영향력 있는 10대 25인'으로 선정되었고, 《허핑턴포스트Huffington Post》에서는 '가장 용감한 10대 14인', 2015년《포브스Forbes》에서는 '영향력 있는 30대 이하 리더 30인'에 올랐다.

메건의 고객들은 옐로우베리를 사랑한다. 그들이 회사 페이스북에 적은 메시지를 보면 얼마나 깊은 감사와 고마움을 느끼고 있는지 실감할 수 있다.

"우리 딸들에게 '환상적인' 브라예요. 방금 처음으로 주문을 하고 두근거리는 마음으로 기다리고 있어요. 이런 멋진 제품이 있다는 걸 알려주려고 친구들을 초대해 패션쇼라도 열어야 하나 생각 중이에요."

옐로우베리를 입고 찍은 소녀들의 사진(전부 브래지어를 착용한 소녀들의 뒷모습을 찍은 것으로 '그들이 세상으로 나아갈 때 뒤에서 받쳐주겠다'는 회사의 사명을 상징한다)은 말할 것도 없다. 고객들의 이런 진심 어린 호응은 메건의 목적의식을 거듭 확고히 다져주고 계속해서 나아갈 수 있게 지탱해 주는 원동력이다. 메건은 2017년《포브스》인터뷰에서 이렇게 말한 바 있다.

"내가 정말 좋아하는 건[6] '우리 커뮤니티에 올라오는 수많은 글들이에요. 많은 사람들이 옐로우베리를 통해 어떤 경험을 했는지, 딸들이 옐로우베리 제품을 입고 어떤 기분을 느끼는지 감동적이고 가슴 따뜻한 메시지를 보내줍니다. 지금도 그런 글들을 읽다 보면 눈물이 나죠. 가급적이면 모든 글에 일일이 댓글을 달려고 노력하고 있고, 그들이 단순한 고객을 넘어 우리 회사의 사명을 이해하고 지지해준다는 사실에 대해 정말 감사히 여기고 있습니다."

메건은 사람들의 공통된 목적의식을 이용한다면 자신의 꿈을 현실로 만들 수 있다는 사실을 깨달았다.

긍정적 변화의 시작점

마날과 닐, 메건이 똑같이 중요하고 숭고한 목적을 가지고 성공을 거둘 수 있었던 이유는 무엇일까? 시의적절한 때 끝내주는 아이디어를 갖고 나타난 유능한 리더라서? 어쩌면 그럴 수도 있다. 하지만 자세히 들여다보면 그들에게 한 가지 공통점을 찾을 수 있다. 그들은 하나의 무브먼트를 시작했다.

무브먼트라는 움직임은 여러 사람이 하나의 공통된 목적을 달성하기 위해 모이고 뭉칠 때 발생한다. 마날과 닐, 메건은 사람들이 중요하게 여기는 목적을 위해 움직이게 하는 데 성공했다. 히잡을 착용하는 여성에 대한 편견을 바꾸는 것이든 갓난아기에게 몸에 좋은 음식을 먹이는 것이든 또는 10대들의 성상품화를 막기 위해 싸우는 것이든 그들은 주변 사람들이 목적을 위해 행동하고 이를 널리 퍼트리게 함으로써 무브먼트를 창시했다.

무브먼트가 강력한 이유는 무엇인가? 목적의식은 전염된다. 뜻이 같은 사람들이 모여 공동체를 형성하고, 구성원들 각자가 변화를 만들기 위해 열정적으로 활동하면 무브먼트는 성장하고 확산된다. 무브먼트의 물결이 유능한 리더의 확신과 행동에 의해 처음 촉발된다면, 그것이 성공에 이르는 것은, 공동체 내에 새로운 리더들이 형성되고 그 구성원들 각자가 변화를 일구기 위해 자신의 몫을 해냈을 때다.

말만 들으면 간단한 일처럼 느껴질지 모르지만, 이런 무브먼트의 힘이 얼마나 강력한지 알고 싶다면 평상시의 삶을 한번 떠올려보자. 아마 많은 사람들이 우리의 삶을 이끄는 원동력은 무엇이며 진정으로 중요한 것은 무엇인지 모른 채 무작정 하루하루를 바쁘게 흘려보내고 있을 것이다. 직업도 개인적인 삶도 – 또는 함께 일하는 팀원들도 – 능숙하게 관리, 지휘하고 있을지 모르지만 이를 자신의 신념이나 핵심 가치와 연결짓지 못할 것이다.

관리자와 리더의 차이에 대해서는 많은 사람들이 여러 글들을 통해 이미 설파한 바 있지만 대부분은 의견이 일치한다. 관리자는 자잘한 전술과 일상 업무를 운용하는 데 치중한 반면, 리더는 다른 사람들이 따라오도록 격려하고 열의를 불어넣는 사람들이다.

여기서 나는 리더십에 대해 새로운 의견을 제시하고 싶다. 나는 그동안 페이스북과 구글, 체인지닷오알지Change.org 등 여러 회사에서 일하면서 가장 훌륭하고 유능한 리더란 곧 무브먼트 스타터라는 사실을 깨달았다. 이들은 리더십을 한층 더 발전시킨다. 그들은 남들에게 자신을 따르라고 설득하지도 않는다. 사람들이 이들을 따르거나 지지하는 이유는 그들이 긍정적인 변화를 창출하기 때문이다.

나는 일터에서도 사회운동에서도 이런 광경을 수없이 목격했다. 나는 페이스북 그룹의 총괄로 일하면서 커뮤니티를 이끄는 수백만 명의 사람들과 공통된 열정, 경험으로 연결된 전 세계 수십억 명을 이끌고 지원했다. 인터넷 청원 사이트인 체인지닷오알지의 전前 사장이자 최고운영책임자COO로 일할 때는 수많은 평범한 사람들이 그들이 중요하게 여기는 문제에 대해 하루에 1천 건 이상의 청원을 올리는 것을 보았다. 하루에도 수십 개가 넘는 청원들이 목표를 달성하고 염원하던 변화를 실현했다. 실리콘 밸리에서는 거의 20년 동안 회사를 통해 세상을 더 좋은 곳으로 만들고자 하는 사람들과 함께 일했다. 내가 본 그들은 전부 나나 당신들처럼 평범하지만, 우리가 사는 이 세상에 중대한 문제가 있다는 사실을 발견하고 이를 해결하기 위해 기꺼이 일어선 사람들이었다. 학내 괴롭힘을 없애고 여성에 대한 폭력을 종식시키고자 하는 사람들. 다른 사람들에게 더 나은 교육환경과 의료시스템, 깨끗한 물을 제공하려는 사람들. 장애인의 삶을 개선하고 성소수자LGBTQ 공동체의 동등한 권리와 안전을 확보하고자 하는 사람들이다.

이러한 무브먼트를 하는 사람들이 그저 사회활동가들뿐이라고 생각한다면 잠깐 멈춰보도록. 2013년 내가 체인지닷오알지에 입사했을 때 가장 놀란 사실 중 하나는 무브먼트 스타터와 비즈니스 리더에게 필요한 리더십 기술이 거의 동일하다는 것이었다. 사실 그들의 리더십 기술에는 아무런 차이가 없다. 성공적인 리더십이란 목표에 대해 뚜렷한 비전을 구축하고, 다른 사람들이 함께 그 비전을 위해 노력하도록 북돋는 것이다. 그리고 권력자(결정권자)들에게 당신이 원하는 일을 하도록 설득해, 장애물과 난관을 극복한 다음 비전이 실현될 때까지 단념하지 않는 것이다. 이 같은 리더십 기술은 모든 분야와 대의, 모든 산업 부문의 무브먼트 스타터들이 공통적으로 지닌 특성이다. 정책이나 법률을 개정하든 새로운 브랜드나 회사를 구축하든, 혹은 그 사이에 있는 어떤 일을 하든, 자신이 열성적인 추종자들과 함께 무브먼트를 실천하고 생각하는 리더들이야말로 가장 강력한 팀을 구축하고 가장 큰 성공을 누릴 수 있다.

작은 행동은 점점 커진다

버락 오바마 대통령의 '오거나이징 포 액션OFA'을 이끌었고, 지금은 챈 저커버그 이니셔티브Chan Zuckerberg Initiative의 권리옹호 책임자로 일하고 있는 세계 최고의 사회운동가인 사라 엘-아민Sara El-Amine은 2016년 캐나다 오타와에서 열린 브로드벤트 연구소Broadbent Institute의 진보 정상회의Progress Summit에서 이렇게 말했다.

"변화는 권력의 전당에서 일어나는 게 아닙니다.[7] 변화는 부엌 테이블에서, 거실에서, 지금 같은 교육의 장場에서 발생하지 백악관이나 미국, 또는 국회에서 일어나는 게 아닙니다."

하지만 변화를 일으키는 데 있어 가장 중요한 것이 사람이라면 - 정부나 기업 같은 거대 단체가 아니라 개인이 변화를 창출하는 것이라면 - 우리가 그렇게 하지 못하는, 또는 훌륭한 아이디어가 피어나지 못하는 이유는 대체 무엇일까? 내가 본 중에 가장 큰 원인은 바로 우리의 행동이 중요하지 않을지도 모른다는 두려움이다. 즉 우리가 어떤 행동을 하든 1960년대의 인권운동이나 2000년대의 결혼평등권 운동처럼 역사적으로 중요하고 커다란 변화를 일으키지 못할 것이라고 지레짐작하는 것이다. 그러나 사실은 무브먼트를 시작하는 사람이 중요하게 여기는 주제야말로 그러한 변화의 규모를 결정한다.

일반적으로 우리가 생각하는 무브먼트가 '아랍의 봄'이나 '흑인의 생명도 중요하다'처럼 사회적으로 중대한 문제를 다룬다고 해서 작은 마을에서 일어나는 변화, 학교, 일터에서 일어나는 변화가 무브먼트가 아니라는 것을 의미하지는 않는다. 많은 사람들이 지역 공원과 산을 보호하고, 회사들이 재활용을 하도록 설득하고, 학교에 더욱 공정한 교육 방침을 제정하도록 제안한다.

이런 작고 소소한 행동들의 위력을 얕잡아보지 마라. 때로는 작은 행동들이야말로 향후에 당신이나 다른 사람으로부터 보다 거대한 움직임을 이끌어내는 계기가 된다. 1966년에 스탠퍼드대학의[8] 조너선 프리드먼Jonathan Freedman과 스콧 프레이저Scott Fraser가 발표한 연구 논문 〈압박 없는 순응: 문간에 발 들여놓기 기법〉에 따르면, 처음에 거절하기 힘든 작은 부탁으로 시작하면 나중에는 그보다 더 큰 부탁에도 승낙할 확률이 높아진다고 했다. 이 기법은 기본적으로 사람들이 남들에게 일관적인 모습을 보여주고 싶어 한다는 데 바탕을 두고 있다.

사회 조직에서는 이 기술을 '참여의 사다리'라고 부른다. 처음에는 사람들에게 청원에 서명을 하거나 페이스북 페이지에 '좋아요'를 누르거나 짧은 영상을 보는 등 작고 가벼운 행동을 해달라고 부탁한다. 그런 다음 공유하기, 기부하기, 또는 자원봉사 같은 한층 더 적극적인 행동으로 사람들을 조금씩 사다리 위로 끌어올리는 것이다. 때로 어떤 사람들은 체인지닷오알지에 서명을 하는 등의 행동이 입만 살아 있고 실천은 빠져 있는 이른바 슬랙티비즘slacktivism에 불과하다고 비난하기도 하지만, 이는 그러한 서명 운동이 종종 보다 적극적인 행동으로 가는 첫걸음이라는 사실을 간과한 것이다. 실은 온라인 서명처럼 작고 소소한 행동을 하는

사람들이야말로 뉴스 공유하기와 댓글 남기기, 전화 걸기나 결정
권자들에게 트윗을 날리고 돈을 기부하는 중간 단계를 거쳐 이윽
고 실제 행사에 참가하는 등 점진적으로 발전할 가능성이 크다.
실제로 체인지닷오알지의 청원에 서명을 한 사람들 중 47퍼센트
가 그 뒤로 최소 한 단계 이상의 더 강력한 행동을 취했다.

　모든 작은 행동은 중요하며, 이것들이 모여 거대해진다. 체인
지닷오알지에서 성공을 거둔 캠페인을 살펴봐도 그중 40퍼센트
가 서명 수 2백 개 이하에 불과하다. 때로는 변화를 시작하기 위
해 수백만 명이 필요한 것은 아니다. 그저 올바른 사람들의 커다
란 목소리가 필요할 뿐이다. 대중의 거대한 움직임이 필요하다면
작게 시작한 무브먼트가 전국 또는 국제적으로까지 발전할 수 있
다는 사실을 잊지 말고 끊임없이 되뇌어라. 플라스틱 봉지 사용
금지, 자연방사 계란 먹기 운동이 어떻게 힘을 얻었는지 떠올려
보라.

　때로는 비즈니스에 관한 아이디어가 무브먼트를 발생시키기
도 한다. 리프트_{Lyft}와 에어비앤비_{Airbnb}, 업무처리 방식에 획기적
인 시각을 도입한 태스크래빗_{TaskRabbit}이 그렇다. 구글, 페이스북,
아마존, 애플, 테슬라_{Tesla} 등의 대기업들은 세상을 더 긴밀히 연
결하고, 더 쉽게 탐색하며, 환경을 보호하고, 대중이 더 편리함을
누릴 수 있게 노력한다. 플럼 오가닉스와 체인지닷오알지, 메소
드_{Method}, 킥스타터처럼 공익에 이바지하는 PBC 기업들은 세상을

더 나은 곳으로 만드는 동시에 재정적인 성공도 거둘 수 있음을 보여주었다.

목적의식을 지닌 비즈니스는 변화를 추구하는 데 효과적일 뿐만 아니라 다른 측면에서도 더 나은 결과를 낳는 경향이 있다. 《기업 문화와 성과Corporate Culture and Performance》의 저자인 존 코터John Kotter와 제임스 헤스켓 James Heskett에 따르면[9] '목적의식을 지닌 기업은 비가치중심적 조직에 비해 장기적으로 높은 주가를 기록한다(12배)'고 했다. 《하버드 비즈니스 리뷰》는 EY 비컨 연구소EY Beacon Institute의 후원을 받아 작성한 〈목적의식에 관한 비즈니스 사례The Business Case for Purpose〉 보고서[10]에서 '성과와 수익성을 높이기 위해 목적의식을 활용하는 회사들이 뚜렷한 경쟁 우위를 누린다' 고 주장했다. 3년의 조사 기간 동안 기업 사명에 목적의식을 분명하게 명시한 58퍼센트의 회사들이 그렇지 않은 42퍼센트의 회사들에 비해 10퍼센트 이상의 성장률을 기록했다.

나아가 가치관의 공유는 브랜드 관계마저 향상시킨다. 64퍼센트의 소비자가 해당 브랜드를 사용하는 주요 이유[11]가 회사의 가치관 때문이라고 밝혔다. 목적의식은 기업 내부적으로도 생산성과 인재 유지율, 그리고 혁신이 상승하는 등의 이점을 낳는다. 링크드인LinkedIn의 회장이자 공동창업자인 리드 호프먼 Reid Hoffman은 이렇게 말했다.

"세상에 중요한 영향을 미치고 개인적인 성장을 경험할 수 있

퍼포스풀

는[12] 회사에서 일하고자 하는 전문가들이 점점 늘어나고 있습니다. 오늘날 이런 목적의식의 필요에 대해 이해하고 있는 회사들은 그런 직원들을 유입하고 인재를 더 오래 유지할 수 있는 역량을 향상시키고자 합니다."

나는 그동안 다양한 조직에서 일하면서 뭔가 거대한 것의 일부가 된다는 소속감이 사람들을 더 의욕적이고 창조적으로 만들며, 나아가 동료들의 관계를 더욱 긴밀히 개선하여 결과적으로 더 나은 성과로 이어지는 경우를 수없이 경험했다.

비즈니스 분야에서든 사회개혁 분야에서든, 무브먼트는 소수의 개인에서 시작해 보다 넓은 외부로 퍼져나가게 되어 있다. 몇몇 아이디어가 다른 것들보다 더 또는 덜 유리하다고 느낄 수는 있어도 사실 그런 건 별 상관이 없다. 정말로 중요한 것은 당신이 그 문제들을 얼마나 중대하고 심각하게 여기는가다. 만일 당신이 기꺼이 앞장서서 "왜 나는 안 돼? 내가 문제를 해결하거나 변화를 제안하는 사람이 되면 안 돼?"라고 외친다면, 이 책에서 배운 교훈을 통해 다른 사람들이 당신과 같은 대의를 위해 싸우도록 북돋울 수 있다면, 당신도 무브먼트를 시작할 수 있다. 그게 무엇이든 말이다.

우리가 곧 희망이다

우리가 무브먼트를 시작하고 주도하는 데에는 개인적인 성취를 넘어 더 크고 중요한 이유가 있다. 바로 세상이 희망을 필요로 하기 때문이다.

지금 우리가 사는 세상은 전쟁과 정치적 대립, 인종주의와 편견으로 분열돼, 분노로 가득 차고, 겁에 질려 갈기갈기 찢겨져 있다. 우리는 또다시 바이러스 확산이 거대한 위협으로 부상한 세상에 살고 있으며, 기후 변화는 인류를, 도시를, 궁극적으로 이 행성 전체를 파멸의 위험에 몰아넣고 있다. 어린 소녀들은 교육의 기회를 박탈당한 채 노예처럼 거래되거나 결혼이라는 이름으로 팔려가며, 세상을 보는 우리의 관점은 그 어느 때보다도 분열되어 있다. 이런 무수한 갈등과 심각한 문제들이 버거울 정도로 우리를 짓누르고 있다.

하지만 나는 희망이 있다고 믿는다. 그것은 마음속에 있으면서, 우리의 언행과 다른 사람들을 대하는 태도에서 드러난다. 어떤 사람들 속에서는 활기차게 넘실대고, 또 어떤 사람들 속에서는 조용히 잠자고 있을지도 모르지만, 우리가 간절히 바라는 희망은 본질적으로 이미 우리 안에 존재하고 있다. 우리가 바로 지금 이 순간 세상이 필요로 하는 리더들이다. 신문의 제일 앞 장에 인쇄된 비참하고 폭력적인 표제들을 지나면 마날이나 닐, 메건처럼 친절하고 너그럽고 용감하고 감동적인 이야기들을 볼 수 있다. 내가 무브먼트 - 누구나 무브먼트를 시작할 수 있다는 생각을 널리 퍼트리는 것 - 를 시작할 수 있었던 것도 바로 그런 이야기들 덕분이었고, 나는 당신 역시 그럴 수 있길 바란다.

이 책은 성공적인 리더들이 무브먼트를 시작하고 발전시킨 과정을 따라간다. 사회활동가부터 사업가까지 그들의 생생한 이야기를 듣고, 때로는 무브먼트를 성공으로 이끈 놀라운 이야기도 접할 수 있다. 이 책에 포함된 몇몇 사례들은 내 경험에서 비롯되었다. 비영리재단과 기술기업을 설립, 운영하고, 야후와 구글, 체인지닷오알지, 그리고 현재 페이스북에서 최고기술책임자로 일하고, 나아가 어머니, 자매, 딸, 아내로서 살아오는 동안 내가 경험한 실패와 가슴 벅찬 승리를 아울러 말이다.

이 장은 퍼포스풀의 강한 위력에 대해 설명하고 몇몇 무브먼트를 사례로 들어 누구나 그러한 물결을 시작할 수 있음을 보여준다. 2장에서는 무브먼트가 어떻게 시작되는지, 그리고 어떻게 적극적으로 앞장설 용기를 찾을 수 있을지에 대해 이야기한다. 3장은 뚜렷하고 확고한 비전을 구축하고 최초의 지지자들을 확보하는 방법에 대해 알아본다. 4장은 결정권자들에게 효과적으로 영향을 미치는 방법과 전략에 대해 다룬다. 5장은 사람들이 당신의 무브먼트에 참여하도록 북돋고 고취시키는 한편 계속해서 함께할 수 있게 동기부여하는 방법에 대해 논의한다. 6장은 무브먼트가 힘을 얻고 강력해질수록 거세게 밀려오는 비판에 어떻게 대응할 것인지에 대해 이야기한다. 마지막 7장에서는 장애물을 극복하고 실패를 성공의 지렛대로 활용하는 방법에 대해 배운다.

이 책은 무브먼트의 전략을 제시하는 입문서가 아니다. 시위를 조장하거나 제품의 로드맵을 마련하거나 심지어 청원을 시작하는 방법에 대해 자세히 설명하지도 않는다. 그런 방법을 귀띔하는 서적이라면 이미 시중에 셀 수 없을 만큼 많으니까. 대신 이 책은 리더가 되어 무브먼트를 이끌고, 비전을 확립하고, 다른 사람들을 고무시키고, 힘 있는 사람들을 설득하고, 불가능해 보이는 장애물을 극복하고 뛰어넘는 법에 대해 알려준다. 변화를 이끌고 주도하는 방법에 대해 가르쳐줄 것이다.

우리 모두는 변화를 일으킬 힘을 갖고 있다. 누구든 캠페인을 시작해 성공을 향해 이끌거나 장애물을 극복하고 지지자들을 행동하게 할 수 있다. 어쩌면 다른 사람들이 시작한 무브먼트에 참여하여 목소리를 보태고 '이 일은 중요하다'는 거대한 함성의 물결을 만들어낼 수도 있다. 열정적인 사람들과 커뮤니티를 구성해 변화를 일굴 수도 있다. 일터를 더 좋은 곳으로 개선할 참신한 의견을 제안하거나 중대한 문제를 해결할 사업을 시작할 수도 있다. 무슨 일을 하든 가장 중요한 것은 행동과 창의성, 그리고 열정이다. 바로 지금, 그 어느 때보다도 말이다.

그리고 당신은 변화를 만드는 데 필요한 대부분의 도구를 벌써 갖추고 있다. 사실은 우리 모두가 타인을 고취시키고 중대한 문제를 해결할 무브먼트를 시작할 힘을 갖고 있다. 어떤 무브먼트를 시작하든, 무슨 대의를 믿든, 당신은 다른 사람의 삶에 영향을 끼칠 능력을 지니고 있다. 이 책은 무브먼트 리더들 - 전혀 뜻밖의 사람들까지 - 의 사례와 경험으로 당신을 격려하고 실용적인 조언으로 용기를 주어, 세상에 희망을 창조하고 목적 있는 삶을 영위할 수 있도록 도울 것이다. 평범한 관리자가 세상을 있는 그대로 받아들인다면 무브먼트 스타터는 뜨거운 열정을 발휘해 세상을 더욱 공정하고 평등하며 좋은 곳으로 만든다.

우리는 선택해야 한다. 당신은 관리자인가 아니면 새로운 무브먼트 스타터인가?

2

기꺼이 시작하면 도달한다

시작이 반이다

중요한 건 실천이다.[1] 말하고 걱정하고 생각하는 건 중요한 게 아니다.

- 에이미 폴러 Amy Poehler

제일 먼저 박수 쳐라

내가 이 책을 쓰게 된 계기는 체인지닷오알지에서 날마다 평범한 사람들이 비범한 변화를 일구는 모습을 목격했기 때문이다. 이제 막 발돋움을 시작한 신생기업의 관리자부터 평범한 부모, 10대 청소년, 퇴직한 어르신까지 누구나 자신만의 무브먼트를 시작할 수 있다. 나는 진심으로 세상 모든 사람들이 세상을 바꿀 무브먼트의 물결을 일으키고 또 이끌 수 있다고 믿는다.

변화를 일으키기 위해 넬슨 만델라Nelson Mandela나 글로리아 스타이넘Gloria Steinem이 될 필요는 없다. 인류 역사상 가장 거대한 사회운동이 시작된 것도 누군가의 작지만 중요한 행동 덕분이었다. 로자 파크스Rosa Parks와 그린즈버러의 4인방이 시작한 연좌시위

(흑인 대학생 네 명이 시작한 간이식당의 백인전용좌석 반대운동 - 옮긴이)가 없었다면 흑인 인권운동은 전혀 다른 양상을 띠었을 것이다. 역사학자 데이비드 카터David Carter의 연구에 따르면[2], 후에 퀴어 인권운동의 불씨가 된 스톤월 폭동 때 경찰에게 가장 먼저 저항한 사람은 한 젊은 노숙자였다고 한다. 1990년 미국 장애인법이 제정될 수 있었던 것도[3] 영화관 출입을 금지당한 뇌성마비 환자와 휠체어 때문에 버스에 타거나 내리지 못해 고용차별을 당해야 했던 베트남 참전용사와 같은 개인들의 경험담 덕분이었다.

영화 제작자 겸 감독이자 웨비상Webby Awards 창시자인 티파니 슈레인Tiffany Shlain은 〈50/50〉이라는 훌륭한 단편영화를 찍었다. 영화 속에서 슈레인은 국가 수장으로 당선된 여성들이 어째서 겨우 50명에 불과한지에 대해 이야기한다. 슈레인은 세계 여성지도자 평의회 사무총장인 로라 리스우드Laura Liswood를 인터뷰하는데, 그곳은 세계 여러 국가에서 국가 지도자직을 수행하고 있는 여성들로 구성된 단체였다. 리스우드는 무엇이 커다란 변화로 이어지는지 직접 목격했고 - 여성 지도자를 선출하는 것 - 따라서 변화란 작은 행동을 시작으로 점점 더 방대한 것으로 발전해 나가는 것이라고 생각한다고 말했다.

"변화 그 자체는 생각지도 못한 것에서부터[4] 불가능한 것, 필연적인 것으로까지 이어지지만 누군가 그 과정에서 행동해야 합니다. 나는 그걸 기립박수에 비유하는 걸 좋아하죠. 몇 사람이 벌떡 일어나 이제껏 자기가 본 중에서 가장 훌륭한 공연이었다고 외치면 그다음엔 좀 더 많은 사람들이 일어서며 '그래요, 그렇습니다! 진짜로 굉장했어요'라고 동조하고, 그다음엔 또 더 많은 사람들이 일어나서 '맞아요, 정말 괜찮았어요'라고 고개를 끄덕이면 마지막으로 남은 사람들이 전부 일어나는 겁니다. 왜냐하면 무대가 안 보이거든요."

무브민트를 시작할 때도 자신의 목표를 알고 그 시작점이 될 한걸음을 내딛는 데 집중한다면, 작게 시작한 것도 거대해질 수 있다.

춤을 추는 두 딸을 둔 어머니로서 나는 아이들이 공연을 할 때마다 이런 종류의 물결효과가 일어나는 모습을 심심치 않게 보게 된다. 한 댄서가 멋있는 회전동작을 오랫동안 유지하거나 어렵고 까다로운 동작을 성공적으로 해내면 대개 관객 중 한 명이 벌떡 일어나 박수를 치기 시작한다. 그러면 순식간에 다른 관객들도 재빨리 환호와 박수갈채의 물결에 합류한다.

무브먼트를 시작한다는 것은 가장 먼저 일어나 박수를 치는 것과 같다.

한 사람이 쏘아올린 연쇄 반응

누군가가 처음 시작한 박수소리는 아주 작을 수도 있다. 2013년 6월 17일, 서른네 살의 에르뎀 귄뒤즈Erdem Gündüz는 이스탄불에 있는 탁심광장 한가운데로 걸어 들어갔다. 그리곤 주머니에 손을 찔러 넣은 채 오후 6시부터 새벽 2시까지 장장 여덟 시간 동안 꼼짝도 하지 않고 묵묵히 한자리에 가만히 서 있었다. 터키 경찰이 탁심광장을 채우고 있던 인권운동가와 시위자들을 무자비하게 짓밟으며 그들의 텐트를 철거한 후 검거한 것에 대해 항의하는 그만의 침묵시위였다.

처음 몇 시간 동안은 귄뒤즈 혼자였지만, 시간이 지나자 몇몇 사람들이 그의 주위에 모여들었고, 이내 점점 더 많은 사람들이 그와 함께 탁심광장에 서 있기 시작했다. 얼마 지나지 않아 귄뒤즈는 '서 있는 남자'라는 별명으로 불리게 되었으며 탁심광장뿐만 아니라 터키 전역에, 나아가 전 세계 사람들에게 깊은 감명을 주었다. 그의 행동은 '해시태그 두란아담(#duranadam, 서 있는 남자)'을 타고 인터넷 세계로 퍼져나갔다. 사람들은 시위자들이 경찰에게 희생된 바로 그 자리에 두 발로 섰고, 사람들의 시위와 우려를 무시하고 편하한 언론사 건물 앞에 섰다. 시위자들을 변호했다는 이유로 변호사들이 폭행당하고 체포된 법원 앞에도 섰다.

한자리에서 꼼짝도 하지 않는 귄뒤즈의 침묵시위는 곧 전 세계 활동가들에게 퍼져나갔고, 사진과 영상들이 소셜 미디어를 통해 확산되면서 국제적 연대에 불을 지폈다. 귄뒤즈는 '아무것도 하지 않는 것'처럼 보이면서 동시에 전 세계로 불길을 지펴 터키 국민들이 겪고 있는 문제에 대해 경각심을 불러일으킨 것이다. 비록 문제가 완전히 해소되지는 못했지만, 이 침묵시위는 결정적인 순간에 터키의 상황에 이목을 집중시키고 시민들의 시위를 지속하는 데 강력한 원동력이 되었다.

자신과는 너무 먼 이야기라 별로 실감이 나지 않는다면 이건 어떨까? 대학에 입학했을 때, 나는 아직 젊고 열의로 가득한 조정팀의 타수(舵手)였다. 키잡이라고도 불리는 타수는 보트 뒤쪽에 앉아 배의 방향과 속도를 결정하고 연습을 통해 팀원들의 실력을 향상시키는 역할을 맡는다. 키잡이는 또한 경기 전략을 짜고 시합 중에 선수들을 독려하며 지시를 내린다.

나는 고등학교 때 샌프란시스코에 있는 퍼시픽 조정클럽에서 2년간 남성 조정팀의 키잡이를 맡았고 덕분에 굉장한 경험을 할 수 있었다. 리더십 기술을 갈고 닦을 수 있었을 뿐만 아니라 10대 소녀로서는 흔치 않게 그 나이에 자존감과 자신감을 키울 수 있었기 때문이다. 나는 계속 키잡이를 하고 싶었고 그래서 대학에 가서도 남성팀에서 키잡이를 맡을 수 있으리라 생각했다.

하지만 코넬대학에 입학해 남성 조정팀의 키잡이가 되고 싶다고 하자 그들은 안 된다고 거절했다. 여자는 남성팀의 키잡이가 될 수 없다는 것이다. 그들은 남성팀에서는 남성, 여성팀에서는 여성만 키잡이를 할 수 있다고 대답했다. 도무지 이해할 수가 없었다. 그래서 나는 물었다.

"아니 왜 안 된다는 거지?"

그들은 이렇게 대답했다.

"남자들로만 된 팀이니까. 너 때문에 팀원들의 집중력이 흐트러질 수도 있고."

세상에! 이보다도 더 부적절한 대답이 있을 수가 있을까? 불행히도 그런 대답이 아직까지도 통한다는 점만 빼면 말이다. 2015년에 '해시태그 눈돌아가게섹시(#distractinglysexy)'가 트위터를 휩쓴 적이 있다. 여자들이 연구실에 있으면 남성 과학자들의 주의력이 흐트러질지도 모른다는 말을 들은 여성 과학자들이 올린 해시태그였다.

코치들의 대답이 변명으로밖에 들리지 않았기 때문에, 나는 다시 물었다.

"왜 한번 해보라는 말도 안 하는 겁니까? 제 실력이 안 되면 받아주지 않으셔도 됩니다. 하지만 전 제가 꽤 실력이 좋다는 걸 경험해봐서 알고 저 스스로도 그렇다고 생각합니다. 그러니 적어도 실력을 입증할 기회라도 주세요."

"미안. 우리 방침이 그래."

그놈의 '방침'을 이해할 수 없었던 가장 큰 이유는, 키잡이에 필요한 재능이나 자질에 성별은 아무 상관이 없기 때문이다. 원래 조정팀은 여성 키잡이를 선호한다. 뛰어난 키잡이들은 전략적이고, 압박감이 심한 상황에서도 침착함을 유지한다. 게다가 멀티태스킹의 달인이고, 팀원들을 이해하고 독려하는 능력도 뛰어나다. 연구 결과에 따르면[5], 인지적 공감과 멀티태스킹 그리고 심한 압박감 속 수행 능력까지 훌륭한 키잡이에게 필요한 몇몇 핵심 능력에 실제로 여성들이 훨씬 탁월하다고 한다. 적어도 일부 스포츠에서 조사한 바에 따르면 말이다. 뿐만 아니라 조정의 키잡이는 몸집이 작고 몸무게가 가벼워야 한다(대학 조정팀 키잡이의 적정 체중은 남성팀 약 55킬로그램, 여성팀 약 50킬로그램이다). 그러니 실제 요구되는 능력에서도 여성이 유리할 뿐만 아니라 적정 체중에 있어서는 남성보다 훨씬 이상적인 조건에 가깝다.

나는 내가 충분한 자격이 된다고 믿었고, 남성 조정팀에 훌륭한 자산이 될 수 있으리라 생각했기 때문에 포기하지 않았다. 남성팀을 맡고 있는 다른 코치들에게 찾아가봤지만 그들도 똑같은 대답만 내놓았다.

"안 돼."

대학 운동팀 전체를 총괄하는 스포츠 부장에게 찾아가 이 방침이 얼마나 비합리적인지 설명했지만 그 역시도 안 된다고 대답했다. 그는 조정팀 코치들과 마찬가지로 내가 왜 이 일에 이렇게 열심인지, 이게 뭐 그리 중요한 문제인지 이해하지 못했다.

"그냥 여성 조정팀 키잡이를 하는 게 어때?"

하지만 나는 내가 지금까지 쌓은 경험을 낭비하고 싶지 않았고 진심으로 남성팀 키잡이에 더 적합하다고 생각했다. 게다가 그때는 나만의 싸움이긴 했지만, 뭐가 됐든 성별 때문에 '안 돼'라는 대답을 들은 여성이라면 누구라도 참을 수 없었을 거라고 생각한다.

하지만 결국 나는 이 대의에 열정적이었고 또 기꺼이 싸울 준비가 되어 있었음에도 포기할 수밖에 없었다. 대학의 높은 결정권자들을 추적하여 꼭대기까지 거슬러 올라가고 나니 내가 할 수 있는 최선을 다했다는 생각이 들었고, 더는 어디로 가야 할지 알 수 없었기 때문이다.

지금 생각해 보면 그때 너무 쉽게 포기한 것 같아 조금은 실망스럽기도 하다. 그때가 지금처럼 인터넷이 활성화되었다면 소셜 미디어를 활용하거나 온라인 청원을 올려 뭔가 다른 사람들의 관심을 모을 행동을 했을지도 모르는데 말이다. 어차피 이미 지난 일이니 결과는 알 수 없겠지만. 어쨌든 그때 나는 거기서 단념하고 여성팀의 키잡이가 되었다.

하지만 소셜 미디어나 온라인 청원이 없었을 때조차도 내가 했던 작은 행동들은 중요한 일을 해냈다. 새 학기가 시작되고 3개월 즈음, 나는 스포츠 부장에게서 연락을 받았다.

"지난번에 학생이 찾아온 이후 우리들끼리 이야기를 했습니다. 그래서 생각이 바뀌었어요. 해당 방침을 수정하기로 했습니다. 그러니 원한다면 남성팀 키잡이를 해도 좋아요."

그들은 깊은 논의를 거친 끝에 키잡이의 성별이 아닌 역량(과 체중)을 선별 기준으로 삼는 것이 합리적이라는 결론을 내렸다.

나는 이런 반전에 깜짝 놀랐다. 정말로 그런 차별적인 규정을 바꾸기로 결정하다니! 이미 합류한 여성팀에 대한 의리와 동료애 때문에 남성팀으로 옮기지는 않았지만 나는 그들이 규정을 변경하는 데 영향을 미쳤다는 사실에 뿌듯함을 느꼈다. 그리고 내가 키잡이를 맡은 신입생 여자 선수들의 빅 레드호가 그해 출전 부문에서 전국 우승을 했을 때에는 더 큰 자부심을 느꼈다.

그러한 규정 변경으로 인해 내가 느낀 가장 큰 성취는 내가 겪은 변화가 아니었다. 바로 다른 여학생들이 같은 투쟁을 다시 할 필요가 없다는 사실을 아는 것이었다. 대학교의 규정 하나를 변화시키는 데 영향을 끼침으로써 나는 신념을 위해 앞장서 의견을 피력한다는 것이 얼마나 보람찬 일인지 처음으로 경험할 수 있었다. 그리고 한번 그런 놀라운 경험을 하고 나니 아무리 작은 행동이라도, 아무리 작은 목소리라도 변화를 만들 수 있다는 것을 알게 되었다.

몇 년 전 나는 코넬대학교 조정팀 앞에서 강연을 하게 되었는데, 그때 한 선수에게 남성팀 키잡이 중 여성이 얼마나 되느냐고 물었다.

"거의 다 여자예요. 사실 당연하지만요."

그렇다. 당연하다. 하지만 그건 단순히 여자들이 남자들보다 체중이 더 가벼워서가 아니다. 대부분의 대학에서 여성이 남성 조정팀의 키잡이를 맡는 건 그들이 그만큼 뛰어나기 때문이다.

이제 작은 행동 하나가 얼마나 큰 결과를 가져올 수 있는지 알겠는가? 그렇다면 그런 무수한 작은 행동들이 모인다면 얼마나 중대한 변화를 만들 수 있을지 상상해 보라. 수많은 작은 행동들이 모여서 만들어낸 힘, 수많은 사람들의 행동에서 탄생한 힘은 진정한 변화를 창출할 수 있다.

두려움을 딛고 나아가라

늘 시작이 가장 어렵다고들 한다. 군중 속에서 홀로 일어나 박수를 치는 것은 늘 겁나는 일이다. 앞에서 소개한 사회운동가 사라 엘-아민은 사람들이 변화를 위한 행동에 섣불리 나서지 못하는 것은 기본적으로 다음과 같은 네 가지 이유 때문이라고 말한다.

- 내가 성공할 것이라고 믿지 않는다.
- 남들의 지지가 부족하다.
- 사용할 도구나 수단이 없다.

• 자금이 없다.

　당신이 지지하는 대의 또는 결실을 맺고 싶은 아이디어를 위한 추진력을 얻으려면 당연히 이런 장애물을 극복해야 한다. 하지만 대부분의 사람들이 첫발을 떼지 못하는 가장 큰 이유는, 자신이 변화를 일으킬 능력이 없다고 믿기 때문이다. 바로 그런 이유 때문에 실제로 과감하게 실천하여 성공적으로 변화를 일군 사람들에 관한 이야기를 듣는 것이 매우 중요하다. 평범한 사람들이 자신의 신념을 실현하기 위해 굉장한 일들을 해낸 사례들을 더 많이, 자주 접할수록 당신 자신도 변화를 만들 수 있다고 믿게 된다. 누구든 그런 일을 할 수 있다고 말이다. 왜냐하면 정말로 누구든 할 수 있기 때문이다.

　그렇다면 우리의 좋은 의도와 대의를 어떻게 변화를 창조하는 단계로 돌입시킬 수 있을까? "난 할 수 없어"나 "뭐하러 굳이?"라는 목소리는 무시하고, 그저 희망과 목적의식만 있다면 누구나 변화를 일굴 수 있다는 사실을 보려면 어떻게 해야 할까?

　때로 우리가 앞장서 행동을 취하지 못하는 이유는, 우리가 어떤 순간에 목소리를 낼 자격이 없다거나 또는 소속되지 않은 특정 공동체나 일터의 투쟁에 낄 자리가 없다는 잘못된 인식 때문이다. 단지 우리가 중요한 갈등과 투쟁의 당사자가 아니라는 이유만으로 말이다. 나도 그런 경험을 여러 번 했다. 삶에 대한 글을 쓸 때마다 내가 중상류층 부모님을 둔 미국 백인이라는 특권을 누리고 있다는 사실을 깨닫지 않을 수가 없으니 말이다. 더구나 나는 체인지닷오알지의 창립자인 벤 라트레이_{Ben Rattray}가 '사랑의 특권'이라고 부르는 것까지 갖고 있다. 나를 항상 지지하고 사랑해 주는 가족들이 있기 때문이다. 이 모든 이점들 덕분에 나는 대부분의 사람들보다 삶을 쉽게 살아왔고, 그런 점에서 늘 감사하고 있다.

동시에 나는 여성이자 유대인으로서 세상이 당신이 그저 당신이라는 이유로 다르게 취급할지도 모른다는 걸 안다는 게 어떤 느낌인지도 조금은 안다. 또 흑인이고 10대가 되어서야 우리 가족이 된 동생 보니의 경험을 통해, 그 아이가 평소에 어떤 어려움을 겪고 또 마주해야 하는지 작은 창문 너머로 엿볼 수 있었다. 나는 내 동생이 직접적인 인종차별을 겪는 것을 두 눈으로 봤을 뿐만 아니라, 보니를 더 잘 이해하려고 이야기를 나누는 과정에서 그녀가 자주 겪는 간접적인 차별에 대해서도 알게 되었다. 이를테면 사람들은 보니에게 이렇게 말한다.

"오, 넌 흑인이 아니구나."

왜냐하면 보니는 백인 동네에서 살았고 백인들이 다니는 사립학교에 다녔기 때문이다. 사람들은 칭찬이랍시고 그런 말을 하는지 몰라도 그건 보니가 날마다 미국에 사는 흑인으로서 경험하는 현실을 깡그리 무시하는 매우 무례하고 잔인한 행동이었다.

이건 아주 어렵고 복잡한 일이다. 사람들은 보통 인종과 특권에 대해 말하는 것을 꺼리지만, 우리는 서로 대화를 나눠야 할 필요가 있다. 서로의 이야기를 열린 마음으로 귀 기울여 듣고 이해할 때만이 오해와 착각, 증오의 벽을 허물 수 있다. 잘못된 말을 할지도 모른다는 두려움 때문에 행동하기를 꺼리거나 혹은 아예 질문조차 하지 못해서는 안 된다.

특히 좋은 의도와 목적을 갖고 있을 때에는 더더욱 그렇다. 동료가 되는 과정에서 실수를 저지를 수도 있지만 적어도 시도하지 않는 것보다는 낫다. 게다가 우리가 속하지 않은 집단의 행동과 무브먼트에 참여하고 대화를 나눈다면 우리들 각자를 독특하게 만드는 것은 무엇이고 또 무엇이 우리를 하나로 묶어주는지 배울 수 있다.

'왜 나는 안 돼?'라고 질문하라

누군가는 남들보다 더 유리한 위치에 있을지 몰라도 변화를 만드는 능력은 우리 모두에게 있다. 힘든 고난을 겪은 사람들은 강력한 이야기를 들려줄 수 있고, 그보다 쉬운 삶을 살아온 사람들도 들려줄 이야기가 있다. 특권을 갖고 태어났다고 해서 죄책감을 느낄 필요는 없다. 반대로 그러한 특권을 더 중요한 일을 하는 기회로 활용하면 되지 않겠는가!

내게 그런 가르침을 준 사람은 내 어머니다(물론 다른 많은 사람들도 빠트리면 안 되겠지만). 어머니는 20대의 젊은 나이에 아버지와 행복한 신혼 생활을 만끽하던 중 받아들이기 힘든 충격적인 소식을 듣게 되었다. 오른쪽 목 아래에 침샘암이 발견된 것이다. 암을 치료하려면 큰 수술을 해야 했고 몇 달 간 방사선 치료도 받아야 했다. 이제 막 새 삶을 시작한 젊은 부부에게 얼마나 청천벽력 같은 소식이었을지 상상해 보라. 어머니는 과연 수술을 견뎌낼 수 있을지, 설사 수술이 성공하더라도 앞으로 아이를 가질 수 있을지도 알 수가 없었다. 천만다행으로 종양은 성공적으로 제거되었고 어머니도 목숨을 구했지만, 수술 도중 의사가 실수로 어머니의 얼굴 신경을 건드리고 말았다. 어머니는 영원히 얼굴 반쪽이 마비된 채 살아야 했다.

내가 아는 어머니는 늘 그 모습이었다. 나는 어머니의 다른 얼굴을 알지 못한다. 사람들은 어머니를 빤히 쳐다보거나, 어디 편찮으신 건 아닌지 아니면 뭐가 문제인지 물어보거나, 심지어는 묻지도 않고 뒤에서 쑥덕거렸다. 그러나 어머니는 그 모든 일들에 경탄스러울 정도의 우아함과 자신감으로 대응했으며, 불평하는 법 없이 어떤 도전도 두려워하거나 겁내지 않았으며, 신체적 불편함이 앞길을 가로막게 내버려두지도 않았다. 어머니는 늘 강

퍼포스풀

인하고 부드럽고 반쯤 일그러진 미소를 띠운 채, 무엇이든 가능하다는 것을 자신의 행동과 태도를 통해 딸인 내게 입증해 보였다. 왜냐하면 어머니 자신이 뭐든 가능하다고 믿었기 때문이다.

나는 어머니가 30대의 나이에 그전까지 일하던 언어병리학 직장을 그만두고 야간 경영대학원에 다니는 모습을 보았다. 늦은 나이에 여성의 몸으로 새로운 분야에 뛰어들었을 뿐만 아니라 겉으로 숨길 수 없는 신체적 다름 때문에 스트레스를 받으면서도 어머니는 포기하지 않았다. 어머니는 야간 경영대학원에 다니느라 다른 모든 일들을 단념해야 했을 때에도 대학원은 포기하지 않았고, 이후 새 직장을 위해 면접을 50번이나(그렇다, 진짜로 50번이었다) 보고도 일자리를 얻지 못했을 때에도 포기하지 않았다. 그리고 마침내 51번째 면접을 본 선도적인 HR 컨설팅 회사인 타워스 페린Towers Perrin에 합격했다. 그렇게 어머니는 그곳에서 20년을 근무했고, 회사 역사상 가장 뛰어나고 성공한 파트너 중 한 명이 되었다. 그런 걸 바로 근성이라고 하는 거다.

나는 어머니에게서 안면마비 때문이든 혹은 다른 장애물 때문이든 "왜 하필 나야?"가 아니라 자신이 중요하다고 믿는 문제를 마주했을 때 "왜 나는 안 돼?"라고 묻는 사람을 본다.

내 부모님은 두 분 모두 평범한 집안에서 주어진 기회에 감사하며 자랐다. 어머니는 대학 시절에 돈을 쓸 때마다 1센트까지 꼼꼼하게 가계부에 기록했다고 한다. 그러한 경험들 덕분에 부모님은 평생 열심히 일했고, 경제적으로 성공을 거둔 후에도 다른 사람들에게 그만큼 돌려주고 베풀기 위해 노력했다. 어머니는 자신이 언젠가 더 나은 삶을 살 수 있으리라는 사실을 의심치 않았고, 다른 사람들에게 긍정적인 영향을 줄 수 있을 거라는 믿음도 포기하지 않았다. 진심으로 믿고 따르는 대의를 위해 돈을 기부하고, 적십자 봉사활동을 하며(두 분은 항상 트렁크에 필요한 물건들을 싣고 다닌다), 당시에 이미 훌륭한 10대 여성이었고 지금은 내 세 번째 동생이 된 보니를 가족으로 맞아들이기까지 어머니와 아버지는 모든 일에 항상 솔선수범하셨다. 두 분은 뭔가 해결해야 할 일을 발견하면 언제나 몸소 행동에 나섰다. 도움이 필요한 사람을 보면 기꺼이 손을 내밀었다. 그분들은 항상 이렇게 말했다.

"왜 나는 안 돼?"

'왜 나는 안 돼?'는 세상을 더 좋은 곳으로 만드는 데 참여할 것인가의 여부에 있어 가장 핵심적인 질문이다. 우리는 과연 변화를 달성하기 위해 앞으로 나설 용기가 있는가? 아니면 가만히 앉아 다른 사람들이 대신 나서주기만을 기다릴 것인가?

많은 사람들은 주변에서 불공정한 일이 일어나는 것을 보고도 겁을 내거나 혹은 자기가 뭘 할 수 있겠느냐는 무력감에 아무것도 하지 않는다. 또 문제를 해결할 수 있을 것 같은 새롭고 참신한 아이디어를 갖고 있으면서도 이를 현실로 실천할 힘이 없다고 생각한다. 나 역시 그런 경험을 여러 번 해봤다. 그리고 그때 더 많은 일을 했더라면, 고통받는 사람들에게 더 좋은 동지가 되어주었더라면, 내가 믿는 대의나 신념을 위해 더 열심히 투쟁했더라면 좋았을 텐데 하고 늘 후회한다.

'왜 나는 안 돼?'는 변화와 희망의 목소리, 목적을 추구하고 잘못된 것을 바로잡고 세상의 부서지고 깨진 것을 고치거나 사람들이 필요로 하는 것을 충족시킬 해결책을 이룩할 무브먼트로 가는 첫걸음을 내딛게 해주는 목소리다. 나리가 후들거리면서도 당신이 믿는 것을 위해 기꺼이 일어날 수 있게 해주는 질문이다.

스스로를 과소평가하지 마라

대의를 실천하는 데 도움이 될 경험이나 전문지식이 없어 망설이는 것은 흔한 일이지만, 때로는 뜻밖의 목소리가 외치는 메시지야말로 가장 강력한 위력을 발휘한다.

미시시피주 해티즈버그에 살고 있는 10대 소녀인 사라 캐버나흐Sarah Kavanagh는 어렸을 때부터 사회의식이 강한 아이인 데다, 열두 살에는 동물을 사랑하는 마음에 채식주의자가 되었다. 사라는 채식주의자 중에서도 가장 엄격한 비건이라 모든 음식과 음료에 들어가는 재료에 예민했다. 그러던 2012년, 열다섯 살의 사라는 제일 좋아하는 스포츠음료인 게토레이의 제조 라벨을 구글에서 찾아보고 처음 보는 성분이 함유된 것을 발견했다. 바로 BVO(브롬화 식물성 기름)였다.

더 자세히 조사한 결과, 사라는 BVO가 시트러스계 음료가 분리되지 않고 잘 섞이게 하는 일종의 유화제로, 브롬계 난연제와 같은 성분(브로민)을 포함하고 있으며, 1970년에 FDA의 GRAS(일반적으로 안전하다고 간주됨) 목록에서 삭제되었다는 사실을 알게 되었다. BVO는 일본과 인도, 대부분의 유럽 지역을 비롯해 100개국 이상에서 사용이 금지돼 있지만 미국에서는 여전히 대부분의 에너지음료와 다양한 탄산음료에 사용되고 있었다. 사라는 이해할 수가 없었다.

"그래서 인터넷에서 검색을 해봤는데 제일 위에 뜨는 게 BVO가 초래할 수 있는 온갖 괴상한 부작용에 대한《사이언티픽 아메리칸Scientific American》의 기사였어요. 부작용 중에는 난임과 조숙증, 신경발달장애도 있었어요. 건강식품, 그것도 운동선수를 위한 음료수에 그런 부작용 유발 성분이 함유되어 있다고 생각하니 정말 끔찍하더군요. 게다가 이게 사람들에게 해가 된다는 게 진작부터 알려져 있었다는 거잖아요. 누구나 이렇게 쉽게 알아볼 수 있는데 왜 이제까지 아무도 이야기하지 않은 거죠? 왜 아무도 조치를 취하지 않은 거예요?"

그래서 사라는 직접 행동에 나서기로 했다. 사라는 이전에 동물권 관련 청원에 서명을 한 적이 있어 체인지닷오알지를 알고

퍼포스풀

있었고, 그래서 펩시사에 게토레이 속 BVO 성분을 제거하라는 청원을 올렸다. 사라는 펩시사가 과연 자신의 말에 귀를 기울일지 확신하지 못했다.

"사실 난 별로 효과가 없을 거라고 생각했어요. 다른 사람들이 하는 걸 많이 보긴 했는데 내가 직접 하는 건 완전히 다르잖아요. 이런 일을 하게 되면 나를 다른 사람을 볼 때와는 다른 눈으로 보게 되죠."

10대 소녀인 사라는 자신에게 다국적 대기업에게 소리 높여 변화를 촉구할 권위나 힘이 있다고는 생각하지 않았다. 그녀는 우리 모두와 똑같은 두려움을 갖고 있었다.

"누가 관심을 가질 것 같지도 않았고, 회사가 우리 말을 들어 줄 거라고 기대하지도 않았어요."

그러나 사라의 목소리는 크고 강력했고, 사람들은 그녀의 목소리에 귀를 기울였다. 사라가 그토록 많은 사람들의 주목을 끌게 된 것은 아마 그런 이슈에 대해 이야기하리라고는 아무도 기대하거나 예상치 못했던 목소리였기 때문일 것이다. 사람들이 사라의 청원에 서명을 한 것은 건강 문제를 중요하게 생각했기 때문이기도 하지만 동시에 사라가 그들의 마음을 움직였기 때문이다. 사람들은 단순히 서명을 넘어 주변인들과 이 이야기를 기꺼이 공유했고 청원은 눈 깜짝할 사이에 퍼져나가기 시작했다. 온라인 청원을 시작한 지 한 달도 되지 않아 사라의 청원은 1만 7천 개가 넘는 서명을 받았다. 사라는 흥분을 감출 수 없었다.

"다들 진짜 존재하는 사람들이었어요. 1만 7천 명이 넘는 사람들이 내 글을 읽고, 내가 중요하다고 생각하는 의제에 관심을 보이고, 내가 하는 무브먼트를 지지해 주고 있었어요. 끝내주는 기분이었죠."

이러한 발 빠른 성공에 힘입어, 체인지닷오알지에도 언론의 취재 요청이 날아오기 시작했다. 체인지닷오알지 직원들은 사라에게 〈투데이 Today 쇼〉와 〈닥터 오즈 쇼 Dr. Oz Show〉를 비롯해 수많은 TV 프로그램에서 그녀의 캠페인과 BVO의 위험성에 대해 설명해달라는 출연 요청이 들어왔다고 전해주었다.

건강 프로그램인 〈닥터 오즈 쇼〉에 출연하게 된 사라는 대기실에서 미국 공익과학센터 Center for Science in the Public Interest에서 나온 전문가와 함께 앉아 있었다. 공익과학센터는 식품안전과 영양 문제를 중심으로 활약하는 유명한 소비자단체로, 식품의 제조 라벨에 트랜스지방을 표시하고 감소시키는 등의 변화를 위해 노력하고 있었다. 그는 사라에게 지난 수년간 BVO 성분을 제거하기 위한 무브먼트를 벌여왔지만 그리 효과를 거두지 못했다고 말했다. 사라는 말했다.

"그분이 이러더군요. 우리가 십 년이 넘게 노력해도 못한 일을 네가 겨우 몇 달 만에 해냈다는 걸 말해주고 싶었다고요."

경험 풍부한 사회활동가들이 지난 수년간 동일한 주제를 공론화하기 위해 뛰어다녔건만, 겨우 열다섯 살의 소녀가 온라인 청원으로 어마어마한 반응을 불러일으키고 단 반 년 만에 전국적인 여론을 조성했던 것이다.

사라는 게토레이의 열렬한 팬이다. 그녀는 펩시사의 명성을 해치려고 그런 일을 한 게 아니라 자신과 다른 모든 사람들이 게토레이를 더 안전하게 마실 수 있도록 변화를 외친 것이다. 같은 대의를 지지하는 거대한 움직임을 만들어낸 덕분에, 사라는 혼자라고 느끼지 않았다.

"사람들이 이메일이나 페이스북 메시지, 트윗을 보내왔어요. 아는 사람들도 옆에서 계속 응원해줬고요. 그래서 나 혼자서 거대 기업에 맞서 싸우고 있다는 느낌은 안 들었어요. 전 세계 수많은 사람들과 같이 펩시사에게 변화를 보여주라고 외치는 것 같았어요."

초반에 펩시사는 아무 대응도 하지 않았다. 이메일에 답변을 보내지도 않았고 그저 짧은 대화를 나누는 데에만 동의할 뿐이었다. 그러다 2013년 1월, 사라가 청원을 시작한 지 3개월도 되지 않아 펩시사가 게토레이 속 BVO 성분을 제거하겠다고 공표했다. 사라의 캠페인이 성공을 거둔 것이다. 하지만 그녀는 거기서 멈추지 않았다.

사라의 첫 번째 성공은 또 다른 전진으로, 또 다른 무브먼트로 계속해서 이어졌다. 사라는 게토레이 속 BVO를 제거하라는 첫 번째 무브먼트가 성공한 다음에는 코카콜라사의 파워에이드 속 BVO 성분을 제거하라는 무브먼트를 시작했다. 결과적으로 펩시와 코카콜라사는 전 세계에서 생산하는 모든 자사 음료에 BVO 성분을 제거하기로 결정했다.

궁극의 승리를 거두었음에도 불구하고 그러한 변화의 전환점은 사라에게 기쁨과 충격을 동시에 안겨주었다.

"BVO 성분이 제거된다는 소식을 처음 들었을 때는 울음이 나오더군요."

벌써 수년이 지난 일인데도 사라는 이 이야기를 할 때면 늘 울컥 하게 된다고 했다. 그녀가 추구하던 대의가 실현되었기 때문이 아니다. 두 개의 대기업을 변화시킬 수 있었다는 것은 사라가 사회활동가로서 얼마나 큰 힘을 발휘할 수 있었는지 보여주기 때문이다. 사라는 이렇게 말했다.

"여자아이로서, 그리고 남부 출신으로서 나는 늘 뭔가를 얻기 위해선 다른 사람들보다 더 열심히 노력해야 한다고 느꼈죠. 그건 정말 좌절스러운 느낌이었어요. 하지만 그 순간에 나는 내가 정말로 중요한 일을 해냈다는 걸 깨달았어요. 진짜로 이 세상에 중요한 일이요. 성공 가능성이 얼마나 적은지는 중요하지 않아요. 난 열심히 노력했고, 내 모든 감정과 에너지를 세상을 변화시키는 데 쏟아부었죠. 그리고 마침내 내가 바라던 일을 성취했고요. 내 인생에서 최고로 가슴 벅찬 순간이었어요."

사라는 무브먼트에 어울리는 사람이 아니더라도 변화를 일굴 수 있다는 사실을 배웠고, 목적에 대한 확고한 신념을 갖고 계속 나아갔다.

"목표를 향해 전진해야 해요. 스스로를 과소평가하면 안 돼요. 그러면 절대로 변화를 만들지 못할 거예요. 가만히 앉아서 자기보다 더 잘나고 훌륭한 사람들이 해주기를 기다려서도 안 돼요. 입을 다물고 있으면 뭐가 바뀌나요?"

정말 그렇다. 설사 남들의 경험이 더 풍부하다거나 할 말이 많다고 느끼더라도 정말 중요한 것은 일어나 행동에 옮기는 것이다. 미시시피 출신의 10대 소녀가 우리 모두를 위해 시판 음료수를 더욱 건강하게 만들자는 무브먼트를 할 수 있듯이, 당신도 당신에게 중요한 대의를 위한 무브먼트를 시작할 수 있다.

여기서 명심할 점은 사라가 '나는 세계 최고의 음료수 회사가 모든 음료에 이 성분을 제거하게 만들 거야'라는 생각으로 시작한 것이 아니라는 점이다. 사라는 그저 음료수에 특정 성분이 필요하지 않다는 의견을 개진하며 다른 사람들도 찬성하는지 알고 싶어 온라인 청원을 하나 올렸을 뿐이다. 열다섯 살 소녀의 작고 소박한 행동이 대중의 지지와 여론을 촉발하고 끝내 변화를 이끌어낸 것이다.

최초의 경험을 이겨내라

사람들이 행동에 나서지 못하는 가장 큰 이유는 두렵기 때문이다. 머릿속에서 이런 목소리가 들리기 때문이다. '만약에 실패하면 어쩌지? 사람들이 나더러 뭐라고 하면? 만약에 내 아이디어가 별로라면 어떡해?' 글쎄, 만약에 그런 두려움에 굴복하지 않고 계속 전진한다면 어떨까? 그렇게 할 수 있는 한 가지 방법은 사전에 연습하는 것이다. 우리가 두려워하는 것들을 한번 시도해 보는 것이다.

내가 어렸을 때 우리 집에서는 간단한 의사소통을 줄임말로 했다. 간단히 말하자면 우리 집에서만 통하는 비밀 언어라고 할 수 있다. 문자 메시지가 유행하기 전의 일이었고, 쉽게 외우려고 부엌 냉장고 문에 번역어를 붙여놓기도 했다. 'SYU(Since You're Up, 이왕 일어난 김에)'는 소파에 누워 뒹굴거리는 중인데 일어나서 뭔가를 하기 귀찮을 때 다른 사람에게 쓰는 말이었고, 'FHB(Family Hold Back, 이집 식구들은 참아)'는 집에 손님을 데리고 왔는데 하필 음식이 부족해서 식구들에게 평소보다 적게 먹으라고 눈치를 줄 때 쓰는 말이었다. 이런 전통은 내가 대학에 갔을 때에도 계속되었다. 'IMS(In My Sweats, 귀찮아)'는 이미 잠잘 준비를 마쳤는데 친구들이 밖에 놀러나가자고 할 때 쓰는 간단한 메시지였고, 'GU(Geographically Undesirable, 지리적으로 그닥)'는 집이 너무 멀어서 연애하기가 힘들거나 마음이 내키지 않는 사람을 가리킬 때 쓰는 말이었다.

마지막으로 IIDCTICDA(이크드디크다), 이 이상한 약어는 발음은 좀 우스꽝스럽고 이상하긴 해도 내가 지금껏 살면서 수많은 중요한 결정을 내리고, 되고 싶은 사람이 될 수 있도록 도와주었다. 풀이하면 다음과 같다.

'If I Can Do This, I Can Do Anything(만약 내가 이걸 할 수 있다면 뭐든 다 할 수 있어).'

나는 결코 거침없고 용감한 사람이 아니며, 그랬던 적도 없다. 그저 아주 오래전에 무서워하는 일들을 미리 그리고 자주 해본다면 나중에 잘 모르거나 중요한 일을 해야 할 때에도 겁을 덜 먹게된다는 사실을 깨달았을 뿐이다. 그것은 내가 두려움과 실패라는 생각에 익숙해지고 다른 일들을 상대적으로 쉽게 느끼게 해준다.

내가 처음으로 'IICDTICDA'를 실천한 건 열다섯 살 때 부모님이 나를 뉴멕시코에 있는 문제아들을 위한 여름캠프에 정신력을 다지고 근성을 키워보라고 보냈을 때다. 원래는 그 전해 여름에 여동생 데브가 그 캠프에 다녀왔는데, 집을 떠났을 때에는 항상 화가 나 있고 불안정한 10대 아이가 사람이 바뀐 것처럼 자신감과 활력에 가득 차 돌아온 걸 보고는 부모님이 이듬해에는 우리 둘 다 캠프에 보내기로 한 것이다.

캠프의 다양한 활동 중에서 내가 가장 인상 깊게 기억하는 것은 꼬박 하루 동안 절벽 꼭대기까지 오르는 극기훈련이었다. 그렇게 절벽 꼭대기까지 오르면 거의 수직으로 공수부대나 타고 내려가는 짚라인이 우리를 기다리고 있었다. 그걸 본 내가 공포에 덜덜 떨며 다른 사람들이 도착할 때마다 먼저 가라고 내 비참한 운명의 시간을 최대한 뒤로 미루던 모습이 아직도 눈앞에 생생하다. 나는 영원과도 같은 시간 동안 친구들이 한 명씩 차례로 절벽에서 뛰어내리는 모습을 지켜보았다. 이윽고 피할 수 없는 내 차례가 왔다. 친구들이 밑에서 노래를 불렀다.

"아이스크림과 소다, 프레젤과 맥주. 걱정하지 마, 젠! 빨리 내려와!"

하지만 당연히도, 그런 노래는 내게 아무 도움이 되지 않았다. 나는 몸을 돌려 이렇게 말할 수도 있었다.

"도저히 못하겠어요."

난 어린아이였고, 그건 그냥 여름캠프였으니까. 하지만 그때에도 왠지 포기하면 안 될 것 같았다. 그래서 나는 이렇게 생각했다.

'내가 이걸 해낸다면, 내가 무서워하는 다른 많은 것들도 할 수 있지 않을까?'(그렇다. 나는 심지어 어린 나이에 낭떠러지에 서서도 어느 정도 이성적인 사고가 가능했다)

그래서 나는 뛰어내렸다. 말 그대로 그리고 비유적으로 도약을 감행한 것이다. 짚라인을 타고 내려가던 매 순간을 끔찍이 증오했음에도 불구하고 나는 어떻게 그런 용기를 낼 수 있었는지 깨달았다. 나는 절벽에서 뛰어내리는 게 두려웠지만 동시에 단순히 무섭다는 이유로 기회를 포기하는 사람이 되는 것도 두려웠다.

IICDTICDA는 내가 두려워하는 수많은 것들을 할 수 있게 해주었다. 이를테면 소방서에서 자원봉사활동을 하거나 대학교 때 한 학기 동안 브라질에 있는 아마존 우림에서 열대림 생태학을 연구하거나 말이다. 원래는 이탈리아로 유학을 갈 생각이었지만 이왕 해외에 나가서 공부를 할 거라면 최대한 안전지대 밖으로 벗어나고 싶었다. 그래서 국제유학원School for International Training에서 카탈로그를 발견하고는 열대우림에서 한 학기를 보내기로 결심한 것이다. 나는 앞으로 무슨 일을 겪게 될지 까맣게 모른 채 짐을 챙겨 아마존으로 가는 비행기에 올랐다(정확히 말하자면 비행기를 두 번 타고 버스, 그리고 보트를 탔다).

브라질에서 공부한다는 게 어려울 거라는 건 당연히 알고 있었다. 내가 시간의 절반을 보낼 시골 지역은 외딴 곳이었고 전기나 수도도 없었으며 온갖 야생동물 천지였다. 하지만 실제로 가장 큰 골칫거리는 그게 아니었다. 물론 뱀과 독거미, 크고 무시무시한 독개미를 마주하는 끔찍한 순간들도 있었지만, 예상 외로 가장 큰 어려움은 언어가 통하지 않는다는 것과 그로 인해 주변 사람들과 의사소통을 할 수 없다는 데 있었다. 다른 라틴계 언어를 공부한 적은 있었지만 포르투갈어를 미리 공부해두지 않던 것이다. 어렵고 힘들 거라고 예상했으나 얼마나 어려운 일인지 나는 진실로 이해하지 못했다. 아침에 일어나서 저녁 때 잠자리에 들기까지 날마다 두통에 시달렸고, 아무것도 못하는 어린애가 된 듯한 무력감을 느꼈다. 결국에는 간절한 노력이 해결책이 되어, 브라질을 떠날 때쯤 나는 매우 뛰어난 의사소통 능력의 소유자가 되어 있었다(내 포르투갈어 문법 수준에 대해서는 확신할 수 없지만). 그때 주변 사람들과 자유롭게 소통할 수 없다는 좌절감을 체험한 덕분에 나는 문화 또는 언어 장벽을 경험하는 사람들과 깊은 공감을 나눌 수 있게 되었고 지금까지도 유지되고 있다. 전반적으로 브라질에서의 경험은 내가 다른 낯선 상황에서도 잘 견딜 수 있다는 자신감을 쌓게 해주었다. 직장에서든 일상에서든, 해보지 않은 일을 미리 시도해 본다면 더 어려운 도전이나 난관도 비교적 쉽게 헤쳐나갈 수 있다. 당신이 두려워하는 것일수록 더 좋다. 물론 합리적인 수준 안에서 말이다.

두려움을 극복하기 위해 두려운 상황을 연습한다고 해서 그런 감정을 완전히 떨쳐버릴 수 있다는 얘기는 아니다. 내가 (가족들을 데리고) 인도의 체인지닷오알지팀을 방문했다가 단체 활동 겸 다 같이 자전거로 구 델리 시가지를 관광하기로 결정했을 때처럼 말이다.

지금이야 델리에 거주하는 수천 명의 시민들이 매일같이 자전거로 통행하는 지역이니 별로 힘든 코스가 아니라는 걸 알지만, 나를 잘 아는 사람이라면 내가 세계에서 가장 번잡한 도시에서

퍼포스풀

자전거를 타는 걸 좋아할 사람이 아니라는 걸 잘 알 거다. 나는 샌프란시스코에서 자랐고, 그곳의 심한 경사와 언덕들은 자전거 타기를 거의 극한 스포츠로 만든다. 결론을 말하자면, 나는 20대가 될 때까지 자전거를 배우지 않았다. 그래서 솔직히 자전거를 타는 게 불안하고 초조할 수밖에 없었다.

하지만 일단 헬멧을 쓰고 남편과 두 딸을 앞세운 채 자전거 페달을 밟기 시작한 뒤에는 쌩쌩 달리는 오토바이와 툭툭tuk tuk, 다른 무수한 자전거와 행인들, 주변에서 어슬렁거리는 수십 마리 소 떼의 공격에 내 신경줄이 공포심에 휩싸여 비명을 지르기 시작했다. 나 자신뿐만 아니라 가족들 때문에, 특히 아직 어린 딸들 때문에 걱정은 배가 됐다. 팀원들이 지금 내 상태를 알게 된다면 필시 괜찮다면서 이해해줄 터였다. 굳이 두 개의 바퀴 위에서 목숨을 무릅쓰지 않아도 전통적인 팀빌딩 활동을 할 기회는 많으니까. 하지만 늘 그렇듯이 내 머릿속에서 들려오는 모범을 보여야 한다는 목소리를 무시할 수 없었다. 게다가 내가 무섭다는 이유로 딸들에게서 기회를 빼앗고 싶지도 않았다.

내가 자전거로 두 사람을 치고(다행히 아무도 다치지 않았다. 내가 터무니없을 정도로 느릿느릿 달리고 있었던 덕분이다) 소꼬리에 얼굴을 두들겨 맞은 걸 빼면 우리의 구 델리 자전거 여행은 참으로 굉장한 경험이었다. 일단 내가 살아서 이 이야기를 하고 있을 뿐만 아니라, 내 앞에서 자전거를 타던 두 딸 레이첼과 에마가 경탄스러울 정도로 훌륭하게 모험을 마쳤기 때문이다. 물론 두 아이들이 온갖 사람과 장애물을 헤치고 자전거를 조종하는 실력이 나에 비해 훨씬 뛰어나기도 하지만, 스트레스로 점철된 자전거 관광 도중 나는 인생에 다시없을 깨달음의 순간을 경험했다. 내 딸들은 두려움을 직시하면서도 계속 전진할 수 있었다. 그 애들은 괜찮을 거다.

나는 많은 창업가들이 성공의 이유로 거침없는 대범함을 꼽는 것을 자주 접한다. 내가 성공할 수 있었던 것은 두려움이 없어서가 아니라 두려움에도 불구하고 해야 할 일을 하고자 했기 때문이다. 나는 두려움을 느끼면서도 굴복하지 않고 전진하는 것이야말로 진정한 용기라고 생각한다.

우리의 DNA에는 투쟁-도피 반응_fight or flight_이 깊숙이 새겨져 있기 때문에 위험을 회피하는 것은 인간으로서 당연한 본능이다. 위험한 것을 무서워하는 것은 전적으로 정상적인 반응이다. 목숨이 위험한 상황을 피할 수 있는 것도, 그러한 상황에서 우리를 보호해 주는 것도 바로 두려움이다.

그러나 현대의 삶에서 우리는 실패를 두려워한다. 신나는 야외 활동을 하든 연설을 하든, 혹은 데이트 신청을 하거나 위험부담이 크다고 생각하는 새 직장으로 이직하든, 많은 사람들이 두려운 것을 피하기 위해 시간이나 에너지를 투자한다. 위험하거나 불확실한 것, 또는 두려운 것들을 피하고 싶다는 이유로 소심하

퍼포스풀

다고 자책하기보다 아예 한 번쯤 그런 걸 시도해 보는 건 어떨까?

사람들이 입 밖에 내지 않는 작은 비밀을 하나 알려줄까? 뭔가를 처음 한다는 것은 전에 그것을 해본 적이 없다는 뜻이다. 이는 불변의 진리다. 최소한 내 삶에 있던 모든 커다란 전환점은 그랬다. 생애 첫 걸음마, 첫 등교일, 첫 키스, 첫 아기, 첫 직장, 관리자로 승진한 첫날, CEO로서의 첫날…. 그리고 이건 세상의 모든 사람들도 마찬가지다. 엄청 유능하고 뛰어난 사람이든 그들 역시 '첫날'을 경험했다. 사람들은 모두 이 최초의 경험을 어떻게든 견뎌내며 시간이 지날수록 익숙해진다.

하지만 경험과 지식을 어느 정도 쌓고 나면 첫날에 느꼈던 기분은 잊어버리고 다시 실패를 두려워하게 된다. 만일 새로운 것을 시도하고 거기에 능숙해지는 기분을 잊지 않고 간직할 수 있다면, 추구하고 싶은 대의나 이루고 싶은 변화를 직면했을 때에도 아무리 어렵고 힘들어 보여도 - 특히 어려울 때 - 나는 해낼 수 있다고 다짐할 수 있지 않을까?

모든 것을 혼자 할 필요는 없다

앞에서 말한 내용도 그렇지만 무엇보다 이 점을 명심하자. 가장 중요한 것은 어쨌든 시작하는 것이다. 처음에는 작고 사소해 보이는 행동도 크고 중요한 움직임을 창출할 수 있다.

앨리 웹Alli Webb의 경우가 그랬다. 헤어 전문 스타일리스트인 앨리는 그녀의 오빠이자 내 오랜 친구인 마이클 랜도Miachael Landau와 함께 드라이를 전문으로 하는 미용실 체인점인 드라이바Drybar를 창업했다.

앨리는 어린 시절의 대부분과 개인 및 직업적 삶의 대부분을 자신의 반항심 강한 머리를 길들이는 데 투자했고, 그 결과 헤어 스타일링의 귀재가 되었다. 앨리는 머리를 말리고 아름답게 꾸미는 데서 오는 단순한 즐거움의 위력을 발견했다. 그녀는 이렇게 말했다.

"내 머리카락은 자연 곱슬이에요. 어렸을 때부터 엄마한테 제발 드라이로 머리를 펴달라고 사정사정을 하곤 했죠. 그땐 뭐라고 정확히 표현해야 할지 몰랐는데, 엄마가 내 머리를 예쁘게 드라이해 주면 정말 기분이 좋아졌어요. 행복할 정도였죠."

앨리는 까다로운 머리카락이라는 게 자신만의 독특한 문제가 아니라는 것을 알고 있었다. 나만 해도 심한 곱슬머리니 말이다. 그래서 앨리는 다른 여자들도 전문가에게 드라이를 받는 것을 좋아할 것이라고 생각했다(처음에 마이클은 도저히 이해할 수 없다고 말했다. "나는 솔직히 여자들이 왜 다른 사람이 머리를 말려주는 걸 좋아하는지 이해할 수 없었어요. 난 대머리인 데다가 드라이 같은 것도 안 하거든요").

광고와 디자인, 브랜딩 일을 하고 있던 앨리의 남편 캠이 그녀를 위해 웹사이트를 만들어주었다.

"스트레이트 앳 홈(Straight at Home, 집에서 곧장)이라는 이름이었죠. 캠은 사람들이 웹사이트가 마음에 들면 전화를 할 거라고 했는데 정말로 그랬어요. 맘카페 같은 곳에 사이트 주소를 올리자 인기를 타기 시작했죠."

처음에 앨리는 이 일이 그저 집에서 벗어나 좋아하는 일을 하면서 약간의 돈을 버는 정도라고 생각했다. 그녀는 드라이 한 번에 40달러를 청구했고, 브러시와 헤어제품으로 가득 채운 더플백을 들고 엄마들 집을 돌아다니며 그들의 머리를 손질해 주었다. 앨리는 자기 일에 자부심을 느꼈고 언제든 편한 시간에 원하는 대로 일정을 잡을 수 있었다.

그러던 중 앨리의 사업이 빠른 속도로 성장하기 시작했다. 사람들이 그것을 좋아했기 때문이다. 앨리는 자신도 모르게 하나의 무브먼트를 시작하고 있었다. 왜냐하면 뭔가 원대한 것을 쌓아가고 있었기 때문이다. 그녀는 이렇게 말했다.

"그러더니 이 작은 사업이 갑자기 폭발한 거예요. 눈 코 뜰 새 없이 바쁘게 일해도 혼자서는 도저히 수요를 따라갈 수 없어서 갈림길에 봉착했죠. 다른 헤어 스타일리스트를 고용해서 이 수요를 충족시켜야 할까, 마이클과 나는 매장을 여는 게 어떨까 고민하기 시작했어요. 내가 손님을 찾아가는 게 아니라 손님이 나를 찾아올 수 있게요. 그렇게 이 모든 게 시작된 거예요. 하지만 그때도 그냥 가게 하나를 열 생각이었지, 이렇게 대대적인 사업체가 될 거라곤 상상도 못했어요."

앨리는 앞으로 일어날 일에 대해서는 생각지도 못한 채, 작은 매장을 열었다. 한편 그 과정에서 깨달은 중요한 사실이 하나 있다면 모든 것을 전부 스스로 할 필요는 없다는 것이다. 실제로 앨리와 마이클은 드라이바가 성공할 수 있었던 이유에 대해 각자 독특한 전문기술과 역량을 지닌 네 명의 동업자들이 모여 성공에 필요한 올바른 리더십을 형성한 덕분이라고 말한다. 그들은 바로 앨리와 캠, 마이클, 그리고 유능한 건축가로 제1호 드라이바 매장을 설계하고 대신 주식을 받은 조시 하이틀러 Josh Heitler 다. 마이클은 이렇게 말했다.

"가장 먼저 이 사업에 뜨거운 피땀과 눈물을 쏟아부은 완벽한 설계사 겸 건축가가 있었죠. 그리고 마케팅과 광고의 귀재이자 원래대로라면 우리가 고용할 꿈도 못 꿀 캠도 있었고요. 하지만 다행히도 캠은 앨리의 남편이었죠. 또 앨리가 있었지요. 애초에 이 사업을 창안하고 헤어 시장에 대한 풍부한 지식과 모든 걸 어떻게 꾸려야 할지 알고 있는 사람이요. 그리고 나는 비즈니스 쪽에 특화되어 있었고요. 이 모든 게 합쳐져서 하나가 된 겁니다."

앨리는 사업 파트너들의 도움을 받아 캘리포니아주 브렌트우드에 진짜 벽돌과 타르로 된 매장을 열었고, 그렇게 드라이바가 탄생했다. 이후 드라이바는 선풍적인 인기를 얻어 미국과 캐나다 전역에 70개 이상의 매장을 열었으며, 드라이바의 헤어 케어제품들은 세포라~Sephora~와 노드스트롬을 비롯한 여러 상점에서 성황리에 판매됐다.

드라이바라는 무브먼트 뒤에는 중요한 깨달음이 있다.

'사람들은 자신을 아름답게 꾸밀 때 기분이 좋아진다.'

그리고 목표를 성취할 수 있는 사신감을 준다. 이렇게 작은 사업으로 시작된 아이디어가 여성들이 자신감과 자부심을 느끼게 돕는다는 중요한 목적을 중심으로 순식간에 거대한 사업으로 성장했다. 마이클은 그때쯤에야 사람들을 조금 이해할 수 있게 되었다고 말했다.

"캠과 앨리가 알고 있던 걸 깨닫기까지 시간이 좀 걸렸지만 나한테도 그런 비슷한 경험이 있었어요. 나는 대학교 신입생 때부터 머리가 빠지기 시작했는데, 그때부터 뭔가 변했죠. 난 항상 밝고 외향적인 성격이었는데 머리카락이 빠지기 시작하면서부터는 뭘 해도 왠지 단정하다는 느낌이 안 들었어요. 그런데 한 고객이 드라이바에서 머리를 하지 않으면 뭘 해도 단정하다는 느낌이 안 든다고 하는 겁니다. 그래서 속으로 생각했죠. '맙소사, 저 여자가 내가 대학 시절 머리가 빠졌을 때 심정을 조금이라도 느낀다면 이 사업이 왜 그렇게 커다란 기회인지 알겠네'라고요."

그건 정말 거대한 기회였다. 외모를 단장하여 자신감을 주는

데 있어서나, 사업을 구축하고 성장시키는 데 있어서나 말이다. 고객들은 드라이바에 다녀오면 뿌듯하고 당당한 기분이 든다고 적극적으로 입소문을 냈고, 트위터에는 다음과 같은 트윗들이 수없이 돌아다녔다.

"@theDrybar에 감사! 갔다 오면 늘 자신감이 들고 최고의 스타일리스트가 있는 곳!"이라는 트윗과 "하루를 @theDrybar에서 시작하는 기분 최고. 아무리 산발이라도 여기만 갔다 오면 자신감이 넘치게 돼. #drybarhouston #curlyhairprob에게 감사"라는 트윗도 있다.

드라이바의 무브먼트는 나날이 확산되고 있으며, 잠재고객들은 지금보다도 더 성장하길 고대하고 있다. 드라이바 페이스북 페이지에는 미국 전역에서 자기 동네에도 매장을 열어 달라고 호소하는 메시지들이 가득하다.

"제발 에반스톤에도 드라이바를."

"NC 채플 힐에도 와 줘요!"

"NU 버팔로에 드라이바를 열 생각은 없나요?(제발 그렇다고 해줘요.)"

"위스콘신 매디슨에도 제발! 우린 드라이바가 필요해요!"

"CA 웨스트레이크 서부에는 언제쯤 열건가요? 카핀테리아에 와 줘요! 산타바바라에도요!!"

앨리는 그런 것을 꿈꾼 적도 없건만, 그녀의 작은 첫걸음이 전국적인 물결을 일으킨 것이다.

우리 모두는 변화를 창출할 힘을 갖고 있고, 크든 작든 지역적이든 전국적이든 새 법률이든 새 사업이든 나만의 무브먼트를 일으킬 힘을 갖고 있다. 시작은 늘 같다. 누군가 위험을 무릅쓰고 자리에서 일어나 처음으로 박수를 치는 사람이 되는 것이다.

3

간절한 것을 설정하라

의도를 행동으로 옮기는 첫걸음

비전이 없다면[1] 아무리 강한 열정도 배터리 없는 기계에 불과하다.

- 켄 올레타 Ken Auletta

만들고자 하는 미래 설정하기

성공적인 무브먼트를 시작하는 첫 단계는 분명하고 설득력 있는 비전을 구축하는 것이다. 비전이란 당신이 '만들고자 하는 미래'를 뜻하고, 목적이란 당신이 그것을 바라는 '이유'를 말한다. 스스로에게 물어보자. 당신은 세상이 어떤 모습이 되길 원하는가? 세상이 그렇게 바뀌는 것이 왜 중요한가? 성공적인 무브먼트는 다른 사람들이 당신이 어디로 가고자 하는지 이해하고, 왜 당신을 도와야 하는지 납득할 만한 분명한 비전과 확고한 목적을 수반해야 한다.

무브먼트는 역동적이다. 뚜렷한 목적을 지닌 비전이 이끌기 때문이다. 이 책의 앞부분에서 만난 사람들도 비록 작은 행동으로 시작했으나 처음부터 분명한 목적과 비전을 갖고 있었다. 메건 그라셀이 꿈꾸는 세상에서는, 어린 소녀들이 나이에 적합한 브래지어를 살 수 있다. 왜냐하면 메건의 여동생을 비롯한 어린 소녀들이 자신의 성장속도에 맞춰 더 나은 선택을 할 수 있어야 하기 때문이다. 닐 그리머가 꿈꾸는 세상에서는, 부모들이 가게에서 유기농 이유식을 쉽게 구입할 수 있는데, 아무리 바쁜 부모라도 자식들에게 몸에 좋은 음식을 줄 수 있어야 하기 때문이다.

새로운 조직이나 회사를 시작하는 사람들은 종종 비전선언문이나 사명선언문을 쓴다. 비전선언문이 그들이 만들고자 하는 '미래'를 설명한다면, 사명선언문은 그러한 비전을 실현하기 위해 '조직이 무엇을 할 것인지'를 이야기한다. 예를 들어 체인지닷오알지의 사명은 그들의 비전인 '누구도 무력하지 않은 세상'을 만들기 위해 '온 세상 사람들이 보고 싶은 변화를 추구할 수 있게 힘을 부여하는 것'이다. 사람들에게 충분히 큰 규모의 변화를 일으킬 수 있는 힘을 부여한다면 누구도 무력하지 않은 바람직한 미래를 만들 수 있기 때문이다.

일단 뚜렷하고 분명한 비전(원하는 미래 또는 가야 할 방향)과 목적(이유)을 결정하고 나면, 사명을 결정하고(무엇), 전략과 전술을 개발하고(방법), 목표를 설정하여(얼마나) 비전을 이루기 위한 길로 올바르게 가고 있는지 확인할 수 있다. 기나긴 여정 도중 어려움에 직면할 때면, 비전이 당신과 팀에게 방향을 알려주는 나침반이 되어줄 것이다.

무브먼트는 사람들을 하나로 모으는 비전 없이는 애초에 존재할 수 없고, 그러한 비전이 분명하고 뚜렷할수록 사람들에게 이를 실현하도록 독려하기가 더욱 쉬워진다.

사람들이 당신의 비전이 무엇인지 알고 그것이 왜 중요한지 진심으로 이해할 수 있도록 진실하고 강력한 스토리를 통해 소통하라. 우리는 본능적으로 개인적인 이야기들을 더 잘 기억하는 경향이 있다. 가령 메건이 여동생을 위해 브래지어를 쇼핑하러 갔다거나 닐과 그의 부인이 한밤중에 이유식을 손수 만들었다는 이야기처럼 말이다. 그런 이야기들은 사람들이 무브먼트에 동참하게 된 동기를 보여준다.

또한 비전이 그들에게 어떤 영향을 끼치게 될지 알려주고 싶다면 일반적이고 추상적인 언어보다는 구체적이고 개인적인 이야기를 강조하는 편이 더 효과적이다. 이런 기법에 유독 뛰어난 사람들이 바로 정치가다. 그들은 특정 정책에 관해 연설을 할 때면 종종 그 정책의 영향을 받게 될 개인이나 가족을 초대해 청중들 사이에 끼워 넣는데, 덕분에 정치가의 비전과 목적이 더 실감나고 가깝게 느껴지기 쉽다.

하버드대학교 케네디행정대학원의 공공정책 교수이자 미국 농장노동자조합United Farm Workers 활동으로 유명한 사회운동가인 마셜 간츠Marshall Ganz는[2] 스토리텔링을 일종의 전략으로 활용하는 데 있어 한층 더 깊게 파고든다. 그는 공적 서사가 세 가지 부분으로 나뉜다고 주장한다. 그 세 가지는 나에 관한 이야기, 우리에 관한 이야기, 그리고 지금에 관한 이야기다. 나에 관한 이야기는 자신의 개인적인 목적을 설명한다. 당신의 소명, 그것이 왜 당신에게 중요한지, 때로는 당신이 극복하고자 하는 개인적인 난관이나 동기를 북돋아준 사람이나 경험에 대한 이야기가 포함되기도 한다. 우리에 관한 이야기는 함께하고 싶은 사람들의 공동체에 대해 설명하고, 당신과의 공통점을 강조해 그들을 독려하고 고무시킨다. 여기서는 공통적인 정체성과 가치관에 대한 이야기 그리고 그런 공통된 가치관이 어떻게 행동을 이끌어낼 수 있는지에 초점을 맞춰야 한다. 마지막으로 지금에 관한 이야기는 지금 당장 행동해야 한다는 긴박함을 자극한다.

간츠는 이때 당신과 지지자들이 함께 직면하고 있는 도전과 당신이 그들에게 원하는 특정한 행동 그리고 지금 당장 당신과 함께 행동할 경우 이룰 수 있는 비전에 중점을 둘 것을 제안한다. 간츠는 온라인에 이와 관련된 연습평가지를 올리기도 했는데, 이걸로 나와 우리 그리고 지금에 관한 이야기를 이용해 공적 서사를 직접 창조해 볼 수 있다.

사회활동가들이 스토리텔링을 솜씨 좋게 활용하고 있다면, 비즈니스 리더들은 이를 보다 자주 이용할 필요가 있다. 비전(추상적인 목표)을 개인적으로 깊은 인상을 줄 수 있는 보다 뚜렷하고 구체적인 이야기로 묘사하면 가히 폭발적인 효과를 얻을 수 있기 때문이다.

　나도 다양한 곳에서 직장생활을 하면서 내 비전을 명확하고 진실 어린 방식으로 전달할 수 있었던 것이 큰 도움이 되었다. 나도 종종 내가 진심으로 중요하게 여기는 무브먼트에 관해 이야기하는데, 바로 직장에서 일하는 임산부들을 위한 정책을 마련하는 것이다. 회사 리더들에게 여성들이 화장실에서 모유를 짜야 한다거나 주차 공간이 너무 작아 막달에 이르면 차 밖으로 나올 수도 없다는(정말로 그렇다. 실제로 내가 겪은 일이다) 경험에 근거한 실제 이야기를 들려주면 많은 회사 정책들이 변하곤 했다(일하는 여성들에게 동등한 일터를 만들기 위해서는 아직도 갈 길이 멀다).

무브먼트 성공을 위한 최상의 조합

**당신이 바라는 세상에 대한
분명한 비전**

+

**비전이 당신과 다른 사람들에게
중요한 이유를 설명하는 뚜렷한 목적**

+

**비전과 목적을 실현하는 데 도움이 될
하나 이상의 설득력 있는 스토리**

비전에 힘을 더하는 스토리

행크 헌트_{Hank Hunt}는 평범하지만 완벽한 삶을 살고 있었다. 그는 아칸소주의 리틀록에서 자랐다. 낡고 바람 빠진 자전거를 타고 여자애들 머리를 잡아당기던 전형적인 남부 소년이었다. 1972년에는 텍사스로 이사해 고등학교 때부터 사귀었던 여자친구와 결혼하여 두 딸을 두었다. 당시 행크는 육군에 입대해 헌병으로 복무하면서 수많은 좋은 일들을 했다고 믿었다. 그는 세상을 변화시키거나 무브먼트를 일으킬 생각은 추호도 없었지만, '도움이 필요한 사람을 보면 도움이 될 일을 하는 부류의 사람'이라고 말했다.

2013년 12월 1일, 비극이 발생했다. 포트워스에서 열린 크리스마스 바자회에 갔던 행크의 아내가 점심 때쯤 집에 있는 행크에게 전화를 했다. 그리고 아내는 딸 카리와 연락이 되지 않는다고 말했고, 처음에는 별일이 아닌 것처럼 여겼다. 하지만 얼마 뒤 딸 카리에게 아무리 전화를 걸어도 받지 않자 행크는 약간 불안해지기 시작했다. 카리는 행크의 전화를 받지 않는 일이 거의 없었기 때문이다. 그때 행크의 아내가 방금 카리의 남편이 소셜 미디어에 '젠장, 발끈해버렸네'라는 글을 올렸다고 전해왔다.

그제야 행크는 정말로 걱정하기 시작했다. 그는 경찰서와 병원에 전화를 걸어 카리가 신고를 했거나 가정폭력 신고가 있지 않았는지 물었다.

"형사님한테 나중에 전화 드리라고 할까요?"

경찰서 사람의 대답에 행크는 불길한 예감을 느꼈다. 그리고 실제로 잘못된 일이 일어났다. 나중에 행크는 딸 카리가 호텔 욕실에서 별거 중인 남편에게 칼에 찔렸으며 당시 두 살, 네 살, 아홉 살짜리 손자손녀들이 얇은 벽 하나를 사이에 두고 옆방 침실에 있었다는 사실을 알게 되었다.

엄마의 비명 소리를 들은 첫째가 도움을 구하러 911에 전화를 걸었지만 통화를 할 수가 없었다. 대부분의 아동은 호텔에서 외부로 전화를 걸려면 9번 버튼을 먼저 눌러야 한다는 사실을 몰랐기 때문이다. 아이는 호텔 직원에게 도움을 요청하려다 결국 실패하고 맞은편 방으로 찾아가 투숙객에게 도움을 구한 후에야 911에 전화를 걸 수 있었다. 응급구조반은 아이가 전화를 한 지 11분 만에 도착했다. 그러나 불행히도 때는 이미 늦어, 카리는 그날 숨을 거뒀다.

가슴 아픈 상실에도 불구하고, 그 뒤로 행크는 그의 비전을 현실화하기 위한 캠페인에 매달렸다. '카리법'은 호텔 및 다른 상업 건물에서 911에 전화를 걸 때는 다른 번호를 추가로 누를 필요가 없도록 하는 법이다. 행크는 언제 어디서 전화를 걸든 911에 연결할 수 있는 세상을 꿈꾸며, 그리하여 어떤 사람도 그날 자신의 손녀딸처럼 형용할 수 없는 고통과 괴로움에 시달리지 않길 바랐다. 행크는 말했다.

"카리의 이름을 붙이긴 했지만, 사실 그 법을 제안하게 된 건 내 손녀딸 때문입니다. 그날 그 일이 있은 후 경찰서에서 내 무릎 위에 앉아 나를 껴안고 있던 그 애의 표정은 정말 어떤 말로도 표현할 수 없을 겁니다. 마치 끊임없이 뭔가를 찾고 있는 것 같았어요. 계속 눈동자를 이리저리 두리번거리고 있었거든요. 애가 그러더군요. '할아버지, 전화를 네 번이나 걸었는데 전화가 안 걸렸어요.' 그제야 어떻게 된 건지 알겠더군요. 그 애는 호텔에 있었고, 호텔에서 외부로 전화를 걸려면 번호를 따로 하나 눌러야 하지요. 하지만 그 애는 그걸 몰랐어요. 손녀딸의 얼굴을 보며 그 말을 들은 순간 다 내 잘못이라는 걸 알았습니다. 실은 모든 사람들의 잘못이지요. 성인들이라면 전부 비난받아 마땅해요. 왜냐하면 우린 아이들에게 항상 무슨 일이 생기면 911에 전화를 걸라고 가르치고 또 그렇게 홍보하니까요. 소방차에도 경찰서에도 그렇게 붙어 있지요. 하지만 이런 설명은 없어요. '호텔이나 사무실 빌딩, 아니면 외부로 전화를 걸 때 먼저 다른 번호를 눌러야 하는 곳이 아닐 때에만 911에 전화해라.' 우리가 바뀌지 않는 이상 아이들은 계속해서 911에 전화하는 법을 다시 배워야 할 겁니다."

행크의 이야기를 듣고, 카리의 이야기를 듣고, 카리의 딸 이야기를 듣고 나면 행크처럼 이 문제를 간절히 해결하고 싶다고 느끼지 않기란 불가능하다. 행크의 이야기는 911 시스템을 개선하자는 그의 비전에 강력한 힘을 부어줬고, 그 비전은 하나의 무브먼트가 됐다. 60만 명이 넘는 사람들이 행크가 체인지닷오알지에 올린 청원에 서명했고, 그 후 거대한 캠페인의 물결이 시작되었다. 가장 먼저 메리어트 인터내셔널Marriott International Corporation과 같은 일부 대형 호텔들이 자사가 운영하는 모든 호텔의 전화 시스템을 개선하여 911에 곧장 전화가 연결될 수 있게 했다. 행크는 텍사스와 뉴욕, 일리노이, 메릴랜드와 테네시주 등에서 카리법을 통과시켰다. 2017년 1월에는 연방하원, 그해 8월에는 상원에서 만장일치로 카리법이 통과됐고, 마지막으로 2018년 2월에는 트럼프 대통령이 서명을 완료했다.

엄청난 성공이 아닐 수 없다. 행크 헌터는 어떤 아이들에게도 다시는 이런 일을 겪게 하지 않는다는 그의 비전을 실현하려면 아직도 갈 길이 멀다고 말한다. 그러나 지금 그는 목표에 아주 근접해 있고 그 과정에서 세상에 굉장한 변화를 일으켰다. 행크의 개인적인 비극은 그 자신뿐만 아니라 카리법을 지지하며 이 무브먼트에 참여한 다른 모든 사람들의 마음에 불을 지폈다.

투지와 새로운 전략을 이끄는 원천

선명하고 뚜렷한 비전은, 일이 계획과 달리 흘러가 비전에 대한 접근방식을 바꿔야 할 때에도 도움이 된다. 실제로 비전을 실현하기 위한 전략은 세상이 변화함에 따라 함께 진화해야 하며, 무엇이 효과적이고 그렇지 않은지 항상 정보를 모아야 할 필요가 있다. 자신이 해결하고픈 문제에 대해 갈수록 더 깊이 이해하게 된 크리스 아티게카Chris Ategeka의 경우가 좋은 사례다.

크리스는 우간다의 작은 마을에서 태어났다. 일곱 살 때 그는 부모님 두 분 모두 반년 사이에 에이즈로 사망하는 비극을 겪어야 했고, 어린 나이에 네 명의 어린 형제자매들을 돌봐야 했다. 다섯 남매는 집을 잃고 먹을 것을 구걸하러 다니는 신세가 되었으며 결국 각기 다른 가족들에게 맡겨져 뿔뿔이 흩어졌다.

크리스는 자신이 운이 좋았다고 생각한다. 고아원에 들어가 학교에 다닐 수 있었기 때문이다. 나중에는 한 미국 가족의 후원을 받아 우간다에 있는 사립 고등학교에 입학할 수 있었고, 캘리포니아로 이주해 그들의 집에 머무르며 대학에도 갈 수 있었다. 크리스는 U.C. 버클리대학에 입학해 기계공학 석사학위를 취득했다.

크리스가 아홉 살 때, 남동생이 죽었다. 크리스와 동생들은 그 아이를 등에 업고 가장 가까운 병원으로 달려갔지만 병원은 15킬로미터나 떨어진 곳에 있었다. 가까운 사람이 제대로 된 치료도 받지 못하고 죽어가는 모습을 지켜봐야 했던 크리스는 모든 사람들이 질 좋은 의료로 치료를 받을 수 있는 세상을 만들 수 있길 꿈꿨다. 그의 첫 번째 시도는 비영리재단을 세우는 것이었다. '라이드즈 포 라이브즈_{Rides for Lives}'라는 이 재단은 우간다 오지에 사는 주민들에게 건강 및 교육 서비스를 연결해줄 오토바이나 구급차 같은 탈 것을 제작했다.

그러나 문제에 대해 더 깊이 공부하고 파악할수록 크리스는 자신의 비전을 실현하려면 다른 형태로 발전해야 한다는 사실을 깊이 깨달았다. 처음에 그는 더 많은 사람들이 병원에 접근할 수 있게 하는 것이야말로 문제해결의 열쇠라고 생각했다. 크리스는 말했다.

"우리는 마을에 구급차를 보급하는 것으로 시작했습니다. 시골 마을에 살고 있는데 응급상황이 발생하면 운이 나빴다고 여겨야 합니다. 여기 미국에서는 응급상황이 발생하면 911에 전화하면 됩니다. 그러면 응급대원들이 나타나죠. 병원에 가면 목숨을 구할 수도 있고요. 하지만 우간다에서는 응급상황에 처하더라도 할 수 있는 게 아무것도 없어요. 911 같은 게 없거든요."

그러나 수백 대의 차량을 제조하고 수천 명의 환자들을 병원에 실어날라도 그들은 늘 똑같은 문제에 부딪쳤다.

"병원에 가도 의사가 없었습니다. 그러면 아무 희망도 없죠. 아니면 의사가 있더라도 치료를 받으려면 이틀, 사흘, 나흘은 걸립니다. 병원에 가도 의사를 만나지 못해 죽을 때도 있어요."

그래서 크리스는 기계공학도로서 새로운 방식으로 접근해 보기로 했다. 사람들을 병원에 데려가는 대신 병원을 사람들에게 데려가기로 한 것이다. 그 결과 의사와 진료실, 약국이 한 대의 버스로 결합했고, 환자들이 병원에 오는 게 아니라 병원이 환자들에게 갔다. 하지만 문제는 여전히 남아 있었다. 이동버스가 마을에 들를 때마다 줄이 너무 길어서 상대적으로 긴급한 환자들이 치료를 빨리 받을 수가 없었다.

버스 앞에 늘어선 끝없는 줄을 보면서 크리스는 이동병원이라는 접근방식 역시 의사가 부족하다는 점에서 근본적인 문제가 있다는 사실을 알게 되었다. 환자를 병원으로 데려오든 병원을 환자에게 데려가든, 환자들의 필요를 충족시킬 의사와 숙련된 의료진이 부족했다. 그러나 크리스는 포기하지 않았다. 그는 이번에도 '헬스 액세스 코어Health Access Corps'라는 단체를 설립했다. 이 단체의 사명은 '의료 전문가가 극심하게 부족한 현실을 극복하기 위해 현지 인재를 활용해 아프리카 사하라 이남 지역의 의료시스템을 지속가능하도록 강화하는 것'이다.

아프리카 54개국 중 38개국이 하나 이상의 의학전문대학을 보유하고 매년 전문 의료 인력을 배출하고 있지만, 사하라 이남 지역은 전 세계에서 의료시스템과 인력이 가장 부족한 곳이다. 크리스는 말했다.

"전문 인력을 훈련시켜놓고도 유지하지 못합니다. 그래서 우리가 하는 일은 대학을 졸업한 젊은 의료인들이 현지에 남아 사람들을 치료할 수 있게 지원해 주는 겁니다."

비전을 가로막는 근본적인 장애물이 인재 유출이라는 사실을 깨닫자, 전문 의료인을 위한 2년 동안의 유급 장학 프로그램을 신설하는 것이 해결책이라는 사실이 명확해졌다. 크리스는 미국 공영라디오방송National Public Radio과의 인터뷰에서 이렇게 설명했다.

"방금 학교를 졸업한 고등교육을 받은 유능한 의사가[3] 재정적 도움을 필요로 하지 않는다는 건 잘못된 생각입니다. 그런 식으로 생각하다가 우리는 그들을 잃었어요. 현지에 남을 만한 충분한 보수나 보상을 주지 않았으니까요."

구급차, 이동병원 그리고 아프리카의 전문 의료진을 위한 장학제도는 인간이라면 누구나 의료서비스를 받을 수 있어야 한다는 크리스의 비전을 실현하기 위한 헬스 액세스 코어의 해결 방안 중 하나다.

크리스는 평생 놀라운 투지를 발휘했다. 어린 시절에는 생존을 위해 투쟁했고, 그 뒤에는 사하라 이남 아프리카 지역에 질 높은 의료혜택을 제공한다는 비전을 실현하기 위해 헌신했다. 그의 이야기는 자신뿐만 아니라 그의 무브먼트에 참여하는 다른 사람들의 열정에도 불을 붙였다. 직원들, 파트너 그리고 구글과 유엔United Nations Foundation, 폴 뉴먼 재단Newman's Own Foundation을 비롯한 헬스 액세스 코어의 후원자들까지 말이다.

크리스는 처음의 발상이 원하던 바를 실현하지 못하자 끊임없이 전략을 수정했고, 그때마다 왜 현재의 방식이 효과가 없고 어

떻게 발전해야 하는지 새로운 것을 배워나갔다. 그는 확고하고
선명한 비전을 갖고 있었던 덕분에 성공적인 전략을 통해 조금씩
궁극적인 성취를 향해 다가갈 수 있었다.

변화를 실현시키는 로드맵 구축하기

강력한 비전과 구체적인 목적을 세웠다면 다음 단계는 이를
현실로 만들 방법을 궁리하는 것이다. 원하는 결과를 일궈내기
위한 무브먼트를 시작하고 이를 지속하려면 무엇을 해야 할까?
사회적 변화를 추구하는 조직이나 비영리재단, 또는 정부기관들
은 종종 변화를 창출할 확률을 최대화하기 위한 수단으로 '변화
이론'이라고 불리는 방법론을 활용한다. 이는 달성하고자 하는
목표를 시작점으로 삼아, 목표에 도달하기 위한 선행조건과 그
과정에서 발생하는 각 결과 간의 상관관계를 파악하는 것이다.

목표를 설정하고 특정 기준을 사용해 진척 수준을 평가하는
것은 대부분의 조직에서 흔한 일이지만 변화 이론은 그와는 다르
다. 변화 이론은 목표들과 당신이 달성하려는 최종 결과 및 각 단
계의 목표가 어떻게 서로 연결되어 있는지를 구체적으로 분석한
다. 달성하고자 하는 결과에서 시작해 거기까지 도달하는 과정을
거꾸로 거슬러 올라가면서 진행과정의 한 단계가 어떻게 다음 단

퍼포스풀

계의 선행조건이 되는지에 집중한다.

내가 해야 할 일은 무엇인가? 누구를 설득해야 하는가? 한 단계가 다음 단계를 유도한다면, 계속해서 그 같은 과정을 따라 최종적인 목표에 이를 수 있을까? 간단히 말해 변화 이론은 당신이 추구하는 결과로 이어지리라 예측되는 단계에 관한 가설이다. A+B+C=D처럼 말이다.

이를테면 체인지닷오알지에서 성공을 거둔 청원들은 각각 훌륭한 변화 이론을 포함하고 있다. 청원을 처음 시작하는 사람들이 목표한 결과나 비전은 실제 변화를 만들 능력이나 권한을 지닌 결정권자(국회의원이나 기업 경영진 등)를 설득할 수 있느냐의 여부에 달려 있다. 그러므로 온라인 청원에 대한 변화 이론은 올바른 결정권자를 파악하고, 그가 변화에 관심이 있는지 혹은 흔쾌히 동의할 것인지 묻고, 그들이 변화를 실천해야 할 설득력 있는 이유를 제시한다.

당신이 이룩하고자 하는 결과, 즉 비전에서 시작한다면 이를 달성하기 위해 취해야 할 조치와 영향을 미쳐야 할 사람들의 단계를 순차적으로 위로 거슬러 올라갈 수 있다. 모든 무브먼트는 비전과 원하는 결과가 발생하는 데 필요한 선행조건을 파악하는 독자적인 변화 이론을 갖고 있다.

체인지닷오알지 역시 하나의 기업으로서 비전을 성취하기 위한 변화 이론을 가지고 있다.

- 먼저 누구든 효과적인 캠페인을 시작할 수 있는 도구와 지원을 제공하여 활동가들에게 힘을 부여한다.
- 이러한 캠페인은 설득력 있는 개인의 이야기를 통해 확산되며, 그 결과 목소리와 시간, 금전을 기여하는 거대한 규모의 지지자들이 움직이게 된다.
- 지지자들의 규모는 결정권자들을 끌어들이는 데 도움이 되며, 그들이 귀 기울여 듣고 진심으로 대응할 동기를 제공한다.
- 사람들이 용기를 내어 목소리를 낼 때, 집단행동의 위력을 깨달을 때, 그리고 결정권자들이 이에 반응할 이유가 있을 때, 세상을 시스템적으로 개선할 '변화의 힘'과 '변혁적 변화'를 창조할 수 있다.

변화 이론의 구성 요소들은 서로를 통해 더 강화된다. 각각의 요인들이 다음 단계를 위한 선행조건이기 때문이다. 가령 결정권자들을 효과적으로 끌어들이려면 대규모의 대중을 동원해야 한다, 대규모의 지지자들을 동원하려면 먼저 사람들에게 활동가로서 주변 사람들을 움직일 수 있는 힘을 부여해야 한다 등.

다음의 표는 변화 이론을 구현하기 위한[4] 표준 및 모범 사례를 제공하고 홍보하는 비영리단체인 변화 이론 센터Center for Theory of Change에서 제공한 것이다. 해당 표는 가정폭력 생존자들에게 생활 가능한 임금을 받을 수 있는 안정적이고 장기적인 일자리를

슈퍼우먼 프로젝트의 변화 이론 예시

가정폭력 생존자들이 생활 가능한 임금을 받을 수 있는 장기적 일자리

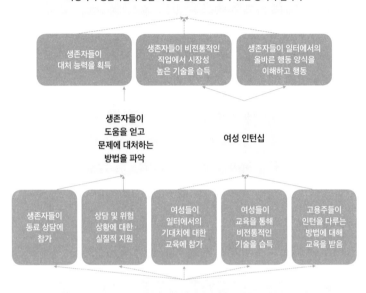

생존자들이 대처 능력을 획득	생존자들이 비전통적인 직업에서 시장성 높은 기술을 습득	생존자들이 일터에서의 올바른 행동 양식을 이해하고 행동

생존자들이
도움을 얻고
문제에 대처하는
방법을 파악

여성 인턴십

생존자들이 동료 상담에 참가	상담 및 위험 상황에 대한 실질적 지원	여성들이 일터에서의 기대치에 대한 교육에 참가	여성들이 교육을 통해 비전통적인 기술을 습득	고용주들이 인턴을 다루는 방법에 대해 교육을 받음

여성들이 프로그램을 등록

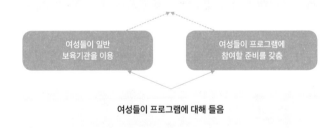

여성들이 일반 보육기관을 이용	여성들이 프로그램에 참여할 준비를 갖춤

여성들이 프로그램에 대해 들음

생존자들을 위한 사회복지기관, 교육 프로그램 및 비영리단체 쉼터 등이 협력하여 가정폭력 생존자들을 위한 고용 프로그램 개발

제공한다는 비전을 실현하기 위해 여러 단체들이 힘을 합친 슈퍼우먼 프로젝트의 변화 이론 과정을 상세히 다루고 있다. 이 경우에는 위에서 시작해 거꾸로 되짚어가며 각각의 결과를 위한 선행조건을 파악했다.

이제 변화 이론이 보다 일반적인 비즈니스 분야에서 어떻게 작용하는지에 대해서도 생각해 볼 수 있다. 예를 들어 드라이바를 창업한 앨리 웹이 궁극적으로 여성들이 보기 좋은 머리 스타일로 매일같이 보다 자신감 있는 삶을 살 수 있는 세상을 꿈꿨다면, 그 비전을 달성하기 위한 선행조건은 더 많은 매장을 내고, 사람들이 집에서도 사용할 수 있는 제품을 개발하여, 혼자서도 머리를 세팅할 수 있는 교육 도구(책과 비디오 등)를 제공하는 것일 테다. 이 모두가 실제로 현재 드라이바가 하고 있는 일이기도 하다.

변화 이론 센터 웹사이트에서 상기 과정에 대해 더 자세한 정보를 얻을 수 있다. 일단 변화 이론을 정립하고 나면 즉 비전을 달성하기 위한 로드맵을 세우면, 이를 가이드 삼아 우선목표를 설정하고, 각 단계의 효과를 평가하고, 목표를 향해 올바른 길을 가고 있는지 검토할 수 있다.

퍼포스풀

지지자를 모아줄 인플루언서 찾기

비전과 목적은 심히 개인적일 수도 있지만, 무브먼트를 더 높은 단계로 도약시키려면 열정적인 지지자들을 끌어들여야 한다. 다음 단계는 바로 당신의 비전을 뒷받침하는 동시에 다른 사람들에게 영향을 미칠 수 있는 소수의 핵심 지지자들을 찾아내는 것이다. 당신의 아이디어가 무브먼트를 촉발시킬 불꽃이라면, 초기의 영향력 있는 지지자들은 큰 불을 일으킬 불쏘시개다.

창업가 데릭 시버스_{Derek Sivers}는 무브먼트를 시작하는 방법에 관한 테드_{TED} 강연에서[5] 콘서트에서 갑자기 신나게 춤을 추기 시작하는 사람을 예로 들었다. 두 번째 사람이 일어나 그와 장단을 맞추는 순간, 우후죽순처럼 더 많은 사람들이 몸을 흔들기 시작한다. 시버스는 첫 번째 추종자가 생기기 전까지, 즉 이런 용기 있는 사람들이 당신 옆에 서기 전까지는 무브먼트가 시작될 수 없다고 말한다. 이 같은 최초의 추종자들을 어떻게 발견하고 대우하느냐에 따라 당신이 추구하는 대의의 성공여부가 달려 있다. 당신을 처음 지지하는 사람들이 바로 리더다. 그리고 당신의 무브먼트가 성공하느냐 마느냐는 그들이 결정할 것이다.

옐로우베리의 창업자인 메건은 페이스북의 유명 블로그에 상품에 관한 글을 올린 덕분에 성공을 거둘 수 있었다. 앨리 웹의 충성심 강한 고객들은[6] 매장을 열라고 독려했고, 유명 블로그 데

일리캔디DailyCandy가 그녀의 사업에 대한 대대적인 관심을 불러일으켰다. 모든 무브먼트 스타터들은 끈기와 창의력을 발휘해 입소문을 퍼트리고 아이디어에 불을 붙일 올바른 인플루언서들을 발굴해야 한다.

인플루언서란 그를 신뢰하는 추종자들을 거느린 사람들이다. 연예계 유명인사들과 언론인은 물론, 직장 동료나 교사, 심지어 친구와 가족들도 충분한 규모의 사람들에게 영향을 미칠 수만 있다면 인플루언서가 될 수 있다. 연구 통계는 인플루언서들이 얼마나 강력한 영향력을 끼칠 수 있는지를 보여준다.[7] 닐슨 리서치에 따르면 92퍼센트의 사람들이 전통적인 광고보다 개인의 의견을 더 신뢰했다. 설사 전혀 모르는 사이일지라도 말이다.

인플루언서는 매우 다양한 형태로 존재하고 매우 다양한 원인으로 움직이기 때문에, 당신의 활동 영역 또는 지리적 공간 내에서 누가 인플루언서가 될 수 있는지 이해하고 조사하는 것이 중요하다. 블로거나 유튜버가 될 수도 있고, 팔로워 수가 많은 온라인 유명인사일 수도 있다. 아니면 언론인일 수도 있고, 당신이 속한 조직이나 동네에서 가장 영향력이 강한 사람일 수도 있다.

근래에는 마케팅에 인플루언서를 고용하는 추세가 늘고 있지만 인플루언서들이 아무 대가도 받지 않고 자신이 중요하다고 믿는 대의를 위해 지지를 표명하는 경우도 많다. 요는 인플루언서들이 홍보함으로써 뭔가 가치 있는 것을 얻는다고 느끼게 해주는 것이다. 그 보답으로 당신이 그들을 홍보해 주든(가끔 '상부상조'라고 불린다), 상품을 무료로 또는 남들보다 일찍 손에 넣을 수 있게 해주든, 아니면 그저 세상에 긍정적인 변화를 만들었다는 뿌듯한 자부심을 선사하는 것이라도 좋다. 인플루언서들이 당신의 무브먼트를 지지하도록 이해시키고 설득할 때 사용할 수 있는 도구들은 앞으로 4장에서 결정권자들(당신이 원하는 변화를 만들 힘이나 권한을 가진 사람들)을 설득할 때 이용할 것들과 비슷하다.

종종 메시지를 올바른 사람들에게 전달하려면 많은 팔로워를 가진 유명인사보다 작은 규모의 사람들과 긴밀한 관계를 맺고 깊은 영향력을 행사하는 이른바 '마이크로 인플루언서'가 더 효과적일 때가 있다. 그레타 로즈 반 리엘Gretta Rose van Riel은 그 효과를 직접 체험했다.

그레타는 호주의 사업가로 나이 서른이 되기도 전에 많은 사업체를 창업하여 수백만 달러의 가치로 성장시켰다. 그 첫 타자인 스키니미티SkinnyMeTea는 차로 몸을 정화하는 '티톡스'라는 새로운 카테고리의 상품이었다. 본인도 온라인 인플루언서인 그레타는 현재 1천6백만 명의 팔로워를 거느린 이른바 '인스타그램 여왕'이기도 하다. 그레타는 자신의 제품이 더 건강해지기 위해 더 간단한 방법을 창조한다는 비전을 향해 전진한다고 생각했고, 특히 자신과 같은 젊은 여성들에게 접근하고 싶었다. 그래서 그녀는 인스타그램을 뒤져 상품의 타깃 고객층에 부합하고 1천 명 이상의 팔로워가 있는 사람들에게 무료 샘플을 보내주었다. 결과는 놀라웠다. 그레타가 《인플루언시브Influencive》와의 인터뷰에서 밝혔듯이[8] 스키니미티는 회사를 설립한 지 6개월 만에 월간 60만 달러의 매출을 달성했다. 그녀는 이렇게 말했다.

"2012년에 호주 태즈매니아에 팔로워가 1천 명인 한 여자아이가 있었는데, 그 아이가 우리 차에 대해 포스팅을 하고 단 하루 만에 매출 최고치를 달성했어요. 그 뒤로 팔로워가 1천 명이 넘는 여성들을 찾아서 상품을 보내주기 시작했죠. 처음에 그들은 이런 식의 연락을 받는데 익숙하지 않았어요. 우리 인플루언서들의 90~95퍼센트가 그 점에서 감명을 받았죠. 그들은 VIP 대접을 받는 데도 익숙하지 않았고, 어떤 회사에서도 무료 상품을 받아본 적이 없었어요! 우린 당시에 최초로 인플루언서 브랜딩을 이용한 회사들 중 하나였어요. 아예 우리가 시작이었을 수도 있고요."

그러한 마케팅은 굉장히 효과적이었기 때문에 그레타는 이후 다른 사업을 할 때에도 똑같은 방법을 활용했다. 그레타는 그것이 요행이거나 운이 좋았다고 말하지만, 실은 데이터를 분석해 자신의 전략이 효과를 거둘 수 있었던 원인에 대해 파악하고 성공을 재현할 방법을 알아낸 것이다.

얼마 전 《파운더Foundr》와의 인터뷰에서는[9] 인플루언서들과 협력해 최대의 결과를 이끌어내는 데 특히 다음과 같은 세 가지 기법이 효과적이라고 설명한 바 있다.

- **썬더크랩**: 많은 사람이 거의 동시에 뭔가를 하도록 장려해 대대적인 관심을 촉발한다. 이를테면 똑같은 시간대에 똑같은 해시태그를 올리는 사람들을 생각해 보라. 썬더크랩 기법의 또 다른 효과는 때때로 이런 동시적 접근이 소셜 미디어 사이트의 트랜딩 목록에 올라 자연스럽게 추가 홍보를 할 수 있다는 점이다.

- **트렌드 세터**: 같은 분야나 주제를 다루는 매크로 인플루언서와 마이크로 인플루언서가 누구인지 파악하되 먼저 매크로 인플루언서를 겨냥한다. 매크로 인플루언서가 마이크로 인플루언서를 자극하여 복합적인 효과를 얻을 수 있다.

- **소셜 프루프**: 사람들이 당신의 상품이나 대의와 관련해 사용자 생성 콘텐츠를 올리도록 독려한다. 설사 인플루언서가 아니더라도 수많은 '보통' 사람들이 글을 올리고 공유하면 아주 강력하고 효과적인 전략이 될 수 있다. 이게 바로 체인지닷오알지의 방식이다. 청원 발제자가 자신의 소셜 네트워크 내에서 해당 캠페인을 공유하면 그들 역시 각각 자신의 소셜 네트워크에 이를 알리게 되고, 이런 식으로 꼬리를 물고 넓게 확산된다.

무엇보다 어떠한 통로를 통해 사람들에게 접근하고 홍보할 수 있는지 이해하는 것이 중요하다. 캐서린 크루그Katherine Krug는 베터백BetterBack 창립자 겸 CEO로, 베터백은 허리 통증을 완화하는 제품들을 생산한다. 캐서린은 킥스타터에서 단독으로 1백만 달러 이상의 자금을 모금한 최초의 여성 창업가며, 지금까지 다양한 크라우드펀딩 사이트에서 3백만 달러 이상의 자금을 조달한 바 있다. 처음 그녀가 이 일을 시작하고 성공을 거둘 수 있었던 비결은 킥스타터의 알고리즘을 이해하고 자신의 프로젝트가 초반에 인기 카테고리에 올라갈 수 있게 만들었기 때문이다. 캐서린은 《포브스》 인터뷰에서 이렇게 말했다.

"캠페인이 성공하려면 일단 인기 카테고리 목록에 올라서[10] 플랫폼을 방문한 사람들이 쉽게 발견할 수 있어야 합니다. 인기 카테고리에 오르는 데 가장 중요한 알고리즘 요소는 일정 기간 동안 후원한 사람들의 숫자예요. 모금한 액수가 아니라요."

그래서 캐서린은 친구들 120명에게 처음 프로젝트를 시작한 날 1달러씩 후원을 해달라고 부탁했다. 이 전략은 그레타의 '썬더크랩 기법'과 비슷한 효력을 발휘했다. 프로젝트가 시작된 첫날, 베터백은 인기 카테고리에 무사히 등극했다. 이후 캐서린은 데이터를 철저히 분석하고 어떤 메시지와 행동을 촉구해야 가장 큰 효과를 거둘 수 있는지 검토하여 그 뒤로 오랫동안 기세를 유지했다.

캐서린은 고객과 후원자들에게 직접 접근할 수 있는 크라우드펀딩을 통해 무브먼트를 형성하고 확립할 수 있었다. 그녀가《포브스》에서 이렇게 말했다.

"크라우드펀딩은 자본에 접근하는 통로를 민주화하고 문지기 역할을 하던 장애물들을 제거했습니다. 남자들이 가득한 방에 들어가 프레젠테이션을 할 필요가 없어진 겁니다. 오직 미래의 잠재고객에게만 사업 계획을 설명하고 만족시키면 됩니다."

이런 접근법을 선택할 경우, 무브먼트가 지속적으로 이어지도록 후원자들을 꾸준히 관리하고 보살펴야 할 필요가 있다. 캐서린은 프로젝트를 정기적으로 업데이트해 후원자들이 소식을 듣고 할인을 받을 수 있게 했으며, 문의나 질문이 있으면 재빨리 응답했다. 그녀는《포브스》에서 이렇게 말했다.

"후원자들은 말 그대로 당신의 꿈을 현실로 실현해 주는 사람들입니다. 그러니 그들과 상호작용을 할 때마다 어떻게 가치를 더할 수 있을지 늘 생각해야 합니다."

지지자들이 선두에 서게 만들라

제니퍼 카데나스Jennifer Cardenas는 편모 가정에서 자랐다. 그녀는 독립심이 강하고, 여동생을 자주 돌봤으며, 항상 책임감이 강한 사람이 되고자 했다. 제니퍼는 평생을 휴스턴 외곽에 있는 작은 마을 두 곳에서 보냈는데, 2017년 허리케인 하비가 그 지역을 강타했다. 제니퍼와 가족들은 원래 집에서 허리케인을 버텨낼 작정이었지만 지역 전체에 피난 명령이 내려지자 마지막 순간에 서둘러 집에서 빠져나왔다.

샌안토니오로 피신하던 중에 제니퍼는 많은 친구들이 페이스북에 대피 중이라고 올린 글을 보고 모두가 지금 어디 있는지, 안전한지, 혹은 도움이 필요한지 알 수 있게 페이스북 그룹을 만들었다. '허리케인 하비 2017'이라는 이름의 커뮤니티였다. 제니퍼는 친구들에게 메시지를 보냈다.

"얘들아, 우리가 서로 연락할 수 있게 페이스북 그룹을 만들었어. 일단은 50명밖에 초대를 못 했는데, 지금은 시간이 없어서 나중에 더 추가할게. 가족이든 친구든 연락하고 싶은 사람들이 있으면 누구든 맘대로 추가해도 돼. 그럼 이만."

그런 다음 그녀는 식구들과 저녁을 먹으러 갔다. 그리곤 다시 돌아와 페이스북 그룹을 열었을 때, 8백 명이 가입 요청을 해왔다.

제니퍼의 페이스북 그룹의 가입자는 기하급수적으로 불어나기 시작했다. 다음 날이 되자 3만 명의 회원이 가입해 있었고, 나흘이 지나자 숫자는 15만 명으로 늘었다. 제니퍼는 메릴랜드에 있는 동생 샤나 라이온스Shanna Lyons에게 도움을 요청했다. 혼자서는 도저히 이 커다란 커뮤니티를 관리할 수 없었기 때문이다. 그리곤 놀라운 일이 벌어졌다. 전국 각지, 나아가 전 세계에서 도움의 손길이 날아든 것이다. 비슷한 경험을 한 사람들이 대규모 폭풍에서 살아남는 방법에 대한 영상을 올렸고, 한 여성은 지난번 재난을 겪었을 때 사용한 점검표를 올려주었다. 제니퍼와 샤나에게 커뮤니티 관리자나 구조 연락 관리관 등이 되어주겠다고 제안하는 사람들도 있었다. 커뮤니티를 처음 만들고 이 일을 시작한 리더는 제니퍼지만, 최초의 지지자들 역시 리더로 부상하기 시작한 것이다.

이렇게 자진하여 리더가 된 사람들은 커뮤니티의 성공에 있어 핵심적인 존재였다. 폭풍이 지나고 텍사스주 잉글사이드에 있는 집으로 돌아간 후, 제니퍼는 며칠 동안 인터넷을 연결할 수가 없었다. 그러나 그녀가 없어도 페이스북 그룹은 순조롭게 돌아가고 있었다. 며칠 후에야 인터넷에 접속한 제니퍼는 자신이 본 광경을 도저히 믿을 수 없었다고 말했다.

"구조 소식들이 있더라고요. 사람들이 글을 올리고 있었어요. '도와줘요. 지금 지붕 위에 피신해 있어요.' 그러면 그 밑에 누가 '구조 완료'라고 댓글을 달았죠. 나한테도 수많은 메시지가 와 있었어요. '세상에, 당신 정말 많은 사람들의 목숨을 구했어요. 정말 고마워요.' 같은 것들이요."

제니퍼는 여동생에게 전화를 걸어 이게 다 무슨 일인지 물어보았다. 샤나가 말했다.

"제니퍼, 정말 굉장한 일이 일어나고 있어. 우리가 사람들을 구조하고 있어. 통신팀도 있고 구조팀도 있어. 연안 경비대랑 주 방위군, 주 정부와도 협력하면서 사람들의 목숨을 구하고 있다고. 정말 굉장해."

제니퍼가 만든 페이스북 그룹에서 공통된 목적을 중심으로 뭉친 사람들은 모두 뭔가를 하고 싶어 했다. 80명의 자원봉사자가 운영진을 맡았고, 수천 명이 넘는 사람들이 힘이 닿는 한 도움을 주었다. 그들은 제니퍼가 시작한 일을 자연스레 넘겨받았다. 제니퍼의 페이스북 커뮤니티는 허리케인 하비가 기승을 부리는 동안 구조대원들과 협력해 8천 명이 넘는 주민들을 구출했다.

해당 커뮤니티는 아직도 활발히 활동하고 있으며, 목표는 한 차원 더 발전했다. 이제 그들은 자연재난이 쓸고 간 뒤에 남은 복잡하고 감정적인 재건 과정을 돕고 있다. 미국 연방비상관리국 FEMA과 협력하고, 집 짓는 방법에 대한 조언을 제공하며, 의류 및 가구 기부운동을 체계적으로 조직해, 그 외에 회원들이 필요로 하는 모든 일을 했다. 지역사회가 원래대로 회복하기까지는 여러 해가 걸릴지도 모르지만, 제니퍼가 만든 커뮤니티는 계속해서 중요한 역할을 할 것이다.

뚜렷하고 강력한 비전을 만드는 일, 즉 무엇을 하고 싶고, 그 이유는 무엇인지를 구체적으로 설명하고 정의하기 위해 해내는 일들은, 무브먼트가 시작되면 충분한 보상을 얻게 된다. 당신이 꿈꾸는 미래에 대해 분명하고 예리한 관점을 키우면 다른 사람들의 동참을 자극하고 고취시킬 수 있다.

4

골리앗을 동반자로 만들라

결정권자를 설득하는 법

목소리를 높이지 말고[1] 논쟁 방법을 개선해라.

-데스몬드 투투 Desmond Tutu

다윗과 골리앗 다시보기

사회운동은 흔히 다윗과 골리앗의 싸움에 비유한다. 3장에서 이야기했듯이, 대부분의 캠페인에는 결정권자가 관련돼 있다. 결정권자란 당신이 원하는 변화를 만들 힘이나 권한을 지닌 개인이나 집단을 뜻하며, 대개 선거를 통해 선출된 의원이나 조직의 수장인 경우가 많다.

활동가들은 이러한 결정권자들을 설득해야 한다는 것을 목표로 여기고, 법적 수단을 동원해서라도 그들이 변화에 동의하도록 설득한다. 때로는 결정권자들을 괴롭히는 수치스러운 '트위터 폭탄' 같은 다소 문제가 있는 전술까지도 서슴지 않는다. 하지만 나는 사회운동가들, 비즈니스 리더들이 장기적 승리를 위해 종종 사용하는 것과 같은 보다 협조적인 접근법을 택한다면 더 큰 이득을 얻을 수 있으리라 생각한다.

결정권자를 단순한 목표로만 여기고 단기적 승리를 얻기 위해 독단적 수단을 사용하기보다는 그들을 장기적인 잠재 파트너로 인식하면 어떨까? 장기적인 동반관계를 맺으려면 결정권자들이 현재의 캠페인이든 아니면 향후의 캠페인이든, 양쪽 모두에 있어 우리와 보다 생산적인 방식으로 협력하도록 독려하는 전술을 사용해야 한다. 누군가는 그런 건 불가능하다고 말할지도 모르겠다. 결정권자들은 강력한 권한을 지니고 있기에 불에는 불로 대항하는 게 아니라 평범하고 하찮은 사람들이 그들을 설득하는 건 불가능하다고 말이다. 하지만 내 생각은 다르다. 나는 올바른 소통 방법을 찾을 수 있다면 평범한 시민들의 집단행동이 그 어떤 결정권자들보다 더 강력한 힘을 지니고 있다고 믿는다.

여기서 가장 중요한 열쇠는 우리들 자신의 장점을 발견하고 이해하는 것이다. 우리가 지닌 힘을 깨닫고 다 같이 협력하여 효과적으로 밀어붙인다면 결정권자들이 우리의 말을 듣지 않고서는 버틸 수 없다는 사실을 알게 될 것이다.

기존의 전술을 사용하지 말라는 이야기가 아니다. 평화시위, 청원, 불매운동, 소송, 나아가 무차별적으로 이메일 세례를 보내고, 전화하고, 소셜 미디어로 메시지 폭탄을 날리는 것은 모두 우리가 해당 문제에 대해 얼마나 열심히 전념하고 있는지를 보여줄 수 있는 효과적인 전략이다. 다만 그러한 전술을 사용할 때, 최대한 존중 어린 태도를 보여줌으로써, 누군가에게 망신을 주거나 괴롭히거나 혹은 당황하게 하는 것보다 더 긍정적인 상호작용을 유도할 수 있는 가능성을 높이자는 것이다.

간디의 가르침에 바탕을 둔 마틴 루터 킹 주니어의 비폭력주의도 그러한 원칙을 핵심으로 삼고 있다. 킹 목사의 여섯 가지 비폭력 원칙은 단순히 평화적으로 행동하라는 게 아니다. 증오보다 사랑을 실천하며 정의를 위해 오래가는 길을 추구하라는 것이다. 세 번째 원칙인 '비폭력은 사람이 아니라 불의에 대적한다'[2]는 '악당들도 희생자일 뿐 사악한 사람이 아니다'는 것을 말한다. 그들을 이해하려고 노력한다면 정의를 보다 오래 지속할 수 있을 것이다.

'알트라이트(alt-right, 극우 국가주의적 성향을 띤 미국의 온라인 세력)' 세력이 부상하고 전 세계적으로 혐오단체들이 점점 힘을 얻고 있는 오늘날에도 비폭력 원칙은 여전히 유효한 전략이다. 반동시위와 같은 개별적 사건에 반응하는 방식에 유용한 가이드라인을 제공할 뿐만 아니라 결정권자들과 협력하는 장기적인 전략에도 적용될 수 있다. 어쨌든 실제로 거의 모든 결정권자들은 다른 사람을 위해 일하고 있고 - 항상 그렇게 행동하는 건 아니더라도 - 유권자와 직원, 학생들, 고객들과 주주들을 위해 봉사하는 역할을 수행한다. 그들의 목적과 이해관계가 다른 사람들을 위해 봉사하는 데서 기인한다는 사실을 끊임없이 주지시켜라.

결정권자들을 설득하는 한편, 당신이 생각보다 더 강한 힘을 가졌다는 사실도 항상 유념하기 바란다. 우리는 흔히 약자와 강자가 대적하는 상황을 다윗과 골리앗에 비유하는데,《뉴요커New Yorker》의 필진인 말콤 글래드웰Malcolm Gladwell은[3]《다윗과 골리앗 David and Goliath》이라는 저서에서 우리가 다윗과 골리앗의 이야기를 완전히 잘못 이해하고 있었는지도 모른다고 말한다. 글래드웰은 약자가 된다는 것이 도리어 강점이 될 수 있다고 설명한다.

"약자가 된다는 것은 흔히 우리가 간과하는 방식을 이용해 사람들을 변화시킬 수 있다는 것이기도 하다. 그것은 기회의 문을 열고 상상치도 못했던 일을 가능케 한다."

글래드웰은 우리가 이 이야기를 잘못 해석하고 있을지도 모른다고 주장하면서 골리앗의 비대증이 뇌하수체의 양성 종양 때문에 발생했을지도 모른다는 의료 전문가의 말을 인용한다. 다시 말해 골리앗은 몸집은 비대할지 몰라도 종양 때문에 시야가 좁고 움직임이 느려, 실질적으로는 우리가 예상하는 것보다 덜 위협적인 존재였다는 것이다. 글래드웰은 이렇게 썼다.

"이스라엘 민족이 높은 언덕에서 내려다봤을 때[4] 그는 무서운 거인으로 보였을 것이다. 그러나 그를 거인으로 만들어준 원인은 또한 그에게 커다란 약점을 안겨주었다. 우리는 여기서 온갖 종류의 거인을 상대하는 전투를 통해 중대한 교훈을 얻을 수 있다.

강대하고 힘이 세 보이는 자들이라고 해서 실제로도 늘 그런 것은 아니다."

결정권자의 입장을 이해하려고 노력하며 장기적 잠재 파트너로 인식한다면 변화를 창출할 수 있다. 그들이 대부분 나름의 동기와 목적의식에 따라 움직이는 좋은 사람들이라는 사실을 기억한다면, 서로가 윈윈할 수 있는 방법으로 협력함으로써 변화를 만들어내는 편이 훨씬 효과적이다. 오늘날 결정권자와 함께 일할 방법을 찾아내는 것은 더욱 크고 장기적인 보상으로 이어질 수 있으며, 그 결과 그들은 다음에도 우리와 함께 일하려는 열린 마음을 갖게 될 것이다.

사회운동은 흔히 무수한 작은 물고기들이 모여 커다란 물고기 한 마리를 쫓아내는 모습으로 비유된다. 이제 이 이미지를 약간 바꿔보자. 작은 물고기들은 서로 뭉쳐서 머릿수로 힘을 과시할 수도 있지만, 커다란 물고기와 함께 힘을 합치려고 먼저 노력하고 오직 불가피한 경우에만 그들을 쫓아내는 것이다. 전자를 먼저 시도한다면 실제로 후자까지 갈 필요도 거의 없을 것이다.

이런 생각이 다소 순진해 보인다는 것도, 세상 어떤 곳에서는 평화시위를 하는 것만으로도 체포되거나 신체적 위험에 처할 수 있다는 사실도 알고 있다. 극단적으로 골치 아프고 완고한 결정권자들도 있다. 고압적인 독재자들, 폭력을 선호하는 사람들과 합리적인 사고나 대화에는 아무 관심도 없는 사람들. 그런 부류

현재의 사회운동 모델

제안하는 모델

의 권력자들에게는 이런 방법이 전혀 통하지 않을 수도 있다. 하지만 나는 상대방의 이익을 중요하게 여기는 협력 전략이 당신이 짐작하는 것보다 훨씬 자주 탁월한 결과를 낳는다고 믿는다.

사람들은 대부분 거의 비슷한 기본 욕구와 감정을 지니고 있다. 신체적 안전과 경제적 안정, 사랑과 인정 욕구, 그리고 자신의 일을 더 잘하고자 하는 욕망 말이다. 이는 변화를 추구하는 사람

퍼포스풀

들과 그 성공여부에 중요한 역할을 하는 결정권자 사이에 공통점이 존재한다는 것을 의미한다. 만일 양측이 서로의 동기를 이해하려고 노력한다면 다른 모든 협상과 마찬가지로 더 나은 결과를 도출할 수 있을 것이다.

다윗과 골리앗 둘 다 되어본 경험이 있는 나로서도 다윗과 골리앗이나 '우리 편이 아니면 모두 적' 같은 사고방식보다는, 인간으로서 대우받고 있다고 느낄 때 변화를 요구하는 사람들의 목소리에 귀를 기울이거나 반응하기가 더 쉬웠다.

나아가 나는 다윗과 골리앗이 함께 손잡고 승리하는 세상을 만들 수 있다고 굳게 믿는다. 이를 방증하는 수많은 사례들이 실제로 존재하고 이 장에서도 몇몇 이야기들을 접할 수 있다. 목소리를 높이고, 굳은 확신을 갖고, 많은 사람들이 뭉친다면 우리는 해낼 수 있다. 골리앗에게 돌을 던지기보다 새총을 치우고 인간 대 인간으로서 목적과 비전을 표현한다면 우리는 해낼 수 있다 (자, 그럼 순진무구하게 들리는 소리는 여기까지).

올바른 상대를 찾아라

변화 이론을 개발하는 단계 중 하나는 당신이 추구하는 변화를 만들 능력과 권한을 가진 사람이 누군지 알아내고 파악하는 것이다. 학교나 일터에서 새 프로그램을 시작하든 회사를 창업하고 투자 자금을 마련하든, 또는 국가나 시의 정책이나 법을 개정하든 아니면 당신에게 필요한 인플루언서를 찾든, 당신이 무슨 일을 하든 간에 그것을 가능케 할 수 있는 개인이나 집단이 있기 마련이다. 그들이 바로 당신의 결정권자다.

결정권자를 설득할 전술을 궁리하기 전에 그보다 더 중요한 것은 올바른 상대를 선택했는지 확인하는 것이다. 마을의 주차 위반과 관련된 법을 바꾸고 싶다고 대통령에게 찾아갈 수는 없다. 대통령을 향해 얼마나 많은 별별 주제에 관한 청원들이 올라오는 줄 알면 아마 당신도 깜짝 놀랄 거다. 입이 떡 벌어질 정도니까. 어떤 사람들은 '지구상에 사는 사람들' 같은 막연한 집단에게 호소하기도 하는데, 진심으로 행운을 빈다.

누구를 설득할지 결정하는 것은 목표 달성에 있어 매우 결정적인 요소다. 가끔 특정한 변화의 경우에는 다양한 방향, 즉 여러 결정권자에게 접근을 시도할 수도 있다. 가령 특정한 식료품 가게의 비닐봉지 사용을 중단시키고 싶다면 회사 자체를 결정권자로 간주할 수도 있고, 아니면 몇몇 도시에서 이미 실천하고 있는 것처럼 도시나 주의 입법부를 겨냥해 비닐봉지 사용 금지 법안을 통과시킬 수도 있다. 아니면 영국의 경우처럼 비닐봉지를 사용할 때마다 돈을 내게 하는 방안도 있다.

'누구' 즉 결정권자를 결정하고 나면 다음은 '무엇'을 결정할 차례다. 결정권자가 동의할 수 있는 현실적인 방안을 제시하는 것이다. 그러한 해결안은 반드시 그 사람이 실제 실천할 수 있는 범위 안에 있어야 한다. 가령 누군가의 구명운동을 하는데 그가 연방범죄를 저질렀다면 그 일을 할 수 있는 사람은 대통령이다. 그가 주 범죄로 선고를 받았다면 아무리 대통령이 원한다 한들 손을 쓸 수가 없다. 단순히 변화를 원하는 것만으로는 충분하지 않다. 당신은 양쪽 면 모두에서 접근할 수 있는 변화의 길을 찾아야 한다. 결정권자도 인정할 만큼 설득력 있는 방법을 찾아내는 것이야말로 진짜 마법이다.

결정권자는 무엇에 움직이는가

당신과 골리앗 사이의 벽을 무너뜨리고 결정권자들을 북돋는 방법 중 하나는 그들의 입장을 이해하고 그들을 움직일 동기를 배우는 것이다. 골리앗에게도 욕구가 있다. 이는 우리가 5장에서 논할 기법과 비슷하다. 즉 사람들이 움직이는 동기를 이해하면 행동을 더욱 쉽게 독려할 수 있다.

체인지닷오알지의 전 국제업무담당관이자 크라이시스 액션 Crisis Action의 사무국장인 젬마 모텐슨Gemma Mortensen은 크라이시스 액션이 2007년 불교 승려들에 대한 미얀마의 가혹한 탄압을 중단시키기 위해 비상 대응 활동을 조직하면서 그곳에서 일하기 시작했다. 미얀마는 평화시위를 폭력적으로 진압하고 많은 정치범을 체포 및 수감하여 전 세계의 우려와 공분을 폭발시켰다. 크라이시스 액션은 비영리재단과 활동가, 노동조합, 유명인사들과 종교 지도자들의 협력적인 행동을 이끌어냄으로써 얼마나 많은 대중이 해당 이슈에 관심을 갖고 지지하고 있는지 보여주었다. 그들의 목표는 EU가 미얀마에 경제 제재 조치를 내리고 유엔UNSC이 필요한 조치를 취하도록 하는 것이었다.

그들은 당시 영국 총리인 고든 브라운Gordon Brown이 미얀마 사태에 큰 관심을 갖고 있다는 것을 알고 있었다. 그의 핵심 측근들은 브라운 총리가 이 문제와 관련해 사회활동가 및 다른 결정권자들이 힘을 모을 기회를 마련하기 위해 기꺼이 행동을 취할 준비가 되어 있다고 말해주었다. 젬마는 이렇게 설명했다.

"권력자들을 문제로 인식하는 게 아니라 적절한 방식으로 접근한다면 이들에게 적대감을 품을 때보다 훨씬 쉽고 빠르게 정치계를 움직이게 할 수 있습니다. 고든 브라운은 이 문제에 대해 진짜 리더십을 보여줄 준비가 되어 있었어요. 그는 옳은 일을 하고 싶어 했지요. 그래서 이렇게 물었죠. '만약에 우리가 이 문제와 관련해 시위를 한다면 어떻게 하시겠습니까?' 그러자 그 역시 개인적으로 시위에 동참할 것이며, '나는 유엔에 미얀마에 필요한 조치를 취할 때가 왔다고 말할 것입니다'라는 대답을 전달받았죠."

그리하여 세계 행진 시위가 예정된 날 아침, 크라이시스 액션은 미얀마의 불교 승려들과 노동조합 총협의회 의장들, 국제앰네스티, 그리고 지금은 석방된 미얀마 정치범들을 한자리에 모았고, 후자는 특히 고든 총리와 따로 만나 개인적인 이야기를 들려주었다. 아주 감동적인 만남이었다.

2007년 10월 6일, 수천 명의 사람들이 런던 시내를 행진했고, 연단 위에 선 고든 브라운은 대표단에게 말했다.

"나는 EU가 미얀마 정부에 지금보다[5] 더 심각한 수준의 제재를 가하고 현재 그곳에서 일어나고 있는 인권 유린 행위를 묵과하지 않을 것임을 공개적으로 표명하길 원합니다. 전 세계의 모든 지도자들이 우리와 동참하여 여기 있는 우리 모두가 원하는 진전을 이룩할 수 있길 바랍니다. 인권 유린 행태를 종식하고, 미얀마 국민들에 대한 폭력이 중단되기를, 최대한 빠른 시일 내에 민주주의와 조정이 이뤄지기를 바랍니다."

그것은 거의 한평생 세상을 바꾸는 데 바친 젬마에게 세상이 진보하고 있다는 사실을 또렷하게 보여준 몇 안 되는 놀라운 순간 중 하나였다. 결정권자를 이해하고 그들의 정치적 맥락과 동기를 이해한다면 그들과 함께 문제해결을 위해 효과적으로 일할 수 있다.

며칠 후인 10월 11일, 유엔이 미얀마에 첫 번째 조치를 내렸다. 평화시위에 대한 폭력 진압에 반대하는 의장 성명을 내고 정치범 전원의 조기 석방을 촉구한 것이다. 10월 15일에는 EU가 미얀마로부터 목재와 금속, 보석 수입을 금지하고, 미얀마 정부가 민주화운동에 대해 진술한 대화를 나누지 않는다면 모든 새로운 투자를 중단하겠다고 위협했다.

이는 엄청난 진척이었다. 주요한 변화가 일어나는 데에는 이보다 더 시간이 걸리긴 했지만, 어쨌든 퍼즐을 맞추는 결정적인 조각이었다.

젬마가 말했듯이 사회적 변화라는 거대한 발전에 있어서는 그 어떤 단체나 개인도 공을 독점할 수 없다. 그것은 사회활동가든 결정권자든 비즈니스든, 아니면 다른 누구든 간에 변화를 일궈낸 수많은 사람들의 공통된 노력이 만들어낸 것이기 때문이다. 게다가 그 과정은 몇 년이 걸릴 수도 있다. 이를테면 미얀마의 경우 극적인 정치적 변화를 겪긴 했지만, 활동가들은 아직도 로힝야족Rohingya의 무슬림 같은 소수자들을 박해와 가혹한 탄압으로부터 보호하기 위해 최선을 다하고 있다.

먼저 권력 지도를 그려보라

사회운동가들은 '권력 지도' 또는 '영향력 지도'라는 매핑 기법을 이용해 젬마가 설명한 과정을 이론화한다. 이는 결정권자에게

퍼포스풀

영향을 미치는 관계나 원인을 이해하게 돕는데, 대개 결정권자가 행동을 취하게 하려면 어떻게 해야 하는지 표나 목록, 다이어그램 등을 활용해 문자 그대로 지도를 그리는 것이다. 결정권자에게 어떤 사람이나 기관, 또는 과정이 동기를 유발하거나 강력한 영향을 끼치는지 안다면 그들을 더 쉽게 설득할 수 있다.

지도를 그려 나갈 때에는 거기 포함된 사람들의 관계도를 정확히 이해하고 표시하는 것이 중요하다. 핵심 인물들이 어떤 관계를 통해 서로 연결되고 또 얼마나 가깝게 연결되어 있는가? 그러한 인물 혹은 단체가 당신의 아이디어를 지지할 확률은 얼마나 높은가? 가장 큰 영향력을 보유한 우선 결정권자와 2차 결정권자가 있는가? 그렇다면 그들은 어떤 관계에 있는가? 간단하고 쉬운 요청으로 시작해 점점 강도를 높여나가 최종적인 목표를 이룰 수 있을까? 만약 그렇다면 시작점이 될 간단한 요구로는 어떤 것이 있을까?

이러한 과정은 최종 결정권자에게 닿기 위해 중간에 접촉해야 하는 사람들의 순서 - 결정권자와 긴밀한 관계를 맺고 있고 당신의 대의를 지지할 가능성이 가장 큰 사람들부터 - 를 정확히 이해하게 도와준다.

권력 지도의 효과를 알고 싶다면 다음 사례를 보자. 2012년에 체인지닷오알지에서 '동성애자는 스카우트 단원 및 리더가 될 수 없다는 미국 보이스카우트연맹BSA의 정책을 폐지하자'는 캠페인이 힘을 얻기 시작했다. 오하이오주에 사는 제니퍼 타이렐Jeniffer Tyrell은 아들의 컵 스카우트단에서 덴 리더로 1년간 봉사했지만 2012년 4월에 해당 직책에서 해임되고 보이스카우트연맹 회원 자격까지 박탈되었다. 그녀가 동성애자라는 이유 때문이었다. 얼마 후 제니퍼는 GLAAD Gay & Lesbian Alliance Against Defamation의 지지를 받으며 체인지닷오알지에 보이스카우트연맹의 이러한 차별적 정책을 폐지해야 한다는 청원을 올렸다. 그녀와 지지자들은 힘겨운 전투가 되리라는 것을 알고 있었다. 미국 보이스카우트연맹은 백년 이상의 역사를 지닌 보수적인 단체로 기존의 정책을 고수하기로 유명했기 때문이다. 그래서 제니퍼와 지지자들은 보이스카우트연맹의 변화를 이끌어낼 수 있는 다른 방법을 모색하기 시작했고, 그 시작은 보이스카우트연맹에 영향력을 발휘할 수 있는 다양한 인물이나 기관들의 발언을 유도하는 것이었다.

보이스카우트연맹 이사회에 이름을 올리고 있는 사람들이 시작점이었다. 그중에는 포춘 500대 기업의 CEO들과 AT&T나 어니스트 앤 영Earnest & Young처럼 성소수자 인권 투쟁의 선봉에 서 있는 회사들의 임원도 포함되어 있었다. 제니퍼는 AT&T와 어니스트 앤 영의 CEO들에게 보이스카우트연맹의 정책을 수정하는 데 앞장서 달라고 직접 부탁하는 청원을 올렸고, 그들은 제니퍼의 요구에 응답했다.

다음 단계는 보이스카우트연맹과 협력관계를 맺고 있는 기

퍼포스풀

업을 찾는 것이었다. 그들은 가장 먼저 인권 캠페인Human Rights' Campaign의 기업평등지수Corporate Equality Index에서 성소수자 인권 부문에 높은 점수를 기록한 회사들을 공략했다. 인텔Intel 및 UPS 등의 기업에 보이스카우트의 동성애자 스카우트 단원과 리더들을 금지하는 정책에 대해 공개적으로 입장을 표명해 달라는 청원을 올리자, 모든 기업들이 기꺼이 대답해 주었다.

제니퍼의 팀은 기업과 기업 리더들의 목소리를 뒤에 업고 다른 유명인사들과 정치인, 보이스카우트와의 인연으로 유명한 공인들에게 소셜 미디어에서 해당 정책을 개정해 달라는 언급을 해 달라고 요청했다. 칼리 레이 젭슨Carly Rae Jepsen과 트레인Train 같은 뮤지션들에게는 4년마다 열리는 대규모 전국 행사인 보이스카우트 잼보리 대회의 공연에 참가하지 말아달라고 부탁했다.

그리고 마지막으로, 그들은 보이스카우트연맹의 전국 및 지역 조직 구조를 분석하여 연맹이 미국 전역에 있는 지역 스카우트 위원회로 구성되어 있다는 사실을 알아냈다. 그들은 권력 지도의 모든 요소들을 활용해 체인지닷오알지에 지역 위원회에 전국 조직의 동성애자 단원 및 리더를 금지하는 정책을 폐지하도록 요구하라고 촉구하는 110개의 청원을 올렸다.

모든 청원은 해당 문제에 관심을 갖고 있거나 개인적으로 연관된 사람들, 예컨대 스카우트 대원이나 리더를 역임한 동성애자나 스카우트 리더인 동성애자 부모님이 있는 사람들에 의해 시작되었는데, 이는 이 문제를 중요하게 생각하는 공동체의 규모와 다양성이 얼마나 거대한지를 보여주었다. 수많은 작은 청원들의 합으로 이뤄진 이 캠페인은 보이스카우트연맹의 영향력 지도에 있는 사람이나 단체를 직접 겨냥하고 있었고, 대중의 엄청난 반응을 이끌어낸 것은 물론 언론 매체의 관심까지 사로잡았다. 그리하여 마침내 최초의 청원이 시작된 지 1년이 조금 지난 2013년 5월 23일, 보이스카우트연맹은 동성애자 스카우트 단원 금지 정책의 폐지에 관해 투표를 실시했다. 2년 뒤인 2015년 7월에는 스카우트 리더들에 대한 금지 정책 또한 폐기하기에 이르렀다. 그 어떤 단일한 캠페인도 보이스카우트연맹의 마음을 돌릴 수는 없었다.

이 무브먼트가 성공할 수 있었던 것은 보이스카우트연맹에 영향력을 미칠 수 있는 사람들을 겨냥한 1백 개 이상의 소규모 캠페인의 단결된 노력 덕분이었다. 보이스카우트연맹을 겨냥한 하나의 청원으로 시작된 캠페인이 거의 150만 명이 동참한 전국적인 무브먼트로 이어졌던 것이다.

이 무브먼트는 윈윈이었다. 보이스카우트연맹은 변화를 촉구하는 사람들의 목소리를 진지하게 듣고 반응했으며, 이들의 변화는 결국 장기적으로 조직의 성공에 긍정적으로 작용할 것이다. 캠페인 기간 동안 여론은 성소수자 인권에 놀랍도록 우호적이 되었으며, 이후 2013년부터 2014년 사이에는 25개 주에서 동성 결혼 합법화의 물결이 일어났고, 2015년에는 미국 대법원이 동성 결혼 금지는 위헌이라는 판결을 내렸다. 이 같은 관점의 변화 덕분에 보이스카우트연맹의 새 정책 역시 여론의 긍정적인 반응을 얻었으니 변화를 제안한 이들뿐만 아니라 보이스카우트연맹 또한 긍정적인 성과를 얻은 셈이다.

결정권자에게 영향을 미치는 방법에 대해 깊이 이해하고 있는 또 다른 사람으로는 버진 아메리카Virgin America 항공사에서 5년간 CMO로 재직한 친구 루앤 캘버트Luanne Calvert를 들 수 있다. 루앤은 내가 아는 가장 창의적인 사람 중 한 명이며, 뛰어난 재능으로 광고와 마케팅 분야에서 매우 성공적인 경력을 쌓았다. 루앤은 야후, 구글, 버진 그리고 다른 회사에서 수많은 최초를 기록했는데 - 최초의 바이럴 마케팅팀, 최초의 인터넷 택시(모바일 인터넷이나 우버가 존재하기도 전의 일이다) 등 - 이는 그녀가 소극적이고 망설이는 사람들을 설득하는 데 있어 탁월한 전문가라는 의미이기도 하다.

내가 가장 좋아하는 루앤의 '최초' 중 하나는 지금은 유명해진 버진의 안전수칙 뮤지컬 영상인데, 그녀는 그 영상을 공개하기까지의 과정이 '속이 뒤틀리는' 경험이었다고까지 말한다. 혹시 기억할지 모르겠지만, 그 전까지 버진이 사용하던 우스꽝스러운 애니메이션 안전수칙 영상은 많은 고객들의 사랑을 받은 데다 버진항공사의 트레이드마크나 다름없었다. 충성스러운 고객들이 더 좋아할 만한 것, 나아가 훨씬 더 좋아할 만한 것을 새로 만드는 것은 당연히 부담스러운 목표다.

　루앤은 버진 아메리카 내부에서 그녀만의 무브먼트를, 위험부담은 높지만 동료들의 지지와 뒷받침을 받을 수 있는 움직임을 만들어야 했다. 평생 수많은 창의적인 작품들을 창조했지만, 변화를 만드는 것은 두려운 일이었다. 다들 기존의 애니메이션 영상을 좋아했기 때문에 브랜드를 망치는 장본인이 되는 것만은 진심으로 피하고 싶었기 때문이다. 그러나 그들에게는 변화가 필요했다. 애니메이션 안전수칙은 청각이 떨어지는 사람들에게 정보를 전달하기가 힘들었고, 규정 기준을 충족시키지도 못해, 새 영상을 만들지 않는다면 미국 연방항공청FAA이 과태료를 부과했을 것이다.

　그래서 루앤은 버진 프로듀스Virgin Produced에서 일하는 동료들에게 연락을 하여 '전에 해보지 않은 것'을 해보고 싶다고 말했다. 그것은 루앤이 즐겨 사용하는 표현 중 하나다. 그 결과 그들이 들고 온 아이디어가 어찌나 기발했는지 루앤마저 깜짝 놀랄 정도였다.

　"그들은 음악에 오마주를 바치고 싶어 했어요. 아시다시피 버진은 원래 음악 회사였잖아요. 우린 역사상 최초로 음악과 운율이 완벽하게 맞아떨어지는 안전수칙 영상을 만들고 싶었어요."

　루앤은 그게 정말 끝내주는 아이디어라고 생각했다. 그들은 〈저스틴 비버: 네버 세이 네버Justin Bieber: Never Say Never〉 다큐멘터리와 〈스텝업 2 Step Up 2〉를 비롯해 여러 편의 유명 영화를 연출한 존 추 John Chu 를 감독으로 고용했다.

영상을 제작하려면 제각각의 견해를 지닌 수많은 결정권자들의 책상을 거쳐야 했다. 하지만 루앤은 거기서 주저하기는커녕 뜻밖의 일을 해냈다. 승인을 얻어야 하는 CEO와 미국 연방항공청(영상이 규제 기준을 충족시키는지 검토해야 하는)은 물론이고 도움을 줄 수 있는 모든 사람들에게까지 범위를 확대해 검토와 확인, 피드백을 요청한 것이다. 간단히 말하자면 루앤은 다른 임원진과 더불어 날마다 안전수칙 영상을 봐야 하는 항공기 승무원과 버진을 자주 이용하는 충성심 높은 고객에 이르기까지 모든 관련 인사들에게 새 영상을 보여주었다.

루앤이 의견을 구한 사람 중 한 명은 후에 최종 승인을 얻는 데 결정적인 역할을 하기도 했다. 새 안전수칙 영상에 관한 회의를 했을 때, CEO는 뮤지컬 형식을 그리 탐탁지 않아 했고, 시간이 지나면 사람들이 싫증을 내거나 짜증을 낼지도 모른다고 생각했다. 하지만 그때 회의에 참석한 루앤의 동료이자 수석 조종사 겸 COO인 스티브 포트 Steve Forte 가 다른 의견을 내놓았다.

"난 마음에 듭니다. 들으면 들을수록 마음에 드네요."

초기 결정권자들에게 광범위하게 접촉한 것은 새 영상의 궁극적인 승인을 얻는 데 있어 중요한 전환점이었다. 나아가 다양하고 폭넓은 사람들에게 의견을 물은 것도 커다란 도움이 되었다. 고객들이 새 영상을 좋아하리라는 확신을 얻을 수 있었기 때문이다.

　루앤은 고유의 스타일을 발휘해 새 안전수칙 영상을 마치 영화 개봉을 홍보하듯이 공개했다. 존 추 감독은 〈엘렌 드제너러스 쇼The Ellen DeGeneres Show〉에 출연했고, 버진 아메리카는 타임스퀘어 광고판에 영상을 틀고 비행기 승무원들을 동원해 커다란 행사를 열었다. 결과는 대성공이었다. 새로운 안전수칙 영상은 그 전의 애니메이션보다 더 큰 사랑을 받았다. 일부 승무원들이 안전수칙 영상에 맞춰 춤을 추는 모습을 한 승객이 촬영했는데, 그 영상이 인터넷에 퍼져나가면서 더 큰 관심이 쏟아지기도 했다.

　얼핏 보기에는 사소한 요소처럼 보이지만, 사실 안전수칙 영상은 버진 아메리카의 브랜딩 운동에 어마어마한 영향을 미쳤다(아쉽게도 2018년에 버진 아메리카는 알래스카 항공사에 합병되면서 영업을 종료했다). 루앤은 이렇게 말했다.

　"거기서 내가 제일 좋아하는 부분은, 아주 평범한 것들로도 사랑받는 브랜드를 구축하는 데 도움이 될 세부적 요소들을 만들 수 있다는 걸 보여줬다는 겁니다."

적절한 목소리의 중요성

　테사 힐Tessa Hill과 리아 발렌트Lia Valente는 열세 살이지만 성차별이나 성폭력이 낯설지 않았다. 캐나다 온타리오주에서 자란 이들은 학교 복도와 소셜 미디어로 성희롱과 성적 모욕에 관한 이야기를 수도 없이 들었기 때문이다. 나이 많은 오빠, 언니들이나 미디어에서 '강간 문화'에 대해 배우기도 했다. 강간 문화는 특히 대학가에 만연해 있었는데, 대학에서는 성폭력을 저지르고도 대부분 처벌받지 않고, 반대로 성폭력에 살아남은 생존자들이 성별과 관계없이 무시당하거나 심지어 비난을 받는 일이 흔했다.

그래서 2014년 학교에서 자신이 중요하게 생각하는 사회 정의에 관한 프로젝트를 하게 되었을 때 두 소녀는 강간 문화에 대해 조사하기로 했다. 리아와 테사는 〈전해지는 바에 의하면 Allegedly〉이라는 제목[6]의 다큐멘터리를 찍기 시작했다. 이 다큐멘터리는 학교 동급생들에게 공개되었을 뿐만 아니라 《허핑턴포스트》 기사에도 게재되었고, 유튜브에서는 약 1만 회의 조회 수를 기록했다.

다음으로 테사와 리아는 체인지닷오알지에 '우리는 동의한다'라는 제목의 청원을 올렸다. 그들이 살고 있는 온타리오주의 성교육 커리큘럼에 '동의 개념'을 추가해야 한다는 내용의 청원이었다. 4만 명 이상의 사람들이 이 청원에 서명하고 왜 이 의견에 동의하는지에 대해 수많은 의견들을 남겼다. 부모로서의 의무와 생존자로서의 입장 그리고 리아와 테사에 대한 칭찬에 이르기까지, 각각의 동기는 달랐지만 그들이 남긴 서명과 의견들은 테사와 리아가 그들의 무브먼트에 의미 있는 지지를 얻는 데 도움을 주었다.

테사와 리아, 그리고 4만 명 지지자들의 열정과 결의는 《토론 토 스타Toronto Star》에서 NPR, CBCCanadian Broadcasting Corporation의 유명 라디오 뉴스 프로그램인 〈메트로 모닝Metro Morning〉에 이르기까지 다양한 언론 매체들의 보도를 이끌어냈다. 지역 뉴스는 전국적인 관심으로 이어졌으며 마침내 온타리오주 정부의 관심을 사로잡기에 이르렀다. 〈메트로 모닝〉에서 이 놀라운 여성들을 인터뷰 한 후에 온타리오 주지사인 케이틀린 웨인Kathleen Wynne이 직접 테사와 리아에게 만나보고 싶다는 트윗을 보낸 것이다.

웨인 주지사는 그들이 믿는 야심찬 목표를 위해 행동을 감행한 두 소녀에게 큰 감명을 받았다. 무엇보다 두 소녀는 커리큘럼이 수정될 경우 그것으로 직접 교육받을 학생들이었다. 따라서 그들의 목소리에는 그만큼 진지하고 중대한 무게감이 실려 있었다.

게다가 성관계에 있어 '동의'라는 개념은 아직 어린 그들이 미래에 겪게 될 매우 중요한 문제였기에 더욱 의미가 깊었다. 웨인 주지사는 리아와 테사를 만났을 때, 그들을 보니 자신이 젊었을 때 하던 사회운동이 생각난다고 말했다. 그녀는 고등학교 시절 여학생도 바지를 입을 수 있게 교칙을 수정하자는 운동을 한 적이 있었다. 결과적으로 테사와 리아의 노력에 힘입어 웨인 주지사는 모든 온타리오 학교의 성교육 커리큘럼에 '동의 개념'을 포함하기로 결정했다.

당신의 목소리가 특히 중요하게 인식되는 분야의 문제에 관심이 있다면 주저하지 말고 앞장서 나가라.

요구하지 않으면 얻을 수 없다

사이라 라오Saira Rao와 캐리 앨버틴Carey Alterbine은 인 디스 투게더 미디어In This Together Media의 창립자로, 이 회사는 인종, 성별, 계급, 성적 지향성, 그리고 경험에 있어 다양성을 강조하는 아동서적을 제작한다. 사업 초기에 사이라는 옛 남자친구가 자주 말하던 문구를 떠올렸다.

"요구하지 않으면 얻을 수 없다."

그녀는 이 전략을 활용해 사업을 효과적으로 성장시킨 방법에 대해 말해주었다. 2012년 초반, 두 사람은 회사의 첫 제품인 시리즈 서적을 발간할 준비를 하고 있었다. 《축구 자매들Soccer Sisters》이라는 이 시리즈는 2012년 하계 올림픽 시즌에 맞춰 출간될 예정이었다. 사이라는 인플루언서를 활용한다는 기발한 발상을 떠올리게 된 계기에 대해 이렇게 말했다.

"브랜디 체스테인(Brandi Chastain, 미국의 여자 축구팀 국가대표 선수 - 옮긴이)이 NBC 올림픽 중계를 할 예정이었는데, 어느 날 우리끼리 떠들다가 이런 이야기가 나왔죠. '세상에, 브랜디 체스테인이나 미아 햄(Mia Hamm, 전설적인 미국 여자 축구선수 - 옮긴이)이 우리 책을 홍보해 준다면 끝내줄 거 같지 않아?' 우린 가진 돈이 없었어요. 홍보 차 내세울 실적도 없고요. 이제야 일을 시작했으니까요."

사이라와 캐리는 창피를 무릅쓰고 두 선수의 매니저에게 이메일을 보냈다. 놀랍게도 브랜디의 매니저가 즉각 답변을 보내왔다.

"원래 브랜디는 이런 종류의 일을 할 때 상당한 액수의 보수를 받지만 여러분이 하는 일이 마음에 들어 무료로 해주겠답니다."

캐리와 사이라는 기쁨을 감출 수가 없었다. 그들이 용기를 내어 시도한 일은 브랜디가 〈투데이쇼〉에서 책을 소개하는 행동으로 이어졌고, 이어 그들은 처음으로 일본에 판권을 판매할 수 있었다. 사이라는 그 사건을 계기로 사업 전략에 대해 완전히 다시 생각하게 되었다고 말했다.

"누가 됐든 어쨌든 일단 달려들게 됐죠. 다른 건 아무것도 생각하지 않기로 했어요. 그냥 도움을 요청하고 싶은 사람이 있으면 무작정 도움을 요청했고, 그러면 가끔 사람들이 기꺼이 도와줬어요. 정말 큰 힘이 되었지요."

때로는 무슨 전략을 쓸지 복잡하게 생각하지 말고 과감하게 달려드는 것도 괜찮다. 그저 요구하는 것만으로도 결정권자를 설득할 수 있을 때도 있으니까.

당신을 지원할 근거를 마련하라

결정권자에게 영향을 끼치는 사람과 그들의 동기를 이해하고 나면 '예스'라는 대답을 얻어낼 계획을 세우기가 훨씬 쉬워진다. 사람들이 결정권자와 효과적으로 협력하지 못하는 이유 중 하나는 상대가 쉽게 동의하는 방식으로 묻는 법을 모르기 때문이다. 많은 활동가와 창업자들이 가능한 모든 예상 시나리오를 순비하고 철저한 조사를 하는 것이 얼마나 중요한지 끊임없이 강조한다. 결정권자가 거절하면서 내놓는 온갖 다양한 이유들과 까다로운 질문들을 미리 예상하고 준비한다면 당신의 주장을 펼칠 때 단단한 논거로 대응할 수 있을 것이다.

라이즈Rise의 설립자이자 훈련 중인 우주 비행사 아만다 응웬 Amada Nguyen 은 그러한 '예스'를 얻어낸 가장 놀라운 사례 중 하나다. 라이즈는 성폭력 피해자들을 법적으로 보호하기 위해 싸우는 단체다. 라이즈는 아만다의 고통스러운 경험에서 비롯되었다. 하버드대학에 재학 중이던 아만다는 스물두 살의 나이에 강간을 당했다. 그녀는 피해를 입은 뒤 24시간 이내에 피해자가 해야 할 일, 즉 병원에 가서 강간 검사를 정확하게 수행했다. 하지만 그런 필수적인 조치를 빈틈없이 취했다 하더라도 이 중요한 증거가 나중에 법정에서 사용할 수 있을 만큼 오래 보존되리라는 보장은 없었다. 왜냐하면 당시 그녀가 살고 있던 매사추세츠주에서는 강간 검사 결과를 겨우 6개월밖에 보관하지 않기 때문이다. 이는 다시 말해 생존자가 6개월마다 자신의 중요 증거가 쓰레기통으로 던져지지 않게 몸소 싸워야 한다는 뜻이다.

아만다는 성폭력 희생자 보호법을 자세히 뜯어보고는 법률이 얼마나 엉망인지 알게 되었다. 최근에 한 인터뷰에서 그녀는 이렇게 말했다.

"강간 생존자들의 권리를 위한 투쟁을 시작한 건 개인적인 경험 때문입니다. 병원에서 나오는데 얼마나 외롭고 서러웠는지 아직도 기억나요. 사람들은 생존자에게 사법제도에 호소하라고 말합니다. 가서 도움을 청하라고요. 하지만 내가 막상 도움을 청하러 갔을 때 마주친 건 법률의 미궁이었습니다. 그 끝없이 복잡한 과정을 지나는 것만으로도 정신적 고통을 겪어야 했고, 강간이라는 폭력 범죄의 중요 증거를 보존하려면 또 따로 투쟁을 해야 했어요. 다른 범죄들은 전혀 그럴 필요가 없는데 말이죠. 다시 말해 이건 시민권의 문제인 거예요. 다른 범죄 증거는 거의 영원토록 보존돼요. 살인사건 증거를 버리거나 폐기하는 경우는 없잖아요. 그런데 왜 강간사건의 증거는 그렇게 빨리 폐기해 버리는 거죠? 나는 내 권리를 지키기 위해 조사를 시작했고, 법률을 수정해야 한다는 결론을 내렸습니다."

아만다는 자신의 증거물을 보존하기 위해 싸우는 것은 물론, 다른 여성들의 강간 검사 결과가 폐기되는 것을 막는다는 더 크고 중요한 일을 하고 싶었다. 그녀는 이내 도움이 필요하다는 것을 깨닫고 다양한 부류의 친구와 동료들에게 연락을 돌리기 시작했다. 일단 전문가 집단을 구성하고 나자 아만다는 입법자들의 관심사를 효과적으로 예측할 수 있었다. 그들은 국회의원들의 질문에 대비해 답변을 준비하고 필요한 일을 미리 끝낼 수 있게 법안의 초안을 작성했다.

아만다의 시인과 친구들은 주로 법학도나 젊은 전문직이었기 때문에 아만다는 그들의 전문지식을 한데 결합했다. 다양한 배경과 지식을 지닌 사람들이 함께 둘러앉아 조사를 하거나 머리를 맞댔다. 복잡하고 조각조각 흩어져 있는 법안들을 풀고 해석하여 전국 각 주에 존재하는 권리를 파악한 후, 마침내 판례를 갖추고 논란의 여지가 없으면 주 경계를 넘어 전국적으로도 적용 가능한 최상의 법안을 구성했다. 뿐만 아니라 경제 지표를 사용해 해당 법안의 효력을 입증하고, 행정 기관에 도덕적으로뿐만 아니라 재정적으로도 얼마나 큰 도움이 되는지 보여주는 경제적 추정치를 제시했다.

"연방의회에 이런 자료를 제시했을 때, 우리에게 분명히 원하는 게 있었지요. 우리는 주장을 뒷받침할 데이터가 있었어요. 초안을 써 둔 개정안도 있었고요. 그것도 적절한 법률용어를 사용해서요. 물론 일이 진행되면서 중간중간 수정을 거치긴 했지만 우린 모든 일을 완벽하게 준비하고 있었어요. 의원들이 질문을 던지더라도 하루 만에 답변을 내놓을 수 있었죠. 왜냐하면 미리 철저한 조사를 해둔 데다 주장에 대한 확고한 근거와 증거까지 갖추고 있었으니까요."

그렇게 그들은 승리했다. 라이즈는 성폭력 생존자 권리법_{Sexual} _{Assault Survivors' Rights Act}의 초안을 작성했고, 해당 법안은 최초로 매사추세츠주에서 통과했다. 이제 매사추세츠주의 성폭력 생존자들은 중요한 강간 증거가 6개월 뒤에 폐기될까봐 걱정할 필요가 없다. 2016년 10월 7일에는 만장일치로 연방의회를 통과했다. 아니다, 이렇게 말해야겠다. 우리 역사상 당파적 갈등과 양극화가 가장 극심한 시기에, 상원과 하원은 만장일치로 이 법안을 통과시켰다. 1989년 이래 상하원 만장일치로 통과한 법안은 고작 21개 - 전체 법안 중 0.016퍼센트 - 뿐이다. 이는 그 누구에게도, 특히 전문 로비스트도 아닌 20대 젊은 여성으로서는 극도로 희귀한 거대 승리라 해도 과언이 아닐 것이다.

데이터는 중요한 무기가 된다

2002년 내가 야후에서 일한 지 3년째 되는 해에 드디어 작은 '호랑이 팀'에 합류할 수 있는 기회가 찾아왔다. 제프 와이너(Jeff Weiner, 나중에 링크드인의 CEO가 된)가 이끄는 '야후 검색_{Yahoo!}

_{Search}'을 개편하기 위한 팀이었다. 인터넷 초기에는 대부분의 사람들이 야후를 '검색 엔진'으로 여겼지만, 2002년 즈음에는 대다수가 야후를 '포털'로 취급하고 검색에는 구글을 사용하고 있었다. 내 임무는 '야후 검색'의 마케팅을 지휘하는 것이었는데, 다시 말해 고객의 니즈를 파악하여 제품 개발에 필요한 정보를 제공하고 새로운 제품이 출시되면 이를 홍보하는 마케팅 캠페인으로 '야후 검색'의 시상 섬유율을 승가시키는 것이었다.

참으로 신나는 시절이었다. 아직도 생생하게 기억난다. 몇 주간 포커스 그룹과 시간을 보낸 후, 나는 퀴 루(Qi Lu, 당시 야후 검색 엔진의 수석 엔지니어이자 후에 마이크로소프트와 중국 최고의 검색 사이트 바이두의 임원이 된)에게 사람들이 검색 페이지에서 무엇을 원하는지 확실하게 알았다고 말했다. 사람들은 질문에 대한 해답을 쓸데없는 추가 단계 없이 최대한 빨리 알 수 있길 원했다. 간단히 말하자면 그들은 지름길을 원했다. 그러자 퀴가 나를 똑바로 쳐다보며 대답했다.

"좋아요. 그건 만들 수 있죠."

그리하여 우리는 새로운 야후 검색 엔진을 구상했다. 이 새로운 검색 엔진은 검색 페이지에서 곧장 대답을 가져다줄 것이었다. 알고 싶어 하는 게 날씨든 스포츠 경기 점수든 주가든 아니면 영화 상영표든, 우리에게 정보가 있는 한 다른 곳으로 이동할 필요 없이 그 페이지에서 곧바로 답을 알 수 있고, 원한다면 링크를 클

릭해서 새 페이지를 열 수도 있었다. 그렇게 우리는 제품을 개발하고 새 '야후 검색' 페이지를 위한 마케팅 캠페인을 구상해 '여러분이 원하는 지름길'이라는 슬로건을 내걸었다(요즘에는 모든 검색 엔진이 이런 방식을 사용하지만 당시만 해도 굉장한 혁신이었다).

우리는 마케팅 캠페인을 위해 다양한 아이디어를 개발하고 IT 업계치고는 상당한 예산을 배정받았다(소비자 시장 마케터들이 보기엔 적은 액수겠지만). 나는 대부분의 시간을 임원진에게 우리가 발견한 사실들과 계획을 보고하느라 바빴다. '야후 검색' 전략이 우리 회사에 매우 중요했기 때문이다.

그중에 우리의 브랜드 마케팅을 별로 좋아하지 않는 고위 임원이 한 명 있었다. 특정한 홍보 방식이나 카피 문구를 좋아하지 않았다는 의미가 아니다. 그는 우리가 마케팅을 할 필요가 없다고 생각했다. 소비자 제품이라면 몰라도 기술기업이 브랜드 마케팅을 해봤자 무슨 소용이 있냐는 말이었다(참고로 그건 실제로 인터넷이 유행하기 시작한 초반에는 크게 잘못된 생각이 아니었다. 비록 야후는 당시에도 예외적으로 그 유명한 요들송이 담긴 TV 광고로 확고한 브랜드 이미지를 구축했지만 말이다. 현재는 기술기업들도 일반적으로 전통적인 마케팅 캠페인을 벌이고 있으며, 구글부터 아마존에 이르기까지 전형적인 브랜드 마케팅 기법을 활용한다).

나는 마케팅에 대한 그의 강한 반감을 알고 있었기에 그에게 프레젠테이션 하기가 무서웠다. 지금 와서 돌이켜보면 왜 그렇게 겁을 먹었는지 잘 모르겠지만 여하튼 그때는 그랬다. 나는 때때로 그가 회의에서 다른 사람들에게 매우 비판적으로 반응하거나 거들먹거리는 모습을 본 적이 있어서 내게는 어떻게 굴지 상상하지 않을 수가 없었다.

몇 달 후 인쇄매체와 디지털, TV 광고를 총망라한 마케팅 캠페인이 끝난 뒤 나는 결과를 그에게 보고해야 했다. 한참 자료를 준비하던 중, 주말에 부모님 댁에 들렀는데 마침 아버지를 보러 온 아버지의 사촌이자 정신과의사인 빌 오버필드를 만나게 되었다. 빌 삼촌이 일은 잘 되어 가느냐고 묻자 나는 프레젠테이션 때문에 너무 긴장된다고 대답했다.

그때 빌 삼촌이 해주신 말이 아직까지 내 기억에 남아 있다.

"네가 액션 영화에 나오는 슈퍼히어로라고 상상해봐. 사람들이 잔뜩 몰려와 너를 둘러싸며 열렬히 박수를 치고 격려해 주는 거야. 회의실에 들어갈 때는 네 어깨 위에 슈퍼히어로의 망토가 휘날리고 있다고 상상하렴. 혹시나 상대방이 너를 압박하거나 허를 찌르면 심호흡을 한 다음에 어깨에 두른 망토를 떠올리고, 널 응원하고 있는 사람들을 생각해 보렴."

나는 그게 엄청나게 촌스럽고 어린애한테나 통하는 격려라고 생각했다. 하지만 그날, 나는 선홍색 옷을 입고 회의실로 걸어 들어가며 속으로 중얼거렸다.

'난 엄청나게 세고 터프한 슈퍼히어로야. 내 어깨 위엔 망토가

펄럭이고 있지. 저 사람이 뭐라고 하든 심호흡을 한번 하고는 계속 내 할 일을 하는 거야.'

내가 회의실에 들어갔을 때, 그는 프레젠테이션을 시작하기도 전에 이런 말로 인사를 대신했다.

"자네가 뭘 보여줄지는 모르지만 내가 아는 거라곤 우리가 이 광고 캠페인에 돈을 너무 많이 썼다는 것뿐이야. 전혀 쓸모가 없었으니 다시는 이런 짓 안 할 걸세."

시작부터 끝내줬다. 상상의 망토를 걸치고 있는 게 얼마나 다행인지 몰랐다. 내게는 또 다른 중요한 아이템이 있었다. 바로 어떤 논란의 여지도 불식시킬 수 있는 '데이터'였다. 그건 망토만큼이나 강력한 무기였고, 그래서 나는 빌 삼촌의 조언대로 숨을 깊이 들이마신 다음 이렇게 말했다.

"그렇게 느끼신다는 건 잘 알겠습니다. 하지만 데이터를 보여드리며 설명해 드려도 될까요?"

데이터를 검토하는 사이, 놀라운 일이 벌어졌다. 우리의 데이터는 반박의 여지가 없었다. 특히 한 슬라이드는 '야후 검색'의 시장 점유율이 광고 캠페인 전과 후가 얼마나 극적으로 변화했는지 명백하게 보여주었다. 우리는 상당한 시장 점유율을 확보했고, 그것은 회사에 있어 수천 만 달러를 의미했다. 데이터는 사람들의 의견과는 상관없이 늘 사실만을 말한다. 우리는 나머지 자료를 계속 훑어보았고, 프레젠테이션이 끝날 무렵 임원이 내 눈을 똑바로 들여다보며 말했다.

"이거 아냐? 자네는 데이터를 제시했고 내가 틀렸다는 걸 보여주었네. 그렇군, 정말로 꽤 훌륭한 캠페인이었어."

완벽한 반전이었다.

그때 나는 두 가지 중요한 사실을 깨달았다. 첫째, 나는 생각보다 더 강한 힘을 갖고 있으며, 데이터는 중요한 무기가 될 수 있다. 분명한 사실과 확고한 자신감으로 무장한다면 두렵게 생각하던 사람과도 동등한 위치가 될 수 있다. 둘째, 우리는 영웅과 적대자(다윗과 골리앗)가 아니다. 어쨌든 우리는 같은 팀이다(이 경우에는 문자 그대로 사실이었다. 우리는 같은 회사에서 같은 목표를 위해 일하고 있었으니까). 그때 나는 경력을 쌓기 시작한 지 얼마 되지 않았기에 결정권자 자리에 앉아 있다는 게 어떤 느낌인지 이해하지 못했다. 효과가 불분명한 무언가를 위해 회사의 자원을 투입하고, 어떤 예산을 승인할지, 승인하지 말아야 할지를 결정하는 사람이 된다는 것 말이다.

이제 나는 주기적으로 회사에서 그런 중요한 결정을 내리다보니 그게 얼마나 큰 압박감을 주는지 안다. 그때 그를 더 깊이 이해하려고 노력했다면, 더 좋은 결정을 내릴 수 있게 자세한 정보를 제공하거나 나 또한 그런 접근법의 잠재 위험을 알고 고개를 끄덕이며 더욱 잘 함께 일할 수 있는 방법을 모색했을 것이다.

어쨌든 결과적으로 우리는 상호존중을 바탕으로 바람직한 관계를 쌓았고 아직도 연락을 주고받는 사이가 됐다. 그때의 경험은 내게 결정권자가 중요한 결정을 내리도록 설득해야 할 때에는 더욱 철저하게 만반의 준비를 갖춰야 한다는 사실을 가르쳐주었다. 나는 또한 결정권자들이 스스로 틀렸다고 인정하려면 엄청난 용기가 필요하다는 것도 배웠다. 나는 그 점에서 그를 무척 존중하며, 나 자신 역시 항상 그 사실을 기억하려고 노력한다.

확실하고 분명한 데이터는 가장 회의적이고 불신으로 가득한 결정권자를 설득하는 데 도움이 된다. 또한 올바른 결정을 내리는 데 필요한 정보를 제공해 그게 얼마나 큰 도움이 될지 이해하게 함으로써 솔직하고 긴밀한 관계를 구축하도록 돕는다. 정보는 힘이다. 그리고 데이터만으로는 충분하지 못하다면 슈퍼히어로로의 망토를 두르는 것도 좋은 방법이다.

장기적인 관점으로 꾸준히 하라

한 가지 명심해야 할 점은, 이러한 무브먼트가 매우 오랫동안 이어질 수 있기 때문에 - 열렬한 지지를 받고 있다 할지라도 - 인내심을 가져야만 보답을 얻을 수 있다. 노던 버지니아주 다운증후군협회Down Syndrome Association of Northern Virginia의 부모들이 2006년 어느 집의 부엌에 앉아 장애인과 그 가족들의 경제적 미래를 계획해야 할 필요성에 대해 이야기를 나눈 이래, 그들의 무브먼트가 결실을 맺기까지는 8년이 걸렸다. 그들의 지지와 미국 다운증후군협회National Down Syndrome Society, NDSS 회장인 사라 위어Sara Weir의 도움에 힘입어, 해당 캠페인의 대변인이자 스스로도 다운증후군 환자인 사라 울프Sara Wolff는 2013년에 ABLE(Achieving a Better Life Experience, 더 나은 삶의 경험) 법안을 창안했다. ABLE 계좌는, 장애를 가진 사람들이 사회보장제도나 메디케어, 메디케이드 같은 정부의 복지혜택을 받을 자격을 침해받지 않으면서 10만 달러까지 저축할 수 있는 세금 우대 계좌다(기존의 저축 한도액은 겨우 2천 달러였다. 그래서 장애인이나 그들의 가족들은 미래를 위해 저축하기가 극도로 어려웠다). ABLE 법안은 장애인법Americans with Disabilities Act, ADA 이래 미국의 장애인들을 위한 가장 폭넓은 공공정책 법안이다. 이는 미국에 거주하는 5천8백만 명이 접근 가능한 주택 및 교통수단, 보조기기, 그리고 보험으로는 해결할 수 없는 추가 건강보건 서비스를 경제적으로 감당할 수 있게 돕는다.

사라 위어가 법안을 상정시키기 위해 거쳐야 했던 겹겹의 단계를 생각하면 그 성공 과정은 감동스러울 정도다. 법안이 국회에 도달하는 데에만 8년이 걸렸고, 자그마치 다섯 번의 회기를 거쳐야 했다. 사라와 지지자들은 전화와 이메일, 개인적인 이야기로 워싱턴 입법자들의 관심을 사로잡을 활동가들로 구성된 특사 프로그램을 만들기도 했다. 그들은 초당파적 수단으로 의원들에게 접근했고, 그 결과 380명이라는 전례 없는 수준의 지지를 이끌어낼 수 있었다(예산 지출 법안치고는 굉장히 드문 일이다).

비록 초반 진척이 더뎠고 입법자들과 가까운 관계를 만들며 이 문제를 진심으로 이해하게 하는 데 오랜 시간이 걸렸지만, 이렇게 중간에 들인 공은 결과적으로 미국 다운증후군협회에 커다란 자산이 되었다.

처음 법안을 제출하기까지 8년이 걸렸지만, ABLE법이 50개 주 중 47개 주에서 통과하기까지 걸린 시간은 겨우 7개월에 불과했다. 왜냐하면 그들은 장기적인 관점으로 원하는 결과를 달성하기 위해 양당 모두의 구성원과 생산적으로 협력했기 때문이다.

"거의 10년에 가까운 세월 동안 우리는 ALBE법과 관련해 논란을 불러일으킬 만한 접근법은 절대로 채택하지 않았습니다. 최대한 많은 의원들을 설득하는 과정에서 가장 큰 과제는 그들에게 사실을 알려주는 것이었지요. 장애인은 평생 2천 달러밖에 저축을 할 수 없다고 말하면 누구나 충격을 받았어요. 눈이 휘둥그레지면서 이렇게 물었죠. '어떻게 그런 게 가능하죠? 그거 진짜예요? 지난 60년 동안 왜 아무도 그걸 바꾸지 않은 겁니까?'"

미국 다운증후군협회는 사라 울프의 사회운동가들과 입법 과정 및 법률, 그리고 입법부가 장애인의 삶에 어떤 영향을 끼칠 수 있는지 속속들이 알고 있는 전문가 집단과 함께 손잡고 최대한 많은 국회의원과 접촉하기 위해 분투했다.

퍼포스풀

무브먼트를 장기적으로 이어갈 때에는 느리지만 꾸준한 속도로 결정권자와 관계를 쌓아나가면 시간이 지날수록 굉장한 이점이 될 수 있다. 또한 ALBE 법안처럼 잠재적으로 강력한 위력을 지닌 무브먼트의 경우에는 법안의 신속한 승인을 위해 몇 년을 더 투자해 치밀함과 정확성을 확립하는 것이 수천 만 장애인들을 위해서라도 충분히 가치 있는 일이다.

참여의 다섯 단계 이해하기

나는 체인지닷오알지에서 일하면서 결정권자들의 세계를 다소 독특한 시선으로 볼 수 있었다. 하루에도 1천 개가 넘게 사람이나 특정 기관에 변화를 촉구하는 청원이 올라오는 것을 목도한 덕분이다. 나는 그러한 데이터를 기반으로 결정권자들이 자신을 겨냥한 캠페인에 일련의 단계를 따라 반응한다는 것을 알게 되었다. 나는 그것을 '참여의 다섯 단계'라고 부른다. 그 단계는 부정, 경청, 수용, 포용, 그리고 권한부여다. 모든 결정권자가 이 다섯 단계를 전부 거치는 것은 아니나, 각 단계는 확실히 규칙적으로 진행된다.

참여의 다섯 단계를 이해하면 영향을 끼치고자 하는 결정권자들을 더 효과적으로 설득할 수 있다. 특히 그들에게 첫 단계인 부정에서 비롯되는 위험과 경청의 이점을 보여주고 행동한다면 당신의 주장에 더욱 설득력을 실을 수 있다. 나는 그중에서도 기업 결정권자들에 대한 청원을 토대로 각각의 단계에 대한 간단한 설명을 작성해 보았다. 반응하는 데 걸리는 시간이 비교적 짧고, 각 단계에서 보다 분명하고 눈에 띄는 반응을 보여주기 때문이다. 하지만 각 사례의 경우에는 변화의 촉구에 반응하는 다양한 부류의 결정권자들 모습을 제시했다.

1> 부정

슬픔의 다섯 단계처럼 참여의 첫 번째 단계는 '부정'이다. 일부 결정권자는 변화를 요구하는 목소리에도 평소와 다름없이 사업 운영에만 관심을 쏟을 뿐 아무것도 변하지 않은 양 행동한다. 가장 좋은 사례는 시월드_{SeaWorld}다. 한참 잘 나가고 있던 시월드는 2013년에 〈블랙피시_{BlackFish}〉라는 다큐멘터리가 상영된 이래 극심한 압력에 시달렸다. 그 다큐멘터리는 시월드를 비롯해 워터파크에 갇혀 있는 범고래의 처우를 비판한 것으로, 여론은 영화의 고발에 대대적으로 반응했고 체인지닷오알지에도 수십 개가 넘는 청원이 올라왔다.

처음에 시월드는 비판세력과 적극적으로 맞서 싸웠다. 심지어 범고래 친화적인 광고 캠페인까지 벌였다. 그러나 동업자들이 하나둘 발을 뺏고, 여론의 비판도 높아지자 점차 사업이 기울기 시작했다. 결국 그들은 행동에 나설 수밖에 없었다. 그 결과 2016년 3월, 시월드는 범고래의 번식과 모든 쇼를 중단하고 교육 프로그램에 초점을 맞추기로 결정했다.

놀랍게도 수년간 이 문제를 부정한 끝에 취한 움직임은 그들의 사업에 더 좋은 결과를 불러왔다. 《뉴욕 New York》 매거진에 따르면, '그들이 그토록 절박하게 대항한 실존적 싸움은[7] 대중이 더 이상 원치 않는 것이었다. (⋯) 전국 2천4백 명을 대상으로 한 설문조사에서 (⋯) 시월드의 호감도는 11점에서 27점으로 상승했다'고 한다. 만약 시월드가 부정 단계에서 좀더 신속하게 벗어났다면 명성에 흠집이 나는 것을 피하고 수천 만 달러를 절약할 수 있었을 것이다.

결정권자에게 행동을 취하는 것이 명성을 지키고 평판을 보호할 뿐만 아니라 사업적으로도 더 좋은 결과를 가져온다고 이해시킬 수 있다면 원하는 결과를 달성할 확률은 더 높아진다.

2> 경청

두 번째 단계는 경청이다. 이 단계에서 결정권자는 사람들이 요구하는 행동을 아직 할 준비가 되어 있지 않거나 또는 할 수는 없지만 대화에 응함으로써 피드백을 받을 의향이 있음을 보여준다. 때로는 상대방이 당신의 목소리가 중요하다는 것을 깨닫고 귀를 기울이며 대화를 시작하는 것만으로도 커다란 진전을 이룰 수 있다. 만남이나 대화는 결정권자와 관계를 구축하는 온건한 방식이며, 추후에 행동으로 이어질 수 있다.

2014년 말에 올드 네이비Old Navy의 고객인 르네 포시Renee Posey가 체인지닷오알지에서 캠페인을 시작했다. 그녀는 올드 네이비가 남성의 플러스사이즈 의류에는 추가 요금이 붙지 않는 반면 여성의 플러스사이즈 의류에는 추가 요금이 붙는 데 화가 나 있었다. 르네의 청원은 거의 10만 명의 서명을 받았다. 〈굿모닝 아메리카Good Morning America〉를 비롯한 전국 방송들이 이 이야기를 보도했고, 올드 네이비에 대한 반발의 물결이 일기 시작했다. 그러자 회사는 르네를 만나 그녀의 이야기를 직접 듣기로 결정했다.

르네는 올드 네이비를 싫어하지 않았다. 그녀는 고객이었고, 브랜드를 사랑했다. 그녀는 다만 남성 고객과 여성 고객을 평등하게 대우해 주기를 바랐던 것뿐이었다. 《허핑턴포스트》와의 인터뷰에서 르네는 올드 네이비의 모회사인 갭Gap.Inc.의 세 임원진과 영상회의를 했고 소비자들의 우려를 해결할 방안을 모색하고 있는지 물었다고 말했다. 그녀는 올드 네이비에게 플러스사이즈 의류에 대한 남녀 차별을 중단하고, 새로운 플러스사이즈 상품을 출시해 선택의 폭을 넓히고, 환불 정책을 수정해 온라인으로 구매한 플러스사이즈 제품을 매장에서도 교환할 수 있게 해달라고 요구했다.

임원진은 방어적이지 않았다. 그들은 르네에게 소비자들의 관심사를 숙고하고 있으며 그에 대한 조치를 취할 것이라고 대답했다. 모든 요구에 즉각 대응하거나 동의할 수는 없으나 몇몇 중요한 단계에 있어서는 즉각적으로 행동하겠다고 말했다. 이후 올드 네이비는 온라인에서 구매한 플러스사이즈 상품을 매장에서 환불 및 교환할 수 있는 정책을 시행했고, 고객에 대한 이해를 높이기 위한 일환으로 르네를 비롯해 플러스사이즈 여성 고객들로 이뤄진 자문단을 모집했다.

비록 원하던 바를 즉시 얻어내지 못했고 청원에 서명을 한 일부 지지자들이 실망감을 표시하기도 했지만, 르네는 올드 네이비가 소비자들의 목소리를 듣고 행동을 취한 것만으로도 승리라고 여기며 청원 페이지에 올드 네이비와 갭이 첫 번째 행동을 취한 데 대해 감사와 칭찬의 말을 적었다.

결정권자에게 쌍방의 견해를 주고받을 수 있는 대화로 시작할 용의가 있음을 알려주는 것은 잠재적 행동을 유도하는 시작점이 될 수 있다. 때로는 서로의 말에 귀를 기울일 때에만 떠올릴 수 있는 제3의 해결책을 발견할 수 있다.

3> 수용

세 번째 단계는 수용이다. 수용에서는 결정권자가 변화를 요구하는 사람들의 이야기를 듣고, 주장이 타당하다고 동의하고, 상대가 요구하는 것을 실천하기로 결정하는 것이다. 하지만 이것은 단순히 '수용'하는 것일 뿐이다. 왜냐하면 그들은 변화에 동의는 하나 고객이나 그 외의 관련인들과 더 깊은 관계를 맺지도 않고 이를 그들 플랫폼이나 브랜드의 핵심으로 홍보하지도 않기 때문이다.

2013년, 직장에서의 성폭력 생존자가 체인지닷오알지에 '링크드인에 차단 기능을 추가해달라'고 요구하는 청원을 올렸다. 그녀는 직장을 그만둔 후에도 링크드인을 통해 계속해서 가해자로부터 스토킹을 당하고 있었다. 그녀는 우리가 이미 알고 있는 두 가지 기법을 활용했다. 첫 번째는 개인적인 이야기를 들려줌으로써 대중에게 문제점을 널리 알렸고, 두 번째는 링크드인을 제외한 다른 모든 소셜 네트워크에는 차단 기능이 있다는 데이터를 제시하여 설득력을 부여했다. 캠페인은 효과를 거두었다. 링크드인은 차단 기능을 추가했고, 링크드인의 신뢰 및 안전 부문 책임자인 폴 록웰Paul Rockwell은 결정권자의 대답란에 다음과 같이 게시했다.

"우리 링크드인은 회원 여러분이 차단 기능을 요청했다는 사실[8]을 알고 있습니다. 오늘 이 자리에서 여러분의 우려와 요구를 분명하고 뚜렷하게 인지했음을 알려드립니다. 우리가 이 기능을 추가한 것은 회원 여러분의 요구가 있었을 뿐만 아니라 그것이 옳은 일이기 때문입니다."

고객들의 반응은 긍정적이었고 언론 보도 또한 적절했다. 대부분의 사람들이 마침내 그 기능을 사용할 수 있게 되었다는 소식을 반긴 덕분이다. 결정권자가 수용 단계에 이르도록 설득할 수 있다면 당신은 올바른 길을 가고 있는 것이다.

4> 포용

네 번째 단계는 포용이다. 결정권자들이 변화를 바라는 사람들의 요구를 적극적으로 받아들이고 활용하는 것이다. 이들은 무브먼트의 리더들이 요구하는 것 이상의 변화를 이룩하고, 더욱 충성도 높고 열정적인 고객이나 구성 집단을 구축하기 위해 이를 홍보한다.

2015년, 영국 런던에 살고 있던 로라 코리턴Laura Coryton은 탐폰을 비롯한 여성용 위생용품에 헬리콥터나 악어고기 같은 사치품목에 부과되는 5퍼센트의 추가 부가가치세VAT가 부과된다는 사실을 알고 큰 충격을 받았다. 로라는 '해시태그 탐폰부가세중단(#EndTamponTax)' 캠페인을 시작하여 32만 명의 서명을 받았다. 그 결과 영국 정부가 여성용 위생용품이 사치품이 아니라 생필품임을 인정하고 세금 부과를 중단하는 법안을 통과시키도록 설득할 수 있었다. 후에 이는 거대한 물결이 되어 여성용 위생용품에 유사한 사치품 부가세를 매기는 프랑스와 독일, 호주, 말레이시아 등 다른 국가에서도 비슷한 무브먼트가 일어났다.

그러나 2016년에 이 법안이 가결되었어도 2018년까지는 기존의 세금을 계속해서 지불해야 했다. 그러자 2017년 중반, 영국 최대의 슈퍼마켓 체인 중 하나인 테스코Tesco가 고객들을 위해 이 문제를 해결에 나섰다. 세금이 폐지될 때까지 기다리는 게 아니라 5퍼센트 부가세가 붙는 거의 1백 개가 넘는 위생용품을 대상으로 그에 상응하는 5퍼센트 가격인하를 하기로 결정한 것이다.

이러한 테스코의 행보는 엄청난 브랜드 홍보 효과를 야기시켰고 고객들로부터 열화와 같은 반응이 쏟아졌다. 뿐만 아니라 이는 경제적으로도 큰 효과를 거뒀다. 테스코의 저렴한 가격에 이끌려 새로운 고객들이 몰려들었기 때문이다. 이후 로라는 다른 슈퍼마켓과 드러그스토어들이 테스코의 선례를 따르도록 촉구하는 청원도 진행했다.

5> 권한부여

다섯 번째 단계는 권한부여다. 이 단계에 이르면 역학 구도가 반대로 뒤바뀌게 된다. 이 마지막 단계에서 결정권자는 소비자나 고객들에게 주도적으로 행동할 수 있는 권한을 부여하여 '결정권자가 중요하게 여기는 대의를 지지하는 지원세력'으로 만든다.

실제로 오늘날 많은 결정권자들이 무브먼트 스타터가 되고 있다. 에어비앤비와 리프트, 우버 같은 일부 기업들은 고객(또는 잠재 고객들)이 브랜드를 대신해 다양한 도시에서 그들 서비스를 이용할 수 있도록 현지 입법부에 요구하고 있다.

퍼포스풀

버진 아메리카의 CMO이자 앞에서 언급한 안전수칙 영상을 기획한 루앤 캘버트는 항공사가 무브먼트를 시작할 수 있게 도와준 바 있다. 그녀는 버진의 고객들이 매우 열정적이고, 요청만 받는다면 언제든 브랜드를 지지할 준비가 되어 있다는 것을 알고 있었다. 버진 아메리카는 댈러스 러브 필드_Dallas Love Field 공항에서 두 개의 게이트를 사용하기 위해 협상을 벌일 때가 되자 곧장 고객들에 도움을 요청했다. 버진은 충성스러운 지지자들과 함께 버진 아메리카가 댈러스 공항에서 게이트를 두 개 사용할 수 있도록 지지해 달라는 체인지닷오알지 청원을 개시했다. 버진은 이 캠페인을 '프리 러브 필드(Free Love Field, free는 자유라고 해석될 수도 있고 무료라고 해석될 수도 있다 - 옮긴이)'라고 불렀고, 승리를 거뒀다. 2주 만에 3만 7천 명의 서명이 쏟아졌고, 버진은 두 개의 게이트를 확보하는 데 성공했으며, 사업적으로나 브랜드 면에서나 커다란 승리를 거머쥐었다.

나는 대형 보험회사 및 기타 의료보건 관계자들이 참석한 의료보건 콘퍼런스에서 강연을 한 적이 있다. 그들은 정보가 빠른 속도로 전달되는 소셜 미디어 시대에 외부의 압력에 어떻게 대처해야 할지 우려하고 있었다. 특히 전에는 책임질 치료가 없던 약물이나 시술 등에 보험을 적용하기로 동의함으로써 선례를 세우지는 않을까 걱정하고 있었다. 나는 그들의 난처한 심정을 이해할 뿐만 아니라 실로 안타깝게 생각한다.

그러나 만일 그들을 비롯한 결정권자들이 고객의 지지를 받을 수 있는 무브먼트를 시작한다면 - 이를테면 플럼 오가닉스나 버진 브랜드처럼 - 반대로 고객들과 협력해 그런 굴레에서 벗어날 수 있으리라 생각한다. 고객들은 입법자들이 만든 터무니없는 규제에 대항할 수도 있고, 제약회사에 가격을 낮추라고 압력을 넣을 수도 있다. 가장 무력하게 보이는 사람들이 변화를 위한 무브먼트를 시작할 수 있다면 - 범죄의 생존자, 10대 청소년, 노인, 그리고 작은 목소리를 지닌 수많은 사람들 - 강력한 대기업이 뭘 못하겠는가?

유능하고 존경받는 결정권자라면 이런 참여의 단계를 빠른 속도로 올라, 옳은 일을 함으로써 얻는 이점은 물론 경제적 이점까지 얻을 수 있다는 사실을 볼 수 있을 것이다. 단기적으로 무브먼트에 참여하지 않기로 선택한 사람들도 인센티브가 생기면 장기적으로는 언젠가 관여하지 않을 수 없을 것이며, 권력 구도는 계속해서 대중과 고객들에게로 이동할 것이다. 그러므로 무브먼트 스타터로서 결정권자들에게 이렇게 물어라.

"앞장서는 리더가 될 것인가, 뒤늦게 쫓는 자가 될 것인가?"

결정권자에게 변화의 선봉에 서는 이점을 이해시키는 것이야말로 가장 효과적인 수단이 될 수 있다.

비전을 실현하는 데 필요한 단계를 거쳐 - 변화 이론 세우기,

초기 지지자들 모으기, 결정권자와 협력하기 - 무브먼트의 추진력을 지속적으로 유지할 수 있다면, 다음에는 당신의 대의를 지지하는 이들을 최대한 활용할 수 있는 방법을 궁리해야 한다. 그들에게 행동에 나설 동기와 의욕을 부여하면 당신의 무브먼트는 더 큰 성공을 거둘 수 있다.

5

혼자서는 멀리 갈 수 없다

함께하는 동료 격려하기

어렸을 때 믿던 것과는 달리[1], 대장이 되는 것은 퍼레이드 한가운데서 손을 흔들며 "내가 대장이야! 내가 대장이라고!" 하며 외치는 게 아니다.

- 티나 페이 Tina Fey

플래티넘 법칙을 적용하라

확고한 비전을 세우고 무브먼트가 추진력을 받기 시작했다면, 다음 단계는 다른 사람들이 당신의 투쟁에 참여하도록 동기를 부여하고 고취시키는 것이다. 인플루언서와 소셜 미디어를 활용해 밑바닥에서부터 지지 세력을 다졌든 아니면 회사를 일으키거나 기존 조직 내에서 새로운 아이디어를 제시해 이미 결성된 팀이 있든, 당신의 무브먼트는 팀원들의 지지와 응원이 없다면 계속될 수 없다. 사람들이 당신을 뒷받침하고 대의를 퍼트리지 않는 한, 무브먼트란 없다.

그나마 다행인 것은 기업 내에서건 스포츠팀에서건 교실이나 혹은 정부에서건 사람들이 당신의 무브먼트를 지지하고 발전시키도록 고무시키는 데 필요한 기술은 똑같다는 것이다. 이 장에서 제시하는 기술들은 주로 공식적인 팀 리더들이 활용하는 방법이지만, 나는 이 개념들이 체계적으로 조직된 팀이 아닌 다른 사람들에게도 유용하리라고 믿는다. 무브먼트에는 보통 꼭대기에 카리스마 넘치는 리더가 있지만, 모든 활동가들이 권한을 부여받고 자신이 신뢰받고 있다고 느끼지 않는 한 변화는 달성될 수 없다. 이 점을 반드시 명심하라. '팀이란 개개인이 모여 구성된 것이며, 무브먼트를 성공시키기 위해서는 팀원들 하나하나가 대의를 위해 나아가도록 동기부여하고 격려해야 한다.'

내가 그러한 사실을 깨달은 것은 대학 때 조정팀에서 키잡이를 맡았을 때다. 조정팀뿐만 아니라 그 뒤로 내가 참가한 모든 팀에서도 마찬가지였다. 나는 키잡이로서 조정팀 전체를 격려하고 채찍질해야 했지만, 선수들 각자에게 의욕을 불어넣는 것 또한 그만큼 중요했다. 후자의 경우 가장 효과적인 방법은 로잉 머신을 사용해 선수들을 개별적으로 지도하며 그들 각자에게 좋은 시간과 훌륭한 시간의 차이를 만드는 다양한 기술을 파악하는 것이다. 어떤 선수는 "넌 할 수 있어" 같은 격려가 효과적이었고, 어떤 팀원에게는 "무엇무엇한테 지지 마"라고 경쟁심을 자극하는 편이 효과적이었다.

모든 사람들에게는 각자 알맞은 방식이 있고, 이를 개인적인 특성에 맞춰 골고루 활용하면 더 나은 결과와 승리를 가져올 수 있다. 나는 직장에서도 내가 개발한 도구를 이용해 팀원들을 개인적으로 자극하고 고무시키는 요인들을 파악한다.

수년 전 야후에서 매우 유능한 마케팅팀을 이끌고 있었을 때, 뜻밖의 일을 겪은 적이 있다. 일대일 개인 면담 도중 한 여성 팀원이 내게 이렇게 말했다.

"제가 훌륭한 업무 성과를 내면 돈으로 보상해 주세요. 전 상이나 공치사 같은 건 별로 좋아하지 않거든요. 칭찬을 받는다고 기분이 좋아지거나 더 열심히 일하지도 않습니다. 그러니 저를 치하해 주고 싶으면 보너스나 연봉을 올려주세요."

그 말에 어찌나 당황하고 충격을 먹었는지 놀라서 말이 잘 안 나올 정도였다. 하지만 나중에 그 대화를 곱씹어볼수록 나는 새로운 사실을 깨달았다. 그 직원이 솔직하게 말하지 않았다면 나는 그녀가 무엇에 자극받고 일할 동기를 부여받는지 알 기회가 없었을 것이다. 그보다 더 최악은 어쩌면 그녀가 좋은 성과를 냈을 때, 나라면 기뻐했을 테지만 그녀에게는 전혀 도움이 안 되는 방식으로 상을 줬을지도 모른다는 것이다. 그러면 그녀는 실망한 나머지 열심히 일할 의욕을 잃을지도 모른다.

나는 업무생산성을 높이고 보람을 느끼게 하려면 그녀를 고취시킬 수 있는 가장 유용한 도구가 무엇인지 알아내야 한다는 사실을 깨달았다. 이는 업무를 넘어 다른 관계에서도 마찬가지다. 이른바 플래티넘 법칙이다. 내가 대접받고 싶은 대로 남을 대접하는 것이 '황금률'이라면 '플래티넘률'은 남이 대접받고 싶어 하는 대로 대접해 주는 것이다.

그 대화를 통해 깨달음을 얻은 나는 직장에서 사람들을 만족시키는 최상의 방법은, 팀원들에게 성취감을 유발하는 동기가 무엇인지 직접 묻는 것이라는 결론을 내렸다. 그리고 이를 실천하기 위해 '동기부여 원형 그래프'라는 도구를 개발했다. 나도 이것이 형편없는 이름이라는 건 안다. 사실 우리 팀 엔지니어 하나는 자기가 직장에서 본 중에 가장 '딜버트'스러운 것이라고 평하기도 했다. 어쨌든 이 그래프는 상당히 유용했다. 업무평가가 조직에서 부과한 목표를 얼마나 잘 달성했는지 평가하는 것이라면, 동기부여 원형 그래프는 조직이 개인에게 얼마나 유용하고 효과

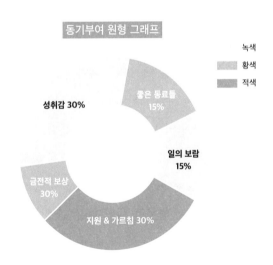

퍼포스풀

적으로 동기부여를 했는지 평가한다. 사용 방법은 아주 간단하다. 사람들에게 다음 세 가지를 요청한다.

- **카테고리 선택**: 일터에서 동기를 부여받는 모든 범주를 적는다. 인정, 보상, 새로운 것을 배우는 재미, 유연한 일정 등, 개수에 상관없이 뭐든 생각나는 대로 써도 좋고, 미리 정해져 있는 카테고리도 없다. 자신이 중요하게 여기는 것이라면 뭐든 적어도 좋다.
- **중요도 평가**: 각각의 카테고리에 자신이 그것을 얼마나 중요하게 생각하는지 백분율을 매긴다. 따라서 각 카테고리의 총합은 100퍼센트가 될 것이다. 당신이 이 일을 하는 이유에 대한 원형 그래프를 만든다고 생각하자.
- **컬러코드를 이용해 만족 수준 평가**: '적색, 황색, 녹색'의 컬러코드를 이용해 각각의 카테고리에서 얼마나 만족감을 느끼고 있는지 표시한다. 가령 보상 부문에서 만족감을 느끼고 있다면 녹색으로, 성취감 부문에서 매우 불만족스럽다면 빨간색으로 표시한다.

팀 리더가 다음으로 할 일은 팀원들이 모든 카테고리를 녹색으로 표시하려면 어떻게 해야 할지 개별적으로 솔직담백한 대화를 나누는 것이다. 사람들이 무엇에 행복을 느끼는지 이해하는 것은 팀에게 동기를 부여하고 당신의 무브먼트를 지지하게 하는 데 매우 효과적이다.

야후에서 그 대화를 경험한 뒤로 나는 네 개의 회사를 거치며 1천 명 이상의 사람들에게 이 도구를 활용했고 그 과정에서 매우 흥미로운 패턴을 포착했다. 동기부여하는 수많은 독특한 요소들 중에서도(나는 '매일 아침 암벽등반을 하고 싶다'부터 '잡지 표지에 실렸으면 좋겠다'까지 별별 것들을 다 봤다) 대부분의 사람들은 공통적으로 세 가지 동기 요인을 지녔다.

- **목적**: 사람들은 뭔가 중요하고 시간과 에너지를 쏟을 가치가 있는 의미 있는 일을 하고 싶어 한다. 또한 자신의 개인적 역할이 조직의 사명과 어떻게 연결되어 있는지 알고 싶어 한다.
- **성장**: 사람들은 계속해서 새로운 것을 배우고 업무를 통해 성취감을 느끼고 싶어 한다. 자신이 성장하거나 발전하고 있지 않다고 느끼면 의욕을 잃는다.
- **연결**: 사람들은 존경하고 우러러보고 신뢰하는 사람들과 함께 일할 때 더욱 의욕을 느끼고 고무된다. 아끼고 좋아하는 사람들로 구성된 팀과 일하는 것은 일을 즐기는 데 있어 매우 중요한 요소다.

이 세 가지 요소는 가장 기본적인 것들로, 내가 지난 15년간

퍼포스풀

봤던 거의 모든 원형 그래프에서 다양한 형태로 발현되었다. 물론 금전적 동기가 커다란 자극이 된다는 것도 틀림없는 사실이다. 특히 자신의 가치보다 더 적은 보상을 받고 있을 때에는 더욱 그렇다. 이는 매슬로우의 인간 욕구 5단계 이론과 비슷하다. 사람들은 일단 기본적인 금전 욕구가 충족되고 자신의 능력이나 역량에 적합한 수준의 보수를 받는다고 느낄 때에만 의미와 동료의식, 배움 등의 '보다 높은 단계'의 동기 요인에 초점을 맞춘다. 또 다른 주목할 점은 이 원형 그래프의 구성 형태가 시간이 지나면 변화한다는 것이다. 사실 당연한 일이 아닐 수 없다. 우리의 삶과 커리어가 변화함에 따라 동기 요인도 함께 변화할 수밖에 없기 때문이다.

개인의 독특한 동기 요인과 더불어 이러한 공통적인 핵심 요인을 함께 이해하는 것은 어떤 분야에서건 팀을 구축하고 통솔하는 데 필수적이다. 이 장에서는 이 세 가지 핵심 요인을 중심으로 팀을 당신이 하는 무브먼트의 열성적인 지지자로 만들 수 있는 방법을 보여준다. 다른 사람들이 당신의 비전을 지지하도록 고무시키고 싶다면, 그 비전이 왜 중요한지 보여주고, 그들이 하는 역할이 비전과 어떻게 연결되어 있는지 확인시키고, 팀의 일원이 되면 무엇을 배우고 성취할 수 있는지 알려주고, 서로를 존중하고 뒷받침해 주는 팀을 만들어 이끌어야 한다.

모두의 열정을 불러오라

이 책에서 계속 강조했듯이, 어떤 무브먼트를 시작하든 의미 있는 목적은 가장 중요한 핵심 열쇠다. 원형 그래프에서도 봤듯이 목적의식은 팀을 고무시키는 최고의 방법 중 하나이기도 하다. 이 섹션에서는 리더들이 목적을 활용해 팀 전체와 팀원들을 격려하고 열의와 참여를 이끌어낸 몇 가지 사례를 소개한다.

서로를 연결하는 다리

무브먼트는 서로 다른 수많은 맥락들을 결합하고 다양한 사람들에게 설득력을 발휘할 때 가장 큰 효과를 발휘한다. 분명하고 뚜렷한 목적의식은 단결과 통합을 가져올 수 있다.

오제칸 아슬란Özgecan Aslan은 터키에 사는 열아홉 살 대학생이었다.[2] 그녀는 2015년 메르신에서 미니버스를 탔다가 살해당했다. 오제칸은 버스에 남은 마지막 승객이었는데, 버스 운전사는 미니버스를 으슥한 숲길로 몰아 그녀를 강간하려 했다. 그녀가 호신용 스프레이를 뿌리며 저항하자 그는 오제칸을 여러 번 칼로 찌르고 쇠파이프로 내리쳐 살해했다. 그런 다음 자신의 아버지와 친구들을 불러 시체를 유기했다. 그들은 오제칸의 시신을 불로 태우고 손을 잘라 증거를 인멸하려 했다.

오제칸에 대한 이야기를 들었을 때, 젊은 터키 여성인 고제 살

루르_{Gözde Salur}는 자신도 언제든 비슷한 범죄의 피해자가 될 수 있다는 생각을 하지 않을 수 없었다. 고제는 오제칸과 같은 대학생이었고 오제칸과 똑같은 미니버스를 타고 학교에 다니고 있었다. 뉴스를 접한 그녀는 두려움을 느꼈고, 이제까지 한 번도 정치적 활동을 해본 적 없음에도 불구하고 얼굴 한 번 본 적 없는 낯선 여성과의 동질감과 여성에 대한 이런 범죄를 용인하는 문화에 대한 좌절감이 고제를 움직이게 했다. 그녀는 이렇게 말했다.

"여성을 대상으로 하는 이런 강력범죄는 우리에겐 평범한 일상이나 다름없었죠.[3] 그렇지만 오제칸이 잔인하게 살해된 사건은 모두를 폭발시킨 마지막 지푸라기와 같았어요. 그런 종류의 범죄를 저지른 범인이 단지 비싼 양복을 입었다는 이유로 법정에서 풀려났다는 소식을 한 번만 더 듣게 된다면 내 양심이, 내 마음이, 도저히 견딜 수 없을 것 같았습니다."

그때가 바로 고제가 행동을 취해야 한다고 깨달은 순간이었다.

고제는 여성 대상 폭력범죄를 저지른 범죄자들이 '선량한 행실'이나 '부당한 도발'을 핑계 삼아 감형되는 것을 방지하는 '오제칸법'을 제정하자는 청원을 시작했다. 얼마 지나지 않아, 정치적으로 혼란스럽고 분열되어 있던 터키의 국내 사정에도 불구하고 많은 사람들이 그녀의 캠페인을 중심으로 정의를 도모하기 위해 모여들기 시작했다. 공통된 목적의식은 다른 부문에서는 산산이 분열되어 있던 구성원들을 하나의 목적을 중심으로 단결하게 만들었다. 청원에 서명하는 사람들이 늘어나기 시작할 무렵, 고제는 이렇게 말했다.

"나는 정치적 견해와 사회적 지위, 그리고 다른 모든 차이에도 불구하고 터키 사람들이 이런 중요한 문제에 있어서는 여전히 하나의 목소리로 외칠 수 있다는 사실을 알게 되었지요. 정말 정말 아주 다양한 사람들이 체인지닷오알지와 페이스북, 트위터로 내게 메시지를 보냈어요. 정치적으로는 다들 다른 진영에 있는 사람들이었죠. 어떤 사람은 보수적이고 어떤 사람들은 진보적이었어요. 그렇지만 하나같이 '당신이 하는 일을 지지합니다. 우리가 할 수 있는 일이 있으면 알려주세요'라고 말하고 있었죠. 우리가 이런 것을 통해 뭉칠 수 있다는 걸 보여줬어요. 그리고 난 모두가 함께할 때 이 사회가 할 수 있는 일들이 아직 많다는 희망을 갖게 되었지요."

고제가 노력한 보람이 있었다. 120만 명이 그녀의 청원에 서명했고, 체인지닷오알지는 터키에서 가장 많은 서명을 받은 청원이라는 기록을 세웠다. 오제칸법은 2016년 터키의 쿠데타 시도로 인한 정치적 혼란 때문에 그때 바로 제정되지는 못했지만 현재 국회가 법안의 초안을 검토 중이다. 나아가 오제칸을 살해한 죄로 유죄판결을 받은 세 남자는 모두 무기징역을 받았는데, 이는 터키에서 여성 대상 범죄를 저지른 남성 범죄자에게 내린 판결로서는 꽤 괄목할 만한 진전이었다. 다양한 정치적 견해와 개인적 배경을 지닌 사람들이 오제칸법에 대한 고제의 비전을 중심으로 뭉치고 단결하여 여성 대상 범죄를 저지른 범죄자들에게 더 강력한 처벌을 내리자는 무브먼트를 일궈낸 것이다.

이야기 들려주기

이미 존재하는 조직의 경우, 리더는 조직의 목적을 최우선으로 삼을 때 가장 큰 효과를 얻는다. 제일 유용한 방법 중 하나는 당신의 비전에 영향을 받는 사람들의 이야기를 들려주는 것이다.

1장에서 만난 플럼 오가닉스의 닐 그리머는 월요일에 열리는 주간 회의 때마다 팀원들에게 그의 비전을 주지시켰다. 모든 회의는 '사랑 폭탄'이라는 꼭지로 마무리되었는데, 이는 플럼 오가닉스가 그들의 삶을 얼마나 크게 변화시켰는지 고객들이 보내오는 이야기나 사진을 보여주는 시간이었다. 닐은 이런 촉진 도구야말로 회사가 사용할 수 있는 가장 강력한 수단 중 하나라고 여겼는데, 팀원들이 자신이 하는 일이 중요하다는 자부심을 갖고 한 주를 활기차게 시작할 수 있기 때문이다. 닐은 이렇게 말했다.

"당신이 하는 일이 중요하더라도 날마다 똑같은 일만 하다 보면 자괴감이 들 수 있습니다. 하지만 월요일 아침마다 이렇게 상기시켜주는 시간이 있으면 그런 힘든 순간을 극복할 수 있는 강력한 연료가 되지요."

체인지닷오알지에서도 사람과 사명을 연결하기 위해 이와 비숫한 도구를 활용한다. 우리는 매주 전 세계에서 일하는 모든 팀원들이 참석하는 영상회의를 통해 청원 발제자들의 영상을 공유하거나 때로는 직접 영상회의에 초청해 우리가 그들의 인생을 어떻게 변화시켰는지 듣는다. 그들의 이야기는 항상 감동적이다. 우리 사이트를 사용하는 사람들은 대개 개인적으로 크고 중요한 고난이나 시련을 극복한 경우가 많기 때문이다. 팀원들과 체인지닷오알지 플랫폼 사용자들을 연결하는 것은 팀이 늘 조직의 목표를 마음에 새기게 하는 강력한 도구이며, 특히 재정이나 엔지니어링 등 일상 업무와 목표가 다소 먼 부서에서 일하는 사람들에게 효과적이다.

팀원들의 목적의식을 효과적으로 강화하는 조직들은 제품을 사용하는 소비자와 실제로 그것을 만들고 지원하는 사람들을 밀접하게 연결하거나 서로의 이야기를 공유할 방법을 모색한다. 방법은 수도 없이 많다. 플럼 오가닉스와 체인지닷오알지처럼 소규모 회의를 자주 열 수도 있고, 또는 그보다 훨씬 많은 사람들을 한데 모아 규모는 크되 빈도는 적은 인상적인 행사를 열 수도 있다. 가령 구매자와 판매자, 이베이 직원들이 모이는 이베이 라이브eBay Live처럼 말이다.

아니면 두 가지 방법을 모두 사용할 수도 있다. 이를테면 내가 페이스북에서 일할 때는 두 가지 측면을 모두 활용했다. 정기적으로 그때마다 다른 페이스북 그룹 관리자들을 초청하고, 커뮤니

퍼포스풀

티 서미트Community Summits 같은 대규모 행사를 열기도 했다. 커뮤니티 서미트는 페이스북 직원들과 수백 개의 대형 커뮤니티 관리자들이 만나 서로 교류하는 자리다. 이런 형태의 행사는 팀과 당신의 상품을 사용하거나 대의를 지지하는 사람들뿐만 아니라, 지지자들 사이의 관계까지도 돈독히 다질 수 있다. 비공식적인 만남도 당신의 대의나 상품이 그것으로 삶을 개선하고자 하는 사람들의 니즈를 어떻게 가장 잘 충족시킬 것인가에 대해 팀에게 중요한 가르침을 줄 수 있다. 영향을 끼치고 싶은 사람들에 대해 더 깊이 이해할수록, 그들의 니즈를 만족시키고 당신과 팀원들이 목적과 긴밀히 연결되어 있다고 느낄 확률이 증가한다.

주변으로 확대시키기

닐 그리머는 가치중심적 비즈니스가 새로운 경제의 주축이 되리라는 이야기를 자주 하는데, 목적의식이 일터에서 일하는 사람들에게 강력한 동기와 의욕을 불러일으킬 수 있기 때문이다. 그는 새로운 사업인 해빗Habit을 통해 그러한 사실을 다시금 증명하고자 했다. 해빗은 건강한 생활방식을 추구하는 사람들에게 맞춤화된 건강 테스트와 영양섭취 계획을 제공하는 회사다. 닐이 해빗을 설립한 계기는 플럼 오가닉스와 비슷하다. 기존 회사들이 그의 개인적인 니즈를 충족시켜주지 못했기 때문이다.

닐은 젊은 시절 철인 3종 경기에 참가할 정도로 건강했지만 8년간 플럼을 경영하다보니 주치의의 표현을 빌리자면 'CEO의 대응 기제'에 굴복하고 말았다. 몸에 나쁜 음식과 술, 커피, 그리고 수면 부족 말이다. 닐은 몸무게가 30킬로그램이나 늘었고 마침내 병원을 찾았을 때는 당뇨병 초기 증세가 있었으며 앞으로 심장질환을 앓게 될 확률도 매우 높았다.

의사의 진단을 들은 닐은 단순히 기존의 생활습관을 바꾸는 데서 그치지 않고 아예 바이오해킹에 관심을 갖고 미국, 나아가 전 세계 유수 과학자들을 찾아다니기 시작했다. 심지어 자기 DNA의 게놈 서열을 분석하기도 했다. 그 과정을 통해 닐은 자신의 몸에서 무슨 일이 일어나고 있는지 방대한 정보를 모을 수 있었다. 그는 자신이 겪는 과정이 그에게만 일어나는 일이 아니며, 자신의 개인적인 발견이 다른 사람들에게도 귀한 정보가 될 수 있다는 사실을 깨달았다. 닐은 이렇게 말했다.

"내가 수천 달러를 들여서 전 세계 곳곳의 다양한 전문가들을 만나 얻은 깨달음과 식견을 모든 사람들이 합리적인 가격대로 접근할 수 있어야 하며, 그것이 음식을 통해 자신의 삶을 통제할 수 있는 방식으로 민주화되어야 한다고 생각했지요."

그래서 이후 닐은 자신이 경험한 건강과 음식의 밀접한 관계를 바탕으로 두 번째 사업을 구축했다. 다른 팀원들(그리고 앞으로 그가 스카우트할 사람들)이 처음부터 그의 목적의식을 공유하지 않았을지도 모르지만, 닐의 열정은 수석과학자부터 최고기술

경영자까지 유능한 인재들을 해빗에 고용하며 의욕을 불어넣었다. 뿐만 아니라 닐의 분명하고도 확고한 목적의식은 인간 게놈 프로젝트의 창시자 중 한 명인 르로이 후드_{Leroy Hood} 박사를 비롯해 최고의 전문가들로 구성된 해빗의 자문위원회를 구축하는 데 핵심적인 역할을 했다. 뚜렷하고 확고한 목적은 팀을 고취시킬 수 있을 뿐만 아니라 애초에 훌륭한 팀을 구축할 수 있게 한다.

진척 상황 파악하기

변화가 일고 있는지 알고 싶다면 진척 상황을 추적하고 파악해야 할 필요가 있다. 종종 사람들은 사업의 성공여부를 판단할 때 수익이나 소비자 성장률처럼 기본적인 수량 기준을 사용할 뿐 비전에 부합하는 판단 기준이나 변화 이론은 사용하지 않는다. 확실히 당신의 비전이 선례가 없다면 그와 완벽하게 일치하는 평가 기준을 찾기란 쉬운 일은 아니다.

그러나 무브먼트의 영향력이나 성과를 판단하는 일은 매출이나 일간 접속 사용자를 측정하는 것처럼 간단하고 숫자로 딱 떨어지지는 않아도 팀을 고취시키고 격려하는 데에는 굉장히 중요한 요소다. 사람들은 자신이 하는 일에서 의미를 찾을 때 더욱 의욕을 느끼고, 이를 평가함으로써 자신의 일이 얼마나 중요한지 실감할 수 있기 때문이다.

와튼 경제대학원 교수이자 베스트셀러 작가인 애덤 그랜트

Adam Grant는[4] 미시건대학교의 기금모금 콜센터를 대상으로 진행한 연구에서 의미 있는 일과 동기부여, 그리고 성과와의 상관관계에 대해 증명한 바 있다. 전화를 걸어 모금 요청을 하는 사람들이 자신의 노력 덕분에 장학금 혜택을 받은 학생들[5]과 대화를 나누고 감사 인사를 받게 되자 성과가 급증했다. 한 달도 되지 않아 콜센터 직원과 잠재 기부자의 전화통화 시간은 142퍼센트나 증가했고, 기부금 역시 171퍼센트나 상승했다. 이후 모금액은 점점 증가하여 최종적으로 400퍼센트를 달성했다.

'누구도 무력하지 않은 세상'이라는 비전을 가진 체인지닷오알지의 경우, 영향력을 측정한다는 것은 우리에 대한 사람들의 인식을 이해하려고 노력하는 것과 같다. 처음에 우리는 순수한 양적 기준을 사용했는데, 바로 성공한 청원의 숫자를 분석하는 것이었다. 우리는 승리를 경험한 사람들의 규모에 집중했다. 누군가 참가한 캠페인이 성공했다면, 그것은 그들 자신이 지닌 힘을 깨닫고 세상에 변화를 일으킬 수 있다고 느꼈음을 의미하기 때문이다.

5년 사이에 그 숫자는 8백만 명에서 1억 명까지 증가했다. 이런 판단 기준은 나름대로 장점이 있었지만 그것이 진정으로 사람들이 자신의 힘과 역량에 대해 느끼는 바를 반영하고 있는지는 알 길이 없었다. 그래서 우리는 설문조사에서 사용하는 질적 기준을 활용해 '임파워먼트 지수'라는 것을 개발했다. 이를 성공한 청원과 결합하자 우리 조직이 비전을 향해 전진하고 있는지 보다 분명하게 파악할 수 있었고, 더불어 팀 역시 그들이 창조하고 있는 변화와 자신이 하는 일의 의미를 직접 확인할 수 있었다.

도전과제는 힘이 세다

말도 안 되는 소리처럼 들릴지 몰라도, 팀과 팀원들을 가장 효과적으로 고무시키는 방법 중 하나는 끊임없이 도전과제를 던져주는 것이다. 사람들은 자신이 배우고, 성장하고 있다고 느낄 때 팀의 구성원으로서 더욱 분발하고 대의를 실현하기 위해 노력한다. 이 섹션에서는 유능한 리더가 팀원들의 성장을 장려하고 촉진하는 방법에 대한 몇 가지 사례를 소개한다.

믿고 기대하기

연구조사에 따르면 기대가 높을수록 높은 성과를 낳는다고 한다. 연구자들은 이런 현상을 '피그말리온 효과'라고 부른다. 그리스 신화에서 자신이 조각한 석상과 사랑에 빠진 조각가의 이름을 딴 피그말리온 효과는 권위자의 긍정적 기대가 타인의 성취도를 향상시킬 때 발생한다.

피그말리온 효과는 1966년에 하버드대학 교수인[6] 로버트 로

젠탈Robert Rosenthal이 처음으로 증명했다. 그는 교사들에게 일부 학생들(전체의 약 20퍼센트)을 뽑아 지적 능력이 뛰어난 집단이라고 말한다. 그리고 그들을 8개월 뒤에 다시 지능지수 검사를 해보면 놀라운 결과를 얻을 것임을 예측할 수 있다고 말했다. 그러나 교사들은 그 집단의 학생들이 실제로는 무작위로 선택되었다는 사실을 알지 못했다. 8개월 뒤에 무작위로 선택된 학생들에게 지능지수 검사를 실시한 연구진은 실제로 그들의 점수가 통제 그룹에 비해 현저하게 상승했음을 발견했다. 지적 능력이 뛰어나다고 평가받은 학생들에 대한 교사의 기대가[7] 학생들과의 상호작용으로 변화시켰고, 그 결과 학생들이 자신감을 얻어 실력이 향상되어 지능지수 점수가 상승한 것이다. 그 후로도 피그말리온 효과는 군 모집병에서부터 기업의 영업팀에 이르기까지 다양한 환경에서 여러 차례 입증된 바 있다.

2015년에 리더십 컨설턴트 회사를 운영하는 잭 젱거Jack Zenger와 조지프 포크먼Joseph Falkman[8]은 팀원들에게 높은 성과 점수를 준 관리자와 반대로 지속적으로 낮은 점수를 준 관리자와 함께 일한 사람들의 업무 성과 및 몰입도를 조사했다. 두 집단의 관리자는 모두 자신이 팀에 높은 기대를 하고 있다고 여겼지만, 결과는 현저하게 달랐다. 젱거와 포크먼은《하버드 비즈니스 리뷰》에 이렇게 보고했다.

"보다 긍정적 평가를 받은 사람들은 격려와 지지를 받고 있다고 느꼈으며, 그러한 자신감은 향후 발전과 성장에 대해 낙관적으로 볼 수 있게 해주었다. 반대로 관리자에게 지속적으로 낮은 평가를 받은 직원들은 낙담하거나 당혹해 했으며, 대개는 양쪽 모두를 경험했다. 그들은 자격이 부족하거나 신뢰받고 있지 않다고 느꼈고 따라서 성공하는 것이 불가능하다고 여겼다."

리더들이 팀원들에게 가지는 믿음은, 자기실현적 예언이 되어 관리자들의 신뢰를 받는다고 느껴 실제로 성과가 향상된다. 의도적으로 팀원들에게 높은 평가를 줘야 한다는 얘기가 아니다. 팀원들을 신뢰하는 관리자가 팀을 높은 성과로 이끌 수 있다는 의미다.

사람들에게 높은 기대를 갖고 신뢰하며 기대에 부응하도록 격려하고 지지한다면 그들은 당신이(또는 그들 자신마저도) 기대한 것보다 더 높이 성장할 수 있다.

신뢰와 지지를 받고 있다고 느끼는 사람들은 더 나은 결과를 낼 뿐만 아니라 리더를 존경하고 신뢰하게 된다. 나는 이를 대학 조정팀에서 키잡이로 일하면서, 그리고 내가 일했던 모든 회사에서 목격했는데 그중에서도 가장 인상 깊은 경험은 교사로 사회생활을 처음 시작했을 때의 일이다.

대학생 때 나는 서머브리지 Summerbridge 프로그램에서 여름방학 동안에 학생들을 가르쳤다. 지금은 브레이크스루 Breakthrough 라는 전국 단체가 된 그곳은 열정적이고 의욕에 가득 찬 저소득층 중학생들이 대학에 갈 수 있게 돕는 단체였다. 브레이크스루의 모든 교사는 고등학생이나 대학생이었으며, 스스로 수업 커리큘럼을 만들어 교실에서 자기보다 어린 학생들을 가르치고 이끌며 도와주어야 했다. 거기서 아이들을 가르치기 시작했을 때 나는 겨우 열일곱 살이었다. 어린 나이에 막중한 책임을 맡는다는 것은 굉장히 가슴 벅차고 뿌듯한 일이었다. 그러한 신뢰에 보답하기 위해 나는 더 열심히 일했고, 훌륭한 교사이자 멘토가 되려고 노력했으며, 주변 사람들로부터 최대한 많은 것을 배우려 했다.

프로그램에 참가한 대부분의 학생들은 가족 중 처음으로 대학에 가는 사람이었는데, 그 목표를 이루는 길은 결코 쉽지 않았다. 왜냐하면 많은 아이들은 갱단의 폭력이 난무한 지역에 살면서, 대개는 조부모나 편부모 밑에서 자라거나 영어를 못하는 부모들과 살았기 때문이다. 게다가 많은 학생들이 집에서 어린 동생을 돌보거나 가족의 생계에 보탬이 되기 위해 일을 해야 했다.

하지만 그럼에도 불구하고, 아니 어쩌면 바로 그런 이유 때문에 아이들은 감탄스러울 정도로 열의에 넘쳐 있었다. 길고 복잡한 지원 서류와 자기소개서, 교사의 추천서를 전부 완수하는 것은 물론, 프로그램에 합격하면 여름방학 내내 학교에서 시간을 보내는 것도 감수할 정도로 말이다. 아이들은 방학 동안 놀러다니기는커녕 6주 내내 하루 종일 수업을 듣고 밤에는 2시간 이상

숙제를 했다. 그럼에도 불구하고 그들은 신이 나 있었다.

브레이크스루는 그 아이들이 처음으로 접한 멋진 세상이었다. 배우고 익히는 것을 좋아하는 다른 아이들과 친구가 되고, 몇 살밖에 차이가 나지 않아도 롤 모델이 되고, 그들이 선택한 길의 미래를 확인할 수 있는 곳이었다.

브레이크스루는 진정한 힘과 자신감을 북돋아주었다. 조직과 지도부는 학생과 교사 모두가 결과를 성취할 수 있다는 높은 기대를 품었고, 나아가 그런 기대를 분명히 표현하고 이를 충족시킬 수 있도록 지원했다. 자신이 신뢰받고 있다는 사실을 확인할 수 있었던 학생들은 거의 항상 기대에 부응하거나 심지어는 능가하기까지 했다.

실제로 브레이크스루에 참가한 중학생 중 90퍼센트 이상이 4년제 대학을 졸업했고, 70퍼센트 이상의 학생 교사들이 후에 직업으로 교육 분야를 선택했다. 나조차도 그랬다. 나는 고등학교에서 학생들을 가르쳤고, 피츠버그에서는 직접 브레이크스루 프로그램을 열었다. 그 프로그램은 25년이 지난 지금까지 운영되고 있으며 수천 명의 젊은이들이 집안 최초로 대학 졸업생이 되었다.

또 그중 많은 학생들이 다시 브레이크스루로 돌아와 교사가 되었으며 그중 한 명인 사라 바흐너Sarah Bachner는 몇 년간 이 프로그램의 책임자로 일하기까지 했다. 이것이 바로 무브먼트가 그토록 강력한 영향력을 발휘하는 이유 중 하나다. 충분히 거센 물결을 만들 수만 있다면 최초의 리더가 떠나간 뒤에도 계속해서 이어질 수 있기 때문이다. 내부에서 활동하던 다른 사람이 횃불을 집어 들고 그 뒤를 이어 계속 달려가는 것이다.

샌프란시스코에서 루이 루프부로우Lois Loofbourrow가 창시한 브레이크스루는 미국 전역에서 24개 지부를 운영하고 있으며, 홍콩에도 한 곳을 운영 중이다. 결론적으로 브레이크스루는 지난 수십 년 동안 수만 명의 1세대 대학생들을 배출했다. 학생들의 잠재력을 믿고 그들에게 높은 기대를 품었기에, 학생들 역시 브레이크스루에 열의로 보답한 것이다.

90 대 10 이론

높은 기대를 제도화하고 사람들의 성장을 돕는 한 가지 방법은, 의사결정의 90 대 10 모델이라고 부르는 것을 활용하는 것이다. 90 대 10 모델은 체인지닷오알지를 비롯해 내가 일한 여러 직장에서 사용하던 개념으로, 간단히 말해 각자 자신이 하는 일에 필요한 결정의 90퍼센트를 내릴 수 있어야 한다는 것이다. 나머지 10퍼센트는 승인이나 결재가 필요한 일을 의미한다. 만일 사람들이 스스로 90퍼센트의 결정을 내릴 수 없다면 그건 그들에게 부탁해서는 안 될 일을 부탁하고 있거나 충분한 권한을 부여하고 있지 않다는 뜻이다.

체인지닷오알지에서는 90 대 10 모델을 이른바 '교통신호' 체제를 이용해 실천하고 있다. 아래 내용을 살펴보자.

- 누구든지 그가 내리는 결정의 90퍼센트는 녹색이어야 한다. 즉, 다른 사람의 확인이나 승인 없이도 단독으로 결정을 내릴 수 있어야 한다(참고로, 타인에게 조언을 구하거나 또는 이런 '녹색' 결정에 대해 지침을 요청할 수도 있다. 다만 누군가의 승인이 필요하지 않을 따름이다).
- 결정의 5퍼센트는 빨간색으로, 해당 책임자가 관리자나 상급자의 승인이 필요한 결정이라는 것을 분명히 인식하고 있는 경우다. 대개 번복이 불가능하거나 조직의 다른 부서에 영향을 미칠 수 있거나 대규모 예산이 관련된 결정이다.
- 결정의 나머지 5퍼센트는 노란색이다. 결정이 승인이 필요한 빨간색인지 아니면 혼자서 전진해도 좋은 녹색인지 확신할 수 없을 때 해당 여부를 판단하기 위해 관리자에게 확인을 요청해야 하는 경우를 가리킨다.

이처럼 구체적인 절차를 미리 설정해 놓으면 자신의 결정이 신뢰받고 있는지 확인할 수 있고 의사결정에 관해 동일한 언어로 분명하고 위협적이지 않은 방식으로 논의할 수 있다.

90 대 10 모델을 제대로 적용하고 있는지의 여부는 의사결정

과정을 기록한 일지를 통해 확인할 수 있다. 일반적으로 의사결정 일지에는 누가, 언제, 어떠한 근거를 바탕으로 어떤 결정을 내렸고, 누구와 상의했는지를 기록한다.

이런 검토일지는 두 가지 면에서 유용하다. 첫 번째는 팀원들이 실질적으로 대부분의 결정을 스스로 내릴 수 있는지 확인할 수 있다는 점이다. 그럴 역량이 안 되는 경우에는 해당 일지를 참고로 리더와 팀원들이 공개적인 논의를 할 수 있다. 의사결정 과정이 어디서 실패했는지, 그리고 어떻게, 누가, 어떤 결정을 내리는지보다 분명한 기대를 할 수 있는지에 초점을 맞춰라. 두 번째는 해당 의사결정과 연관되어 있지 않은 팀원들을 확인할 수 있다는 점이다. 구글의 리더십 회의의 경우, 우리는 모든 주요 결정 과정을 파악하고 회의가 끝난 뒤 의사결정 일지를 팀원들 전원에게 배포했다. 그럼으로써 우리는 누가, 어떠한 결정을, 무슨 이유로 내렸는지 투명성을 유지할 수 있었다.

서로 다른 가치관과 경험의 효과

항상 이 점을 명심하라. 다양한 역량과 성장배경, 경험, 다양한 성별과 인종, 연령, 사회경제적 지위, 성적 지향성을 지닌 사람들로 구성된 팀이야말로 가장 높은 성과를 낼 수 있다.

다양성이 뛰어난 팀이 더 혁신적이고, 재정적으로 뛰어난 성과와 높은 성장률, 심지어 질적으로 더 뛰어난 과학 연구 결과를 낳는다는 연구 결과는 수없이 많다. 서로 다른 사고와 다양한 관점을 가진 사람들은 우리가 안전지대에서 벗어날 수 있게 돕고, 다양한 질문을 고려하게 해서 더 넓은 시야를 보도록 자극한다. 그러므로 팀을 고취시킬 방법을 고민할 때는 당신과 다른 생각을 가진 사람들의 도움을 받는 것이 중요하다는 사실을 기억하라. 이는 특히 성장과 발전에 있어서도 굉장히 유용한 도구인데, 사람들은 다양한 관점을 지닌 사람들과 함께 일할 때 사고관을 넓히고 끝없이 배울 수 있기 때문이다.

내게 그러한 사실을 가장 많이 가르쳐준 사람은 남편인 렌이다. 그는 독일과 폴란드계 가톨릭 대가족에서 형제자매 일곱 명과 함께 자랐다. 렌은 피츠버그의 노동자 집안 출신이고, 부모님은 두 분 모두 대학에 가지 않았다. 렌은 군에 입대하고 대학에 갈 수 있었으며, 20년간 군과 주립 방위군에서 복무했다(실제로 그는 우리 결혼식 날에 하루 휴가를 받아 비행기를 타고 날아왔다).

내가 그를 처음 만났을 때 가장 마음에 들었던 점, 그리고 지금까지도 가장 사랑하는 점은 그가 이 모든 경험을 통해 지금의 그가 되었다는 것이다. 렌은 성실하고 창의적이지만 문제해결에 있어서는 서투르며, 언제나 누군가를 도우려는 뼛속까지 친절한 사람이다. 나는 가끔 그와 결혼한 이유가 누군가의 집에서 저녁식사를 할 때면 항상 가장 먼저 일어나 식탁 치우는 것을 도와주는 사람이었기 때문이라고 농담처럼 말하기도 한다.

나는 중상층에 속하는 유대인 핵가족 출신이고 샌프란시스코에서 자랐다. 내 부모님은 동유럽 유대계 이민자라는 소박한 배경을 지녔지만, 두 분 모두 대학을 졸업했고 박사학위 소지자며 전문 분야에서 중역으로 일하고 있다. 그리고 나는 열네 살 때부터 온갖 아르바이트를 하긴 했지만 대학교 등록금 걱정을 해본 적이 없으며 해외여행을 하는 등 지금의 가치관을 만든 수많은 특권을 누리며 살아왔다.

두 가족의 이런 서로 다른 관점은 우리 부부는 물론 딸들에게도 귀한 자산이다. 서로 다른 종교와 계급적 배경, 그리고 세상에 대한 일반적인 관점을 보고 배우고 인식할 수 있기 때문이다. 우리 딸들은 나와 렌이 무척 다르지만 그것이 우리를 갈라놓기보다 오히려 더 단단하게 묶어준다는 것을 볼 수 있다. 우리가 매우 다른 환경에서 자랐음에도 불구하고 많은 공통점을 지니고 있고 서로에게서 많은 것을 배울 수 있다는 것을 알면 누구에게든 무엇이든 배울 수 있다고 생각하게 된다. 실제로 우리는 다르면 다를수록 서로에게 더 많은 것을 배울 수 있다.

내가 다양한 직업을 거치면서 가장 만끽했던 것 중 하나도 나와는 다른 사람들에게 배울 수 있다는 점이었다. 심지어 둘이서 닮은 점이 전혀 없을 때조차도 그랬다. 나와 딜맵Dealmap을 공동창업한 이는 서로 아주 다른 배경과 관점을 갖고 있었다. 우리 둘다 스타트업을 경영하는 것은 처음이었기에 아주 힘든 경험일 수

퍼포스풀

밖에 없었다.

우리가 언쟁을 시작하는 가장 큰 원인은 바로 의사결정 방식 때문이었다. 마이크로소프트에서 일한 그는 위계적이고 상명하향식 구조에 익숙했고, 나는 피드백 중심적인 결정에 익숙했다. 그는 내가 과감하게 결정 내리기를 원했고, 나는 결정을 내리기 전에 다른 팀 리더들의 의견을 듣고 싶어 했다. 첫 1년간 우리는 함께 일할 수 있는 방도를 찾고 문제를 해결하는 네 대부분의 시간을 보내야 했는데, 때로는 그 과정에서 너무 과열된 나머지 회의 도중 다른 팀원들이 불편하지 않게 사무실 밖으로 뛰쳐나가 차 안으로 피신하기도 했다. 하지만 몇 개월이 지나자 우리는 서로의 스타일을 존중하게 되었고, 서로의 다른 점을 배워 더 강해질 수 있었다. 우리는 딜맵을 성공적으로 키워 발전시키고 - 아마 각자 혼자서는 결코 못했을 - 리더로서도 훌륭하게 성장했으며 지금까지도 가까운 사이를 유지하고 있다.

그 어느 때보다도 사회적인 분열과 갈등이 심각한 지금, 서로 다른 가치관과 경험을 지닌 사람들과 관계를 맺고 소통하는 것보다 더 중요한 일은 없다. 다른 사람들을 고무시키는 것은 결코 혼자서 할 수 있는 일이 아니다. 적어도 당신에게 없는 것을 가지고 있는 다른 사람의 도움이 없다면 절대로 혼자서는 잘할 수 없다는 사실을 명심하자.

조언 구하기

2013년, 체인지닷오알지의 사라 라이언_{Sarah Ryan}과 미셸 멜렌데즈_{Michelle Melendez}는 몇몇 동료들과 함께 WHOA(Women Helping Others Achieve, 여성의 성취를 돕는 여성들)의 설립을 돕고 있었다. 그것은 다양한 직급에 있는 여성들을 위해 리더십 기술과 지원 체제를 제공하는 직원 주도의 동료 멘토링 시스템이었다. 그들은 출신 배경도 다르고 다국적 기업의 서로 다른 부서에서 일했지만 여성이 일터와 삶에서 성공하는 것을 도우려면 뭔가가 필요하다고 생각했고, 그 문제를 해결하기 위해 프로그램을 신설하려 했다.

작은 단체를 만들어 내부 논의를 거친 뒤 경영진의 승인까지 얻어낸 미셸과 사라는 그다음 단계가 프로그램에 참여할 수 있는 다양한 사람들의 의견을 취합하는 것이라고 생각했다. 사라는 인터뷰에서 이렇게 말했다.

"우리는 열정과 열의를 지니고 있었고 경영진의 응원과 지지도 받고 있었죠. 그래서 다음 단계는 더 많은 사람들의 다양한 의견을 듣는 것이었습니다. 우리는 모든 부서에서 다양한 종교의 여성 직원들을 모았습니다. 경험 수준이 다양해야 한다는 점도 빠트리지 않았고요. 이 프로그램이 단순히 특정 부서의 소수 여성들이 아니라 체인지닷오알지의 모든 여성 직원들에게 도움이 되려면 사고와 경험의 다양성이 필수였으니까요. 그렇게 시동을 걸고 나니 정말 끝내줬어요. 엄청난 아이디어들이 수도 없이 쏟아졌죠."

그리고 그런 엄청난 아이디어들의 상당수가 프로그램의 주요 요소가 되었다. 미셸과 사라는 조직 내에서 그들 자신은 물론 다른 사람들을 위해 해결해야 할 니즈를 발견했다. 모든 해답을 갖고 있는 건 아니었지만 그들은 행동을 감행했고, 주변 사람들을 끌어들여 사고의 범위를 확장시켰다. 조언을 구해 프로그램을 더욱 확고하고 강력하게 만들었을 뿐만 아니라 리더로서 성장하고 나아가 다른 팀원들에게도 성장의 기회를 제공했다. 다른 사람들을 끌어들여 참여자들끼리 더 돈독한 관계를 맺고, 프로그램과 나아가 리더인 미셸과 사라에게 깊은 유대감과 친밀감을 느끼게 했다.

그들이 활용한 접근법은 아주 성공적이었다. 그로부터 3년이 지난 지금 WHOA는 체인지닷오알지의 거의 모든 여직원이 참가하고 있을 정도로 성장했으며, 단순한 동료 멘토십 프로그램을 넘어 강연을 개최하고 경험을 공유하는 채팅방을 운영하는 등 그 이상으로 발돋움했다.

남에게 조언을 구하는 것은 훌륭한 학습 및 성장 전략이기도 하지만 리더로서 당신의 역량에 대한 인식과 호감을 높이는 효과적인 방법이기도 하다. 하버드 경영대학원의 앨리슨 우드 브룩스 Alison Wood Brooks와 프란체스카 지노Francesca Gino[9]는 다수의 연구를 통해, 남에게 조언을 구하면 똑똑하다는 인상을 주고, 호감을 얻을 수 있다고 시사했다. 사람들은 근본적으로 타인이 자신에게 조언을 구하는 것을 좋아하기 때문이다. 남들이 조언을 요청하면 사람들은 자신이 뛰어나며 인정받고 있다고 느끼는데, 이런 결과는 면접과 업무성과 평가, 심지어 스피드 미팅에 이르기까지 다양한 환경의 다양한 사람을 대상으로 한 수많은 연구에서도 뚜렷하게 나타난다. 다른 사람에게 기꺼이 조언을 구한다면 당신과 당신 팀의 성장을 도울 수 있을 뿐만 아니라 대부분의 사람들이 당신을 더욱 강력한 리더로 인식할 것이다.

지평선 대화의 활용

무브먼트에 대해 장기적인 비전을 키우는 것처럼 팀원들에게 장기적인 비전을 갖게 한다면 동기를 자극하고 성장을 북돋을 수 있다.

내가 자주 활용하는 '지평선 대화'라는 게 있다. 체인지닷오알지의 HR 팀장이었던 데이비드 한라한David Hanrahan에게서 배운 방법인데, 3장에서 이야기한 변화 이론처럼 당신이 원하는 결과를 시작으로 어떻게 하면 그것을 실현할 수 있을지 거꾸로 되짚어가는 것이다.

지평선 대화는 세 부분으로 이뤄진다.

첫 번째 단계는 당신이 이제껏 살아오면서 경험한 역할을 바탕으로 기존에 배운 기술들을 평가하는 것이다. 삶을 되짚어가며 '내가 경험한 것들'을 인식하고, 각각의 역할에서 배운 최고의 교훈들을 끄집어낸다. 그것들이 바로 지금 당신이 갖추고 있는 기술이다.

두 번째 단계는 당신이 이루고자 하는 목표에 대해 생각하는 것이다. '앞으로 5~10년 안에 무엇을 달성하고 싶은가?' 여기서 중요한 것은 지금 당신이 하는 일을 기준으로 당연하거나 저절로 이어지는 것들이 아니라 훨씬 크고 거창하게 생각해야 한다는 점이다. 나는 많은 사람들과 이 활동을 하면서 사업을 시작하는 것부터 정계 입문, 그리고 작가나 예술가, CEO 되기, 나만의 무브먼트 시작하기에 이르기까지 정말 온갖 종류의 목표를 들어봤다. 사람들의 꿈에는 한계가 없다. 나는 어떤 목표를 들어도 딴지를 걸지 않는다. 그게 바로 이 연습활동의 요지이기 때문이다. 드넓은 지평선을 내다보며 뭘 할 수 있는지 꿈꾸기. 그렇게 당신이 원하는 것을 결정하고 나면 그것을 이루는 데 필요한 능력과 기술을 전부 적는다. 잘 모르겠다면 그 역할에 대해 잘 알고 있는 사람들의 도움을 받아 목록을 작성할 수도 있다.

세 번째 단계는 지금 당신에게 있는 능력과 원하는 역할에 필요한 능력의 격차를 확인하고 목표를 달성하려면 무엇을 해야 하는지 파악하는 것이다. 그런 다음 당신이 가고자 하는 저 지평선 너머에 닿기 위해서는 어떤 역할을 하고 프로젝트를 시행해야 할지 곰곰이 생각해본다.

너무 거창해서 불가능해 보이는 목표를 세우는 건 얼핏 미친 짓처럼 보일지 모르지만, 실제로 야심찬 목표를 달성할 가능성을 가장 높이는 방법은 그러한 목표를 정의하고 실현할 방법을 구체적으로 궁리하는 것이다. 무브먼트에 대한 비전과 마찬가지로, 목표를 달성하는 유일한 길은 당신이 원하는 바를 분명히 숙지하고 거기 도달하기 위해 노력하는 것이다. 팀도 마찬가지다. 그들이 진정 더 높이 성장하고 꿈을 이룩하길 바란다면, 그 꿈을 구체적으로 다듬고 전진할 수 있도록 조력해야 한다.

적시적소에 파워10 활용하기

팀과 개인에게 동기를 부여하는 일은 과학적 기술은 물론 섬세한 감각이 필요한 일이기도 하다. 사람들이 긍정적인 방식으로 최선을 다하게 북돋는 한편 지나치게 압박한 나머지 지쳐 나가떨어지지 않도록 미세한 차이를 알고 그 사이에서 균형을 잡을 줄 알아야 하기 때문이다.

조정에는 '파워10'이라는 기술이 있다. 노잡이들이 젖 먹던 힘까지 쥐어 짜 최대한 힘차게 노를 열 번 젓는 것이다. 이미 쉴새 없이 노를 저어 왔더라도 이 열 번은 말 그대로 전력을 쏟아붓는 것인데, 대개 경기 막바지인 결승점을 앞두고 있을 때 경쟁팀을 추월하거나 거리를 벌리려고 쓰는 방법이다.

키잡이는 이 파워10을 언제 실행할지, 그리고 한 경기에서 얼마나 자주 사용할지를 결정하는 사람이다. 나는 수년간의 키잡이 역할을 통해 한 경기에서 할 수 있는 파워10은 두세 번에 불과하며 너무 자주 사용하면 선수들이 체력을 소진해 효율성이 떨어지고, 반대로 너무 사용하지 않는다면 다른 팀들이 파워10으로 우리 팀을 이겨버릴 수 있다는 사실을 배웠다.

파워10 개념은 조직에서 팀을 이끌 때에 유용하다. '인생은 전력질주가 아니라 마라톤이다'는 말은 분명 옳은 말이긴 하지만 몇 번의 전력질주가 결승점에 도달할 수 있게 해준다는 말이 생략되어 있다.

비전을 실현하기 위해 팀을 지휘하고 있고, 팀에 성취감을 심어주고 싶다면, 적시적소에 파워10 기술을 활용하면 기적을 만들 수 있다. 마감 시한에 맞추려고 야근을 하는 것, 모두가 힘을 합쳐 까다로운 결정권자를 설득하는 것, 또는 기술적 문제를 해결하기 위해 머리를 맞대고 의견을 모으는 것, 이 모두가 팀원들을 단결시킬 수 있는 파워10이다. 중요한 것은 이런 전력질주를 너무 자주 사용해서는 안 되며, 꼭 필요할 때에만 '올인'해야 한다. 신중하게 선택한 '올인'의 순간을 활용하면 팀원들을 무리시키지 않고도 충분한 성취감을 맛보게 할 수 있다.

심리적 안정감을 선사하라

의미 있는 목적과 성장을 위한 길을 닦은 후에 초점을 맞출 세 번째 영역은 당신과 팀, 그리고 팀원들 사이에 긴밀하고 신뢰성 넘치는 유대감을 형성하는 것이다. 효율성 높은 구글팀에 관한 2년에 걸친 연구에 따르면[10], 성과가 높은 팀에서 가장 크게 나타나는 특성 중 하나는 바로 심리적 안정감이라 한다.

팀원들이 안심하고 위험부담이 높은 일을 시도하거나 다른 팀원들 앞에서 취약한 모습을 보일 수 있는가? 이 섹션에서는 팀원들 사이에 신뢰를 구축하여 최상의 결과를 낼 수 있게 돕는 심리적 안정감을 높이는 방법과 사례에 대해 알아본다.

유대감 넘치는 깊은 관계 형성하기

어머니가 내게 근성과 투지에 대해 가르쳤다면, 아버지는 타인과 관계를 맺고 유대감을 다지는 것에 대해 가르쳐주셨다. 아버지는 인간관계를 맺는 데 통달한 분이었고, 상대방과 그들의 가족, 관심사, 성장배경에 대해 아는 것을 좋아했다. 그리곤 모든 걸 기억했다. 사람들이 털어놓은 이야기를 전부 기억했기에 그들은 아버지가 자신을 이해한다고 생각했으며 시간이 지날수록 더욱 가까운 관계가 되었다(그 뛰어난 기억력 덕분에 아버지는 보드게임의 일종인 트리비얼 퍼수트의 달인이었을 뿐만 아니라 모든 노래의 가사를 다 알고 계셨다).

아버지는 아주 오랫동안 그런 방식을 고수했는데, 그래서 지금까지도 세상 곳곳에서 그리고 삶의 온갖 단계에서 만난 사람들과 뜻 깊은 관계를 유지하고 있다.

또한 아버지는 솜씨 좋은 이야기꾼이기도 하다. 사람들의 특징을 기억하는 비상한 기억력과 이야기꾼으로서의 재능 덕분에 아버지는 사람들을 능숙한 솜씨로 다채롭게 엮을 수 있었고, 서로를 잘 모르는 사람들 사이에 다리를 놓아 종종 그들을 절친한 친구로 만들었다. 아버지는 그 기술을 활용해 점점 더 촘촘하게 연결되고 방대해지는 인맥을 이용해 직업적으로 더욱 성공을 거뒀으며 나아가 (그보다 더욱 중요한) 한평생 행복과 즐거움을 만끽할 수 있었다.

이는 팀원들과 밀접한 관계를 맺고 싶을 때 필요한 아주 중요한 기술들이다. 누군가와 진심으로 깊은 관계를 맺으려면 그들이 누구이고, 무엇을 중요하게 여기는지 이해하는 것에서부터 시작하라. 상대방을 더 깊이 알고 싶다는 진심 어린 열린 마음으로 접근한다면 팀원들과 더 가깝고 오래도록 유지되는 관계를 맺을 수 있을 것이다.

커뮤니티 구성하기

나는 페이스북에서 날마다 개인들이 육아, 건강관리, 종교, 인종, 정치, 직업, 조류 관찰, 오토바이, 과학적 밈에서 뮤지컬까지 어마어마하게 폭넓은 관심사에 관한 다양한 목적과 정체성을 지닌 사람들을 열정적인 커뮤니티의 형태로 한데 모으고 연결하는 모습을 목격한다. 때때로 이런 커뮤니티는 시간이 갈수록 성장하여 다른 회원이나 친구들을 통해 새 회원이 가입되기도 하며 때로는 제니퍼 카데나스의 허리케인 하비와 자연재해로 피해를 입은 사람들을 돕는 다른 그룹들처럼 하룻밤 사이에 폭발적인 인기를 얻기도 한다.

이처럼 성공적으로 성장한 커뮤니티가 지닌 한 가지 공통점이 있다면 한 명이나 소수의 관리자가 커뮤니티의 '주최자'로서 활동한다는 것이다. 이들은 새로 가입한 사람들에게 환영 인사를 하고, 그룹의 분위기와 문화를 조성하며, 잘못된 행동을 하는 사람을 과감하게 쫓아내면서 주로 초반에 새로운 콘텐츠와 아이디어를 제공한다.

플리커flickr의 창립자인 카테리나 페이크Caterina Fake는 커뮤니티를 시작하는 것은 칵테일파티를 주최하는 것과 비슷하다고 말한 적이 있다. 즉 사람들이 파티장에 도착하면 외투를 받아 걸고, 음료수를 권하며 다른 사람들에게 소개하는 등 편안하게 해주는 것이다(그리고 누군가 불쾌하게 굴 때에도 개입해서 정리한다). 초반에 이런 관리가 잘 이뤄지면 커뮤니티가 스스로 굴러가기 시작하면서 점점 더 많은 사람들이 창시자가 한 것과 비슷한 행동을 모사하기 시작한다. 콘텐츠를 더하고 신입회원을 환영하며 공동체의 분위기를 조성하는 것이다. 그렇게 참여하는 사람들이 늘어나면 커뮤니티는 점차 활발히 번성한다.

일부 커뮤니티가 적극적인 활동을 염두에 두고 출발한다면 - 자연재해 대책 그룹이나 '마이애미 해안을 청소하자'나 런던의 '블랙 택시 살리기' 같은 특정한 목적의 그룹 - 그 외 다른 커뮤니티는 자유로운 관심사나 도전과제, 또는 아이디어를 공유하고 관계를 맺으며 교류를 나누는 안전한 공간이다.

중요한 것은 설령 변화를 만들 의도가 아닌 그룹이라도 일단 목표를 설정하고 나면 회원들을 움직일 힘이 있다는 점이다. 안전하고 서로 연결되어 있다고 느끼는 커뮤니티는 무브먼트의 지지 기반을 형성할 수 있는 훌륭한 도구며, 심지어 무브먼트를 시작하려면 어떤 행동을 해야 할지 확실히 알지 못할 때조차도 그렇다. 커뮤니티는 아이디어를 제시하고 행동 계획을 제안할 수 있다.

그러므로 이미 뚜렷한 비전이나 목적, 계획을 갖고 있든 아니면 목적은 있지만 무엇을 해야 할지 모를 때든, 공통된 목표를 지닌 온라인 또는 오프라인 커뮤니티는 매우 강력하며 변화를 위한 확고한 기반이 될 수 있다.

언제나 함께 뛰기

비즈니스계에서 상황을 흔히 노젓기에 비유하거나 동기부여 포스터에 보트와 조정팀의 이미지를 자주 싣는 데에는 다 이유가 있다(내가 이 책에서 조정팀을 자주 예로 드는 것도 마찬가지다). 모두 한 배를 타고 구호에 맞춰 노를 젓는 것이야말로 팀워크의 정수를 보여주기 때문이다. 여러 사람들이 승리를 향해 한마음 한뜻으로 완벽하게 동작을 맞춰 열과 성을 다하는 것. 나는 키잡이로 일하면서 그런 팀워크를 구축하려면 어떻게 해야 하는지 많은 깨달음을 얻었다.

첫째, 키잡이가 배우게 되는 가장 중요한 교훈 중 하나는, 존중은 노력해서 얻어야 한다는 것이다. 키잡이는 선수들이 고통스러운 상태에 있을 때에도 가능하다고 생각하는 극한까지 밀어붙이도록 독려해야 하며, 다른 노잡이들 앞에서 건설적인 피드백을 줘야 한다. 그렇지 않으면 시합에서 질 수 있기 때문이다(실시간 피드백의 중요성을 알려주는 교훈이라 할 수 있다). 그러기 위해서는 팀원들의 신뢰와 존중이 필요한데 그건 단순히 마이크를 차고 있다는 이유로 저절로 얻을 수 있는 게 아니다.

팀원들로부터 존중받고 신뢰받는 관계를 구축하려면 나도 그들만큼 극한까지 노력할 준비가 되어 있음을 증명해야 한다. 그들과 진흙탕 속에서 함께 구르고 고통을 나눌 수 있다는 걸 보여줘야 하는 것이다. 실제로 나는 보트를 젓지 않는 모든 연습시간

퍼포스풀

을 팀원들과 함께했다. 나란히 모래사장을 뛰고 경기장 계단을 오르락내리락하고 이타카에서 살을 에는 추위 속에서 러닝을 했다. 또 키잡이로서 내가 어떻게 그들에게 도움이 될 수 있을지 모든 피드백을 열렬히 경청했다. 팀원들의 존중을 얻기 위해 최선을 다했고 매 순간마다 깊은 유대감을 쌓았다. 그 결과 팀원들은 보트 위에서 내가 그들의 최선을 이끌어내기 위한 일을 하고 그늘의 감정을 이해하고 합리적인 피드백을 줄 것이라 신뢰했다.

이러한 원칙은 지금도 유효하다. 나는 팀원들에게 중요한 목표를 달성하거나 마감 시한에 맞게 제품을 출시하기 위해 밤늦게까지 일해달라고 부탁할 때마다 늘 그들과 함께한다. 사무실에 남든 아니면 온라인상에서든, 모두가 함께 이 일에 동참하고 있다는 사실을 늘 확인시켜주는 것이다.

또 나를 보다 효율적인 리더로 만들어줄 수 있는 유용한 피드백에 열린 마음으로 귀를 기울인다. 어떤 대의를 위해서건 사람들에게 당신의 무브먼트를 지지해 달라고 부탁할 때는 - 새 제품의 출시를 위해서든 법안 상정을 위해서든 - 그들을 고무시키고 북돋기 위해 항상 옆에서 그들만큼, 아니 그들보다 더 열심히 함께 일할 것임을 보여주어라.

취약성을 솔직하게 드러내기

우리는 무브먼트에 박차를 가하기 위한 필수 요소 중 하나가

'터프함'이라고 생각하는 경향이 있다. 하지만 생각과는 달리 사실 가장 커다란 변화를 유발하는 것은 취약성과 솔직함이다. 특히 취약성이 리더와 팀원들 사이에 확고한 유대감을 형성할 수 있을 때에는 더욱 그렇다. 개인적 고난과 약점을 고스란히 드러내는 것이, 다른 사람들이 당신을 따르도록 북돋고 더 강한 인상을 줄 수 있다는 사실이 얼핏 이해가 가지 않을 수도 있지만, 실은 그것이야말로 내가 체인지닷오알지에서 배운 가장 놀라운 사실 중 하나며 청원을 시작한 사람들에게서 몇 번이고 거듭 목격하는 특성이기도 하다.

휴스턴대학의 교수이자 베스트셀러 작가인 브레네 브라운Brené Brown 같은 전문가도[11] 나와 같은 의견이다. 취약성은 우리가 세상을 새롭게 바꾸는 데 있어 더욱 용기를 낼 수 있게 만들고 남들이 우리를 돕게 만든다.

앞에서 봤다시피 가장 기억에 남는 무브먼트에는 그 중심에 감동적인 스토리가 있는 경우가 많다. 내 기억에 깊이 남은 좋은 사례가 하나 있다. 존 필John Feal은 사회운동가가 아니었다. 그는 뉴욕주 롱아일랜드에 사는 목수 겸 해체 공사 전문가였다. 존은 9.11 현장대원 중 한 명으로, 9월 17일 현장에서 일하던 중 왼쪽 발에 커다란 쇳덩어리를 맞았다. 그는 이 일로 9.11 구호기금에 두 번이나 배상을 요청했지만 두 번 모두 거절당했다. 그의 부상이 '생명을 위협하는 심각한' 것으로 인정됨에도 불구하고 최초의 사건

퍼포스풀

이 발생한 후 96시간 이상이 지난 뒤에 일어났음으로 지원 대상
이 아니라는 것이다.

존은 이 경험을 계기로 자신을 비롯해 부상을 입은 다른 9.11
현장대원들이 얼마나 취약한 위치에 있는지 깨달았다.

"내가 부상을 입은 9월 17일은, 그때만 해도 내 인생 최악의
날이었습니다. 그게 내 인생에서 가장 중요한 날이 될 거라곤 꿈
에도 생각지 못했죠. 내 부상은 끔찍하고 심각했습니다. 중상을
입거나 다른 돌아가신 분들에게 비할 바가 못 된다는 건 압니다.
9.11과 관련된 병 때문에 날마다 혹은 매주 죽어가는 경찰이나
소방관, 아니면 다른 자원봉사자들에 비하면 난 그래도 나은 편
에 속하죠."

그로부터 15년간, 존은 그라운드 제로에서 업무 도중 입은 부
상이나 질병으로 고통받는 9.11 현장대원들이 의료혜택을 받을
수 있도록 치열한 싸움을 벌였다. 그는 결국 9.11 현장대응반의
의료 치료를 위해 1억 2천5백만 달러의 보조금을 지원하는 월
시 개정안을 승인받는 데 성공했고, 2005년에는 필굿 재단FealGood
Foundation을 설립해 의료 관련 사안과 사회운동에 힘을 보태고 있
으며, 2015년에는 체인지닷오알지에서 자드로가 테러보상법
(Zadroga Act, 그라운드 제로에서 구조 및 복구 작업을 하던 중 얻은 병
으로 사망한 뉴욕시 경찰 제임스 자드로가의 이름을 딴 법이다)의 의
료혜택 기간[12]을 영구적으로 연장하도록 의회에 요청하는 청원

을 시작했다.

존은 자신의 취약성을 깨닫는다는 게 어떤 것인지, 그리고 그 덕분에 어떻게 다른 사람을 열심히 돕게 되었는지 설명했다.

"나는 내가 보 잭슨(Bo Jackson, 전설적인 운동선수로 야구선수 겸 미식축구 선수 - 옮긴이)이 아니고, 존 웨인도 아니라는 걸, 아주 평범한 사람이라는 걸 배워야 했습니다. 머릿속에서 난 세계 최고의 운동선수였거든요. 하지만 나도 실수를 할 수 있고 다칠 수 있고, 몸의 절반을 잃고 피를 흘릴 수 있다는 사실을 겸허히 받아들여야 했지요."

존은 자신의 취약성을 시인함으로써 9.11 현장대원들의 의료 혜택을 확보하기 위한 무브먼트에서 더욱 유능한 리더가 될 수 있었다. 그가 도움이 필요하다는 사실을 스스로 인정할 수 있었기에 다른 사람들 역시 그럴 수 있다고 깨달았다. 개인적인 이야기와 경험을 털어놓자 점점 더 많은 사람들이 도움을 주고 싶어 했다. 존은 말했다.

"나는 남들을 돕는 사람으로 알려지게 됐죠. 누군가 노동자 배상이나 사회보장제 심리에 참석해야 하면 나도 함께 갑니다. 그런 데선 개인적인 이야기를 털어놔야 하는데, 그러면 오래된 상처를 헤집게 되거든요."

그러나 개인적인 이야기를 들려주고자 한 그들의 노력은 자드로가 법안을 상정할 때나 그 혜택 범위를 늘릴 때나 매우 훌륭한

퍼포스풀

효력을 발휘했다. 존은 처음에는 활동가로서 미흡했을지 몰라도 지금은 그 역할을 충실하게 이행하고 있다.

"나는 단점이 많은 사람입니다. 발도 절반밖에 없고, 무릎도 안 좋죠. 등도 아픕니다. 외상 후 스트레스 장애를 갖고 있고, 신장은 하나뿐입니다. 만일 나처럼 신체적, 정신적으로 흠이 있는 사람이 의회에 딴지를 걸 수 있다면 그보다 훨씬 똑똑하고 뛰어난 사람이 무슨 일을 할 수 있을지 상상해 보십시오. 9.11 커뮤니티의 안팎에 있는 사람들은 내 눈에서 뜨거운 열의와 의지를 봤어요. 난 그저 인간의 생명과 관련된 문제에 있어서는 '안 된다'는 대답을 받아들여선 안 된다는 것을 보여준 것뿐입니다."

존 필은 인생 최악의 순간을 겪었고, 이를 다른 사람들을 위해 투쟁할 수 있는 기회로 탈바꿈시켰다. 그는 자신이 이룬 성취에 대해 놀랍도록 겸손하며, 자신의 취약성을 남들에게 밝히는 것이 당신과 당신의 대의에 유대감을 느끼게 할 수 있는 강력한 도구가 될 수 있음을 보여줬다.

누구에게나 뭔가 있다

팀을 격려하고 북돋는다는 것은, 당신이 목표로 하는 비전뿐만 아니라 함께 일하는 사람들 또한 소중히 여기고 있음을 알려주는 것이다. 그리고 그것을 알려준다는 것은, 다른 사람들이 무브먼트의 실천을 위해 얼마나 헌신적으로 노력하든 그 바깥세상에 삶과 가족, 또 다른 헌신의 대상이 있음을 이해하고 있다고 말해주는 것이다.

2015년에 나는 삶과 일이 긴밀하게 얽혀 있어 분리가 불가능하며 그 사실이 일의 미래를 어떻게 바꾸는지에 대해 런던에서 강연을 한 적이 있다. 나는 청중들에게 이야기의 핵심을 이해시키기 위해 삶과 일이 복잡하게 상호연결되어 있음을 보여주는 사건들을 경험한 적이 있는지 일련의 질문을 던졌다. 질문을 네다섯 개쯤 던졌을 즈음에는 대부분의 청중이 그렇다는 의미로 자리에서 일어나 있었는데, 아마 그때쯤이면 내가 무슨 말을 하고자하는지 다들 분명히 이해했을 것이다.

내가 던진 첫 번째 질문은 "일터에 있을 때 당신이나 가족의 건강과 관련해 심각한 소식을 알리는 전화를 받아본 적이 있습니까?"였다. 그 순간 거의 모든 사람들이 자리에서 일어났다. 질문을 한 나조차 놀랐을 정도였다.

대단히 강렬한 순간이었다. 참석자들은 주위를 둘러보며 우리가 생각보다 훨씬 많은 공통점을 지니고 있는 나약한 인간임을 실감했다. 모두의 머릿속에 그때의 기억이 솟구쳐 왠지 서로에게 동질감과 연민을 느껴야 할 것 같았다. 여느 때와 다름없이 평범해 보이는 날에 주변 사람들이 실은 어떤 일을 겪고 있는지, 우리는 짐작조차 하지 못한다.

나는 〈굿모닝 아메리카〉의 공동앵커인 로빈 로버츠_{Robin Roberts}가 쓴 《누구에게나 뭐가 있기 마련_{Everybody's Got Something}》이라는 책을 좋아한다. 그녀의 삶을 다룬 이 회고록은 특히 유방암과 뒤이어 찾아온 희귀 혈액암에서 생존한 경험에 대해 중점적으로 서술하고 있는데, 중요한 것은 바로 그녀가 세상을 바라보는 태도다. 로빈은 서문에서 이렇게 썼다.

"내 고향 미시시피에는[13] 고난은 누구에게나 차별 없이 공평하게 닥쳐온다는 인식이 있다. 어머니는 항상 이렇게 말씀하시곤 했다. '누구에게나 뭐가 있기 마련이다.'"

로빈은 NPR의 〈위캔드 에디션 선데이_{Weekend Edition Sunday}〉에서 이렇게 말했다.

"아직도 기억나는데… 2007년에 유감스럽게도 유방암 선고를 받았을 때[14], 나는 '와우'의 순간을 경험했어요. 나한테 이런 일이 닥쳤다는 걸 믿을 수가 없었지요. 왜 하필 나야? 그런데 어머니가 아주, 더할나위 없이 부드럽고 상냥한 어조로 말씀하셨죠. '얘야, 누구에게나 뭐가 있기 마련이란다.' 그 말씀은 내게 아주 깊은 인상을 남겼어요. 마치 내가 겪는 일이 딱히 심각한 것도 아니고 중요한 것도 아니고, 그저 다른 사람들도 똑같이 겪는 평범한 일이란 느낌이었지요."

당신과 함께 일하는 사람들이 어쩌면 지금도 힘겨운 고비를 겪고 있을지 모른다는 사실을 명심한다면 이해심 넘치는 리더로서 팀원들로부터 더 큰 신뢰를 얻을 수 있다. 팀원들이 일터 바깥의 삶에 대해서도 서로 편안하게 공유할 수 있다면 그들은 회사나 당신이 추구하는 대의를 위해 더욱 충실하게 임할 것이다. 왜냐하면 동료들이 항상 든든하게 지지해줄 것임을 안심하고 믿을 수 있기 때문이다.

나는 부모나 배우자의 죽음, 이혼, 중독, 정신장애가 있거나 자살 위험이 있는 자녀 등 인생의 수많은 고난을 겪은 팀원들과 함께 일했다. 그들에게 우리가 항상 옆에 있고 힘든 일을 함께 헤쳐나갈 것이라고 알려준다면 진정으로 굳건하고 끈끈한 유대감을 구축할 수 있다.

이 교훈은 개인적으로 내게도 무척 친숙하다. 나 역시 직장에서 일할 때 이런 상상도 못할 순간들을 겪었고 이를 극복하기 위해 주변 사람들에게 의존해야 했기 때문이다. 솔직히 이 섹션을 쓰는 것 자체가 내게는 고통이다. 나의 '누구에게나 뭐가 있기 마련'의 순간은 내 인생 최악의 날이었고 이야기를 꺼내는 것만으로도 그때의 감정이 물밀듯 밀려오는 것 같다.

하지만 나는 우리 모두가 그런 순간을 겪었다는 사실을 아는 것이 중요하다고 생각한다. 우리는 모두 내가 견딜 수 있을지 확신할 수 없는 힘든 순간들을 겪고 또 극복해 낸다. 나보다 더 힘들고 끔찍한 일을 경험한 사람들이 많다는 건 알지만, 내 이야기가 누군가에게 도움이 될 수만 있다면 여기서 털어놓고 싶다.

이 이야기는 아주 아름다운 어느 봄날에 시작된다. 나는 야후 팀원들과 함께 산타크루즈에 있는 와인 양조장에서 팀빌딩 활동을 하고 있었다. 그날 오후 늦게 남편에게서 전화가 걸려왔다. 우리 딸 에마가 학교 운동장에서 사고를 당했다는 것이다. 앞을 안 보고 뛰어오던 어떤 아이와 부딪치는 바람에 머리를 시멘트 바닥에 세게 부딪쳤다고 했다.

학교는 구급차를 부르지 않았다. 렌이 곧 도착하리라는 것을 알고 있었기에 그들은 그냥 기다렸다. 학교에 도착한 렌이 에마를 안아들자 교사는 아이가 울음을 멈추지 않아 뭔가 잘못되었다는 걸 알았다고 말했다. 렌은 에마를 살펴보고 상태가 좋지 않다는 것을 알았다. 그는 내게 전화를 걸어 에마를 응급진료센터로 데려간다고 말했다. 그리곤 아이와 말할 수 있게 전화를 바꿔주었다. 나는 에마의 신음소리를 들었다. 에마는 내 질문에 대답하지 않았다. 그리고 그제야 나는 에마의 상태가 정말로 나쁘다는 것을 깨달았다. 그때 뱃속에서 욕지기가 올라오던 느낌이 아직도 기억난다. 나중에 렌이 응급진료센터에 도착해 의사가 911에 전화를 걸었고, 그래서 에마와 함께 응급차를 타고 응급실로 가고 있다고 연락을 해왔을 때에는 그보다 더 끔찍한 기분을 느껴야 했다.

에마는 겨우 일곱 살인 초등학교 1학년이었다. 숨을 쉴 수가 없었다.

나는 차로 한 시간 거리에 있는 산속의 양조장에 있었다. 그 순간만큼은 무엇도 중요하지 않았다. 나는 당장 병원으로 가야 했다. 여기까지 카풀로 왔기 때문에 몰고 갈 차가 없었지만 친절한 다른 팀원의 차를 얻어 타고 산 밑으로 내려갈 수 있었다. 폴린 스트리즈랜드Paulien Strijland 는 나를 곧장 응급실로 데려다주었다. 나는 그녀에게 진심으로 감사했다.

응급실에 도착해 에마를 찾았을 때, 내 눈에 가장 먼저 들어온 것은 렌의 얼굴이었다. 그의 얼굴은 하얗게 질리다 못해 거의 파랗게 보였다. 에마는 뇌 CAT 스캔을 찍고 있었는데, 내가 검사실로 걸어 들어간 순간 아이가 발작을 일으켰다. 의식불명에 빠진 에마의 작은 몸이 격렬하게 뒤틀렸다.

렌과 나는 두려움에 마비되어 꼼짝도 하지 못했다. 우리 소중한 딸을 도울 방도가 없었다. 의사들이 달려와 에마를 CAT 기계에서 끄집어내 수술실로 데려갔다. 그들은 에마에게 관을 삽입해 인위적으로 혼수상태를 유도한 후, 뇌의 붓기나 뇌출혈 때문에 발생한 압력을 낮추기 위해 두개골에 구멍을 뚫어야 할지 한동안 지켜봐야 한다고 말했다. 다리가 후들후들 떨려 서 있지도 못할 지경이 되자 누군가 내게 의자를 가져다주었다. 나는 에마가 어떻게 될지 몰라 무서웠고, 이런 상황에서 너무 나약하게 군다는 사실에 나 자신에게 화가 났다.

며칠 동안 우리는 집중치료실에 누워 있는 딸아이의 옆을 지키며 그 애를 잃을까봐 노심초사했고, 결국 의사들은 뇌의 붓기가 빠진 후 에마를 혼수상태에서 깨웠다. 엄청난 안도의 기쁨이 몰려왔다. 잠시 후에는 사고로 에마의 뇌에 영구적인 손상이 생기지는 않을까 새로운 종류의 의문과 두려움이 몰려왔다.

입원한 내내, 나는 집중치료실에 있는 에마의 침대 옆에 앉아 있었다. 아이가 뭔가를 처음으로 하는 데 성공할 때마다 이제는 괜찮아질 거라는 안도감에 얼마나 기뻤는지 아직도 생생하게 기억난다. 에마는 그 뒤로 몇 주 간 학교에 가지 못했고 몇 달 동안은 항경련제를 복용해야 했지만 천만다행으로 완전히 회복해 학교로 돌아갔고, 학기 말에는 1학년 뮤지컬 〈공주님과 펭귄〉에서 주인공을 맡을 수 있었다. 나로서는 에마가 무대에서 공연하는 모습을 봤을 때만큼 행복했던 적은 없었던 것 같다.

에마가 다친 날은 내 인생 최악의 날이었지만 동시에 보다 예리하고 새로운 관점을 키울 수 있는 계기이기도 했다. 한순간에 세상이 완전히 뒤집어진다는 것이 어떤 느낌인지 체감했을 뿐만 아니라 인생에서 중요한 것들이 정말 얼마나 소중한지 절실히 깨달았기 때문이다.

지금 와서 생각해 보면, 우리가 생각보다 훨씬 강인하다는 것도 알게 되었던 것 같다. 하지만 나는 그때의 경험을 통해 우리 주변에 쌓은 튼튼한 요새가 – 안전하고 안정적인 느낌 – 언제든 무너질 수 있다는 것을 배웠다. 그런 것들이 존재한다는 사실에 항상 감사하라. 그 뒤로 나는 얼마 동안 집을 비워야 할 때면 가족들에게 사랑한다는 말을 절대로 잊지 않는다.

그리고 아무리 사소한 것이든 매 순간마다 그들과 함께 있음으로써 느끼는 행복과 만족감을 가슴 깊이 만끽하려고 노력한다. 그러한 순간들은 가족이나 친구들과 함께 시간을 보내고 삶의 좋은 것들에 감사하는 것이 얼마나 중요한지 뿐만 아니라 의미 있는 일을 하고 진정한 삶을 산다는 것이 얼마나 중요한지를 깨닫게 해준다.

리더에게 연민과 이입은 우리가 지닌 가장 중요한 능력 중 하나다. 다른 사람의 입장을 이해하고 세상을 다른 사람의 관점으로 바라보려고 노력하거나, 적어도 그러한 관점에 대해 경청하고 배우기 위해 애쓰는 것은 당신이 추구하는 대의가 무엇이든 리더로서 신뢰를 얻는 데 결정적인 요소다.

최선의 의도를 가정해 보기

연민이 중요한 리더십 기술이라고 말하는 것은 쉽지만 실제로 그런 감정을 꾸준히 간직하고 실천하는 것은 어려운 일이다. 나는 일터에서 측은지심을 발휘하는 데에는 뛰어나지만 삶의 모든 면에서 그런 태도를 유지하는 것은 결코 쉽지 않다. 특히 운전을 할 때가 그렇다. 조금 창피한 이야기지만 나는 누가 깜박이를 켜지 않고 차선을 바꾸거나 신호등이 녹색으로 바뀌었는데 늑장을 부리면 혼잣말로 욕설을 하는 부류다.

"아, 저 인간 대체 왜 출발을 안 하는 거야!"

체인지닷오알지의 창립자이자 CEO인 벤 래트레이Ben Rattray 는 나와 한 차에 탈 때면 종종 화가 나더라도 이해심을 발휘해야 한다고 일깨워준다.

"저 사람이 방금 해고를 당했을지도 모르잖아!"

그가 과장해서 극단적인 예시를 든다는 건 알지만 사실 그의 말이 옳다. 그의 핀잔은 내가 남들이 어떤 처지에 있는지 알 도리가 없다는 사실을 상기시켜준다.

체인지닷오알지에는 황금률이 있다.

"최선의 의도를 가정하라."

우리가 다른 사람의 의도를 완전히 이해할 수 없다는 사실을 주지시킬 때 사용하는 문구다. 많은 연구조사에서 사회심리학자 들이 '기본적 귀인 오류'[15]라고 부르는 것을 증명하는데, 간단히 말해 사람들이 타인의 부정적 행동을 주로 내적 기질 탓으로 돌리는 행위를 가리킨다. 이를테면 그들이 처한 상황 요인을 고려하기보다 '그 사람 성격'이 문제라고 말하는 것처럼 말이다.

그리고 별로 놀랍지는 않지만, 우리는 자신의 행동을 해석할 때 정확하게 그 반대로 평가하는 경향이 있다. 누군가의 행동이 우리에게 어떤 영향을 끼치는지 밝히는 건 좋지만, 상대방의 의도를 묻지도 않고 혼자서 지레짐작하느니 기본적으로 이해심을 발휘하는 편이 훨씬 도움이 된다.

아니면 주변 사람들에게 연민을 갖고 상대방의 의도를 최대한 긍정적으로 가정한다면, 갈등을 줄이고 바람직한 장기적 관계를 맺는 동시에 더 나은 결과를 이끌어낼 수 있다. 이런 개념을 'MRI(Most Respectful Interpretation, 가장 존중적인 해석)'라고 칭하기도 하는데, 브레네 브라운은 '너그러운 가정hypothesis of generosity'이라고 부른다.[16] 이는 다른 사람의 의도와 행동, 말을 최대한 너그럽고 호의적으로 해석하는 것이다.

최선의 의도를 가정하거나 이른바 너그러운 가정을 사용하면 우리 자신에게도 좀 더 너그러워질 수 있다. 내 친구 케이트 갬블 딕먼Kate Gamble Dickman은 2017년 초반[17] 남동생 스콧이 숨을 거뒀을 때 내가 읽은 것 중 가장 아름다운 글을 온라인에 올린 적이 있다. 슬픔과 애도, 그녀의 남동생, 그리고 가족과 친구들의 응원과 지지에 대한 아주 감동적인 글이었다. 내가 가장 좋아하는 부분은 케이트가 스콧의 삶을 기리는 추도회에 참석한 후 호텔로 돌아갔는데 그제야 자신이 누군가를 껴안을 때마다 안에 입은 스팬스(보정속옷)가 보였다는 사실을 깨달았다는 대목이다. 케이트는 이렇게 썼다.

"행사가 끝난 뒤, 나는 완전히 녹초가 되어 호텔로 돌아갔다. 그리곤 팔을 들어 누군가를 껴안을 때마다 윗옷이 말려 올라가 속에 입은 스팽스가 보였다는 사실을 그제야 깨달았다. 나는 웃지 않을 수가 없었다. 그날 저녁 내내 만나는 모든 사람들을 포옹하고 다녔기 때문이다. 두 사람을 함께 껴안기도 했다. 그때마다 내 작고 불쌍하고 통통한 이 뱃살이 모두의 눈앞에 훤히 드러났던 것이다. 이 어찌 즐겁지 않을 수 있으랴. 눈에는 눈물이 잔뜩 고여 있고 스팽스를 훤히 드러낸 채. 아무런 경계도, 나 자신이나 다른 사람에 대한 보호막노 없이, 허세도 위선도 없이. 내 스팽스는 내가 느끼는 안정감을, 그 모든 사랑을, 그 순간의 감정을 적나라하게 드러내고 있었다. 스콧의 지난 40년 인생을 추모하고 기리는 자리에서."

우리 모두는 스팽스를 입는다. 문자 그대로든 혹은 비유적으로든, 두려움과 불안감을 숨기기 위해서 말이다. 만일 우리가 서로와 우리 자신에 대해 최선의 모습을 상정하고 사랑한다면 설사 스팽스를 드러내고 다니더라도 세상은 더 좋은 곳이 될 것이다.

동료를 더 깊이 알아가기

팀원들과 긴밀한 관계를 맺을수록 더 강력한 팀이 된다는 전제를 바탕으로 내가 체인지닷오알지에서 배운 몇 가지 요령을 적용한다면, 보다 전통적인 일터 환경에서도 강한 유대감을 맺을 수 있다. 사회개혁 부문에서는 힘든 일을 함께 버티고 헤쳐나갈 수 있게끔 사람들이 서로에 대해 배우고, 깊고 진실한 관계를 맺는 경우가 흔하다.

이제는 학교와 회사처럼 점점 더 많은 조직에서 이 같은 모습이 나타나고 있다. 때때로 전통적인 조직에 익숙한 사람에게는 너무 스스럼없거나 과한 방식으로 실천될 수 있지만, 체인지닷오알지에서 많은 사람들을 통합한 결과, 나는 우리가 가장 회의적인 엔지니어와 사업가들의 마음을 얻는 데 성공했다고 자랑스럽게 말할 수 있다. 여기 내가 효과를 거둔 몇 가지 활동을 제시한다.

- **라이프라인**: 사람들을 소집단으로 나누어 오늘날의 자신이 되는 데 가장 큰 영향을 미친 중요한 순간이나 사건을 3~5가지 정도 적어 보게 한다. 참가자들 사이의 경계심을 무너뜨리고 서로에 대해 더 깊이 배울 수 있는 효과적인 방법이다. 대화 내용은 집단 내에서 철저하게 비밀로 부쳐져야 막대한 신뢰감을 다질 수 있다. 나는 사랑하는 사람의 죽음과 인종차별, 존경하는 멘토에 대한 회상과 흔치 않은 일자리 기회 등 수많은 이야기를 들었다. 팀원들 사이의 관계를 더욱 돈독히 할 수 있는 좋은 기회를 만들어준다.
- **스토리텔링**: 라이프라인 연습활동을 토대로, 그보다 더 큰 집단 앞에서 자신의 인생에 관한 의미 깊은 이야기를 털어놓는다. 우리 회사에서 주최한 활동 가운데 가장 인상적이었던 것은 캠프파이어 주위에 둘러앉아 사적인 이야기를 털어놓는 시간이었

퍼포스풀

다. 열 명의 사람들이 모든 팀원들 앞에서 그들의 삶에 관한 이야기를 하겠다고 자원했는데, 모두 사전에 연습을 해 둔 상태였다. 그날 밤 우리는 그들의 이야기를 듣고 웃고 또 울었으며, 그토록 소중한 이야기를 모두에게 기꺼이 들려준 용기와 대범함에 감사했다. 그들의 솔직한 태도는 모두가 서로에게 쉽게 마음을 열 수 있게 해주었다.

• 평가: 내가 아는 한 집단 내에서 신뢰를 구축하는 가장 효과적인 방법 중 하나는 서로를 높이 인정하고 칭찬하는 것이다. 프로젝트를 마쳤을 때 또는 워크숍에서 우리는 서로를 칭찬하고 인정하는 시간을 가진다. 둥그렇게 모여 앉아 각자 몇 분씩 다른 사람에게 칭찬을 받고, 다른 사람들은 특정한 일화나 사례를 들어 그 사람의 어떤 점이 왜 훌륭한지 이야기한다. 전원이 다 발언할 필요는 없지만, 나는 다들 할 말이 너무 많아 주어진 시간이 부족한 경우가 태반이라는 걸 깨달았다. 오해는 말도록. 다른 사람들 앞에서 칭찬받는 건 사실 꽤 어색한 일이다. 쉽게 경험할 수 있는 일도 아닐뿐더러 마음이 그리 편한 일도 아니다. 그렇지만 동시에 아주 감동적이기도 하다. 평소에 우리는 굳이 다른 사람을 칭찬하거나 왜 그들을 존경하는지 잘 털어놓지 않기 때문이다. 이런 활동은 생각한 것보다 훨씬 강력한 위력을 지닌다.

이러한 활동들은 동료들 사이에 더 깊고 돈독한 관계를 구축하며, 더욱 효과적으로 협력할 수 있게 돕는다. 특히 갈등을 해결하는 데 탁월하다. 두 사람 사이의 관계가 기본적으로 가깝고 굳건할 경우 갈등은 쉽게 해결되거나 아예 처음부터 회피된다. 그리고 동료들에 대해 깊이 알게 될수록 사람들은 앞에서 말한 것처럼 최선의 의도를 가정하게 된다.

실제로 팀원들이 동료와의 갈등 때문에 나를 찾아올 때마다 내가 가장 먼저 하는 충고는 "일단 그 사람이랑 술을 마시러 가요."이다(술이 아니라 차 한잔이라도 상관없다). 누군가를 잘 알게 되면 모든 게 보다 간단해진다.

때로는 이런 기술들이 그들 조직에서는 효과가 없을 거라는 회의적인 사람들을 만나게 된다. 그들은 이런 아이디어가 기발하고 사회변혁을 추구하는 회사에서는 효과적이겠지만 다른 곳에서는 별 쓸모가 없을 거라고 말한다.

내 생각은 다르다. 우리 엔지니어와 회계사들이 이런 활동을 좋아한다면 다른 곳에서도 통하지 않을까? 사람들이 서로를 더 깊이 이해하게 돕는 도구들은 대학이나 사업체, 나아가 스포츠팀에 이르기까지 어떤 조직에도 가치를 더해줄 수 있다. 어쨌든 스팽스 밑에는 평범한 사람이 있을 뿐이니 말이다.

기꺼이 유머의 대상이 되어라

신뢰를 쌓는 마지막 방법은 내가 조정선수 때부터 쭉 활용하던 것이다(정말이다. 조정과 관련된 예시를 들고 오는 건 이게 마지막이다). 어반 딕셔너리Urban Dictionary에서 키잡이 항목을 찾아보면[18] '시합에 이기면 (대개 아주 더러운) 물속에 던져진다'라는 대목을 읽을 수 있다. 진짜로 이렇게 적혀 있다. '(대개 아주 더러운) 물속에'라고. 안타깝게도 그 말은 사실이다.

미식축구 선수들이 수퍼볼 시합이 끝나고 감독에게 게토레이 세례를 하는 것처럼 조정선수들은 시합에 승리하면 키잡이를 물속에 내던진다. 나만 해도 미국의 동해안과 서해안을 통틀어 수많은 지저분한 호수와 강에 내동댕이쳐진 경험이 있다는 사실을 자랑스럽게 밝히는 바이다.

조정팀의 노잡이들은 키잡이에 대한 궁극적인 신뢰의 결과로, 그들이 어디로 가는지 보지 못한다. 그들은 키잡이가 알아서 올바른 방향으로 인도하며 용기를 북돋고, 팀뿐만 아니라 개인으로도 더 나은 성과를 내도록 독려하리라고 완벽히 믿고 신뢰한다. 그리고 그런 궁극적인 신뢰와 극도의 노력에 대한 보답으로 그들은 키잡이에게 '팀을 위해 딱 한 번만 희생해줄 것'을 요구한다. 키잡이를 물속에 내던지는 것은 축하와 해방감을 표출하는 행위다.

이는 모든 리더에게도 마찬가지다. 때로 신뢰와 충성심을 키우는 가장 좋은 방법은 팀의 농담거리가 되거나 창피를 당해주는 것이다. 나도 우리 팀이 승리를 축하하거나 재미있게 놀 때면 나를 희생양 삼을 수 있게 장단을 맞춰주곤 한다. 회사 뮤지컬에서 낄낄대며 웃는 사악한 마녀 역을 하는 건 물론이요(그렇다. 회사 뮤지컬 말이다), 내가 할로윈 코스튬으로 무엇을 입을지 팀원들의 투표에 맡기기도 했다(한번은 보라색 유니콘 인형옷을 입었고, 또 어떤 해에는 거대한 햄버거가 되기도 했다). 누구나 이런 일을 하는 리더들을 좋아하지 않나? 나는 탁월하고 유능한 리더들이 저스틴 팀버레이크처럼 입고 뛰어다니며 노래를 부르거나 회사 로고를 문신으로 새긴 것도 본 적이 있다.

수많은 연구들에서 유머감각이[19] 직장에서 유대감을 형성하고 신뢰를 다지는 효과적인 수단임을 보여준다. 사회적 결속력과 관련된 호르몬인 옥시토신의 분비를 자극하기 때문이다. 실제로 일부 경영대학원에서는[20], 이를테면 스탠퍼드대학 교수인 제니퍼 아커Jennifer Aaker와 나오미 배그도나스Naomi Bagdonas의 〈유머: 진지한 사업〉처럼 아예 유머 강좌를 개설하기도 한다.

그러므로 팀원들로부터 신뢰와 지지를 얻고 싶다면 가끔 당신을 상상 속의 호수에 내던지게 해주어라.

팀원들이 효과적으로 함께 일할 수 있게 돕는 것은 무브먼트를 성장시키는 데 핵심적인 단계다. 당신이 이끄는 무브먼트가 성장할수록, 당신은 성공적인 무브먼트라면 필연적으로 맞닥뜨릴 수밖에 없는 가장 어렵고 힘든 난관에 부딪치게 될 것이다. 바로 비판이다. 비판과 반대의 물결에 대응하고 나아가 이를 당신의 강점으로 활용하는 방법을 알아낼 수만 있다면 무브먼트는 계속해서 확산되고 성공하는 결정적인 차이를 만들 수 있다.

6

부정 요소에 속지 마라

비판을 지렛대로 삼아라

트롤에게 먹이를 주지 말 것.[1] 멍청이들은 받아줄
필요가 없다.

- 스콧 스트래튼 Scott Stratten

피드백을 두려워 마라

회사를 성장시키든 새 법안을 발제하든 아니면 조직이나 공동체에서 새로운 프로그램을 시작하든 비판은 피해갈 수 없다. 특히 당신이 뭔가를 성공적으로 해내고 있다면 더욱 그렇다. 뭔가를 바꾸고자 할 때면 비판은 저절로 딸려오게 되어 있다. 비판자들은 당신이 하고자 하는 일에 동의하지 않을 수도 있고 아니면 당신이 하는 일에는 동의하지만 그 방식에 동의하지 않을 수도 있다. 때로는 그저 당신의 목소리를 억눌러 지우려는 것일 수도 있다. 또 비판은 당신이 더욱 나아질 수 있게 돕고 싶어 하는 사람들이 제안하는 의견일 수도 있다.

사실 타인의 피드백은 반가운 선물이며, 설사 불편하게 느껴질 때에도 그렇다. 그 부분에 있어서는 앞으로 더 자세히 이야기하도록 하자. 하지만 어쨌든 변화를 일구고자 하는 사람이라면 유용한 종류든 아니든 간에 비판에 직면할 각오를 해야 한다. 아마존닷컴Amazon.com의 창립자이자 CEO인 제프 베조스Jeff Bezos의 말을 빌리자면 다음과 같다.

"비판을 참을 수 없다면[2] 새롭거나 재미있는 일을 하지 않으면 된다."

변화를 이룩하는 과정에서 당신이 맞닥뜨릴 비판에는 두 가지가 있다. 당신이 더 나아질 수 있게 도울 잠재력을 지닌 건설적이고 진실된 피드백과 당신을 끌어내리고 싶어 하는 안티들의 논평으로 인터넷에서 소위 '트롤링'이라고 부르는 것이다. 이 책에서는 그 두 가지를 모두 다룬다. 가끔은 첫 번째 범주에 속하는 유용한 피드백도 늘 다정하고 친절한 방식으로 나타나는 것은 아니라는 사실을 명심해야 한다.

예를 들어 미디어에서의 역할 때문에 대중의 시선을 정기적으로 받고 있는 몇몇 사람들은 언제나 '그들이 하는 일'과 '그들'에 대한 피드백을 구분하기 위해 애쓰고 있다고 말했다. 그들은 자신이 하는 일이나 말에 대한 피드백은 늘 열심히 경청하고 심지어 트롤들의 의견마저도 유용할지 몰라 신중하게 접근하지만, 그들의 외모와 개인적 배경, 또는 그들이 주장하는 메시지와는 관련이 없는 피드백은 최대한 무시하려고 노력한다.

건설적인 피드백과 트롤링에 대응하는 서로 다른 전략에 대해 이야기하기 전에, 비판에 대한 반응을 통제해야 한다는 사실을 기억하라. 연구에 따르면 부정적 피드백은[3] 위협을 받았을 때와 마찬가지로 우리의 편도체에 투쟁-도주 반응을 일으킨다.

실제로 우리는 많은 양의 긍정적 정보보다 적은 양의 부정적 정보를 더 예민하게 반응하는데 이를 '부정 편향성'이라고 한다. 우리의 뇌가 위협과 비판에 똑같은 반응을 한다고 해도 편도체의 노예가 될 필요는 없다. 연구조사에 의하면 긍정적인 생각을 함으로써 머릿속 긍정성과 부정성의 비율을 능동적으로 변화시키고 비판에 대한 투쟁-도주 반응을 감소시킬 수 있다고 한다. 이를 돕는 메커니즘 중 하나가 감사하는 생각을 갖는 것이다.《뉴욕타임스》필자인 토니 슈워츠Tony Schwartz[4]는 그 방법이 생각보다 훨씬 효과가 좋다는 것을 깨달았다.

"몇 분 뒤에 나는 신기할 정도로 기분이 나아졌을 뿐만 아니라 눈앞에 놓인 일에 더 집중할 수 있었다. 이론 자체는 아주 간단하다. 우리는 주로 우리가 주의를 기울이는 것에 맞춰 내적 현실, 즉 세상에 대한 경험을 구성한다. 우리는 생각보다 훨씬 자주, 그리고 의식적으로 이런 선택을 할 수 있으며 그렇게 함으로써 감정적 기분뿐만 아니라 개인이나 집단의 업무방식에도 영향을 끼칠 수 있다. 즐거움과 만족감, 흥미, 자부심과 사랑 같은 긍정적 감성은 커다란 이득을 준다."

신뢰로 감싸 부정적 공격을 막아라

트롤들의 잔인한 행태를 극복하는 한 가지 방법은 부정적인 반응을 압도할 수 있는 긍정성으로 주위를 채워 자신의 부정 편향성을 극복하는 것이다. 내가 만난 거의 모든 청원 발제자들은 소셜 미디어에서 마주한 부정적 언행 때문에 움츠러들거나 의기소침해진다고 한다. 그러다가 사람들이 긍정적인 응원의 말을 보내거나 청원 이유를 읽고 나면 싸움을 계속 이어나갈 기운이 난다고 말했다. 힘겨운 날에는 커다란 무리가 - 기꺼이 대의에 서명하고, 나아가 서명한 이유에 대해 개인적인 이야기를 들려준 좋은 사람들 - 등 뒤에서 혹은 주위에서 믿음직스럽게 받쳐준다고 생각하면 기분이 완전히 달라진다고 했다.

긍정적인 사람들이 보내는 긍적 에너지는 증오와 혐오로 가득한 부정 에너지보다 훨씬 크고 중요하다. 이는 작아 보이는 행동 하나하나가 얼마나 중요한지를 보여주는 완벽한 예시다.

캐나다 오타와주에 사는 작가 겸 역사학자인 메르나 포스터 Merna Forster 는 캐나다 지폐 도안에 여성의 얼굴을 넣자며 전국적인 캠페인을 주도해 성공적인 결과를 만든 바 있다. 그녀에게 이 캠페인은 단순히 지폐에 여성 인물을 포함하자는 것이 아니었다. 그보다는 남성뿐만 아니라 여성의 이미지를 함께 노출함으로써 여성이 우리 사회에 기여한 공로를 인정한다는 보다 깊은 상징적

의미를 띠고 있었다. 메르나의 캠페인은 2013년부터 2016년까지 꾸준히 이어졌고, 꽤 거칠고 노골적인 비판에 직면했다.

메르나는 자신의 소셜 미디어와 홈페이지, 이메일 주소로 날아드는 온갖 비판과 비난에 대해 이렇게 말했다.

"솔직히 사람들이 그렇게 거칠고 상스러운 포스팅을 올리는 걸 보고 많이 놀랐어요. 난 별로 강인한 사람이 아니라서 그런 말들을 읽는 게 몹시 힘들었어요. 꼭 사람들이 나를 개인적으로 공격하는 것 같았지요. 심지어 라디오 프로그램에 전화를 걸어서 심한 말을 퍼붓는 사람들도 있었어요. 내가 제일 싫어하는 게 그거였어요. 남자들이 상스럽고 지저분한 말을 지껄이는 경우가 제일 많았죠. '여자가 지폐에 실리고 싶으면 웃통을 까야지' 같은 거요. 자기 신체 부위를 찍은 역겨운 사진을 보내는 사람들도 있었어요. 난 이제 기사 댓글란을 안 읽어요. 그런 걸 읽으면 다 그만두고 싶어지거든요. 대신에 체인지닷오알지 웹사이트에 올라오는 댓글들이나 날 응원하는 메시지들을 읽죠."

캠페인을 진행하는 과정에서 수많은 우여곡절을 겪은 메르나는 청원에 서명한 사람들의 글을 읽는 것이야말로 자신에게 진정으로 필요한 힘과 용기를 준다는 사실을 깨달았다. 그 목소리들은 그녀가 그런 따스한 말을 절실히 필요로 하는 순간에 지지모임과 같은 역할을 해주었다. 메르나는 이렇게 말했다.

"사람들이 청원에 서명한 이유를 적을 수 있다는 점이 제일 좋았어요. 내가 혼자가 아니라는 걸 깨닫게 되거든요. '우리에게 이런 롤 모델이 필요하다'라든가 '우리 어린 딸은 화폐에서 여성의 얼굴을 볼 수 있어야 하고, 그건 내 아들도 마찬가지다' 같은 글을 읽을 수 있었어요. 나를 지지해 주는 사람들이 있었어요. 이렇게 많은 사람들이 서명을 하고 응원과 지지의 말을 보내주고 있었어요. 나중에 우울하거나 자신감을 잃을 때면 그런 글을 읽으면서 계속 전진할 용기를 얻었죠."

메르나가 증오심 가득한 비판을 받으면서도 힘든 싸움을 지속한 것은 탁월한 판단이었다. 2016년, 캐나다의 빌 모노Bill Morneau 재무부장관은 2018년에 발행하는 새 지폐에 비올라 데스몬드Viola Desmond가 영국 여왕을 제외하고 캐나다 지폐에 실리는 최초의 여성이 될 것이라고 발표했다. 비올라 데스몬드는 노바스코샤 출신의 흑인 여성 기업가로 캐나다 흑인인권운동의 시발점으로 평가되는데, 1946년 극장에서 백인용 좌석에 앉았다가 일어나기를 거부한 죄목으로 유죄를 선고받고 수감 및 벌금형을 부여받았다. 메르나는 체인지닷오알지의 결정권자 대답란에 이렇게 말했다.

"비올라가 캐나다 10달러 지폐에 제자리를 찾음에 따라, 우리 모두에게 그리고 다음 세대의 아이들에게 작은 용기와 존엄성이 거대한 변화를 일으킬 수 있다는 사실을 깨우쳐줄 것입니다.

아멘."

내가 이 책을 쓰면서 알게 된 제일 놀라운 소식 중 하나는 청원에 달린 수많은 댓글이 청원을 시작한 사람들에게 어마어마한 용기와 의미를 준다는 사실이었다. 그런 작은 목소리가 얼마나 중요한 역할을 하는지 안다면 단 몇 마디라도 친절하고 용기를 북돋는 응원의 말을 쓰는 사람들이 더 많아지지 않을까?

그러므로 무리를 만들어라. 그들이 서명할 청원을 시작하지 않더라도 당신을 뒤에서 지지해줄 사람들을 찾고 그들이 당신과 함께할 수 있는 길을 열어주어라. 이를테면 단체 채팅방이나 온라인 커뮤니티처럼 인터넷을 사용할 수도 있고, 당신이 바꾸고자 하는 것이 지역공동체와 연관이 있다면 사람들을 밖에서 만나고 모여 팀을 만들 수도 있다.

이 무리가 당신의 모든 활동을 좋아할 필요는 없고, 어떤 사람들은 당신의 아이디어를 더욱 개선할 의견이나 피드백을 해줄지도 모른다. 하지만 어쨌든 반드시 당신을 신뢰하고 당신의 대의를 믿고 지지하는 사람들을 찾아라. 주위를 긍정적 기운으로 두텁게 감싸 부정적 공격을 막아낸다면 당신은 더 높이, 심지어 잔인하고 못된 트롤들 사이에서도 높이 날아오를 수 있을 것이다.

트롤에 대응하느라 힘 빼지 마라

변화를 모색하는 사람들은 대부분 약간의 비판과 부정적인 피드백을 예상할 뿐 '극성 안티들'의 해일이 몰려올 거라고는 생각하지 않는다. 그러나 오늘날처럼 인터넷과 소셜 미디어로 정보가 순식간에 퍼져나가는 세상에서는 특히 대중들 앞에서 공개적으로 활동하는 사람이라면 누구나 진솔하고 유용한 피드백과 함께 트롤링을 맞닥뜨릴 각오를 해야 한다.

뉴저지주 가필드에 사는 열세 살의 맥케나 포프McKenna Pope는 세계 최대의 장난감 회사 중 하나인 해스브로Hasbro에 여자아이들뿐만 아니라 남자아이들을 위해 성 중립적 색깔의 이지 베이크 오븐Easy Bake Oven을 출시해 달라는 청원을 올렸다. 요리를 좋아하지만 크리스마스 때 받은 장난감이 여아용처럼 보여 갖고 놀기 창피하다는 남동생 개빈을 위해서였다. 맥케나는 영상을 찍어 올리고, 해스브로에 성 고정관념적인 색깔 및 텔레비전 광고로 여자아이들만을 대상으로 마케팅하는 것을 중단해 달라고 요청하는 청원을 개시했다. 맥케나는 TED 강연에서 이렇게 말했다.

"해스브로는 그 장난감을 오로지 여자아이들에게만 마케팅합니다.[5] 장난감 상자와 광고에도 여자아이들만 나오고 오븐에는 꽃무늬가 그려져 있고 밝은 분홍색과 보라색이죠. 소위 여자애들 색이라고 말하는 그런 거요. 그래서 은연중에 여자애만 요리를 할 수 있고 남자애들은 못한다는 메시지를 보내고 있어요. 내 남동생은 그것 때문에 의기소침해졌어요. 그 아이는 요리사가 되면 안 된다고 생각해요. 왜냐하면 그건 여자들이나 하는 거니까요. 남자는 그런 걸 해선 안 되니까요. 그게 바로 해스브로가 전달하는 메시지입니다."

맥케나의 행동은 곧장 호응을 받았다. 4만 5천 명이 청원에 서명했고, 해스브로는 맥케나를 로드아일랜드 포터킷에 있는 본사로 초대해 새로운 유니섹스 디자인과 색깔을 지닌 신제품 라인을 견학시켜주었다. 검은색, 은색, 파란색이었다. 맥케나는 말했다. "그곳을 방문한 건 말 그대로 내 인생 최고의 순간이었어요. 꼭 뮤지컬 〈초콜릿 천국〉 같았다니까요.[6] 완전 근사했어요."

멕케나의 무브먼트는 뜻밖에 굉장한 성공을 거두었지만 그만큼 예상치 못한 일도 있었다. 엄청난 양의 증오로 가득한 댓글들이 쏟아졌던 것이다. 맥케나는 말했다. "사람들이 온라인에서, 가끔은 현실에서도 나와 우리 식구들에게 무례하게 굴거나 그런 일을 하는 게 얼마나 시간낭비인지 떠들었고, 그것 때문에 정말 많이 힘들었어요."

이런 부정적인 반응에 대처하기 위해 맥케나는 두 가지를 시도했다. 첫째, 그녀는 부정적인 메시지를 보내온 사람들을 TED 강연에서 공개적으로 폭로했다. 자신이 받은 악의적인 트윗들을 읽어 이 관계에서 주도권을 쥐고 있는 사람이 그녀임을 입증한 것이다.

"이런 멘션을 보내왔네요. '역겨운 자유주의자 엄마들이 아들들을 게이로 만들려고 작정을 했군.' 또 다른 이는 '별 것도 아닌 걸 갖고 맨날 계집애들처럼 떠든다니까'. 제프리 구티레제는 이런 멘션을 보내왔고요. '세상에, 닥쳐. 관심종자 주제에.'"

그리고 그녀는 흘려넘기는 법을 배웠다. 맥케나는 험한 비판은 변화를 추구할 때면 저절로 딸려오는 것이며 그런 것에 부딪친다고 해서 자신의 신념을 위해 싸우는 것을 그만둘 필요는 없다는 사실을 깨달았다. 맥케나는 "싫어할 사람은 어차피 싫어할 거야"라는 말을 주문처럼 되뇌이며 계속 전진했다. TED 청중들에게 합창해 달라고 외치기도 했다. 그녀는 강연에서 이렇게 말했다.

"싫어하는 사람이 있다면 싫어하라고 해요. 그리고 당신은 변화를 만들어요. 왜냐하면 당신은 할 수 있으니까요. 믿는 것을 실천하고 대의를 추구하고 현실을 바꿀 수 있으니까요. 그리고 당신 안에 있는 그 불꽃을 활활 타오르는 불길로 만들 수 있으니까요."

맥케나가 깨우친 것처럼, 당신은 안티들에 대한 반응을 자제하고 당신을 뒤흔들 힘을 아예 쓰지 마라. 엘리너 루즈벨트_{Eleanor Roosevelt}의 유명한 말처럼 말이다.

"당신이 허락하지 않는 한 누구도 당신이 열등감을 느끼게 할 수 없다."

하지만 만일 트롤링이 지속적인 괴롭힘으로 변하거나 물리적 위협을 동반하게 된다면 피해를 막기 위해서라도 그들을 신고해야 한다. 인터넷의 모든 플랫폼에는 뮤트와 블록, 신고 기능이 있으니 언제든지 활용하도록 해라.

그들이 틀렸음을 보여주라

첨단기술 회사에서 오랫동안 임원으로 일한 카라 골딘Kara Goldin은 AOL을 떠난 후 변화를 창출할 수 있는 새로운 일을 찾고 싶었다. 그녀는 이렇게 말했다.

"말하자면 목적의식이 있는 일을 하고 싶었죠."

아마 당시에 카라가 염두에 둔 것은 비영리단체였을 테지만 실제로 그 뒤에 일어난 일은 - 완전히 새로운 카테고리에 속하는 음료(향미 워터)를 생산하는 힌트 워터Hint Water를 설립 - 심지어 그녀 자신에게도 충격적이었다.

"내가 그런 일을 하게 될 거라곤 정말 상상도 못했어요."

다른 수많은 창업가와 마찬가지로 카라가 사업을 구상하게 된 것은 그녀 자신의 문제를 해결하기 위해서였다. 카라는 건강을 유지하기 위해 열심히 운동하고 건강한 음식을 먹었지만 출산 후에 불어난 체중을 도무지 뺄 수가 없었다. 카라는 새로운 일을 찾는 중에도 여전히 먹고 마시는 모든 음식을 점검하고 체크하고 있었다. 혹시 호르몬 불균형이나 당뇨병 초기 증상은 아닐까 걱정이 되기도 했지만 약에 의존하기 전에 먼저 식습관을 개선하고 싶었기 때문이다. 그리고 그때, 전에는 깨닫지 못했던 사실을 발견했다. 카라는 꽤 많은 양의 다이어트 콜라를 마시고 있었는데 그 원료와 인공감미료가 자신의 몸에 어떤 영향을 끼치는지 전혀 모르고 있었다. 성분표를 자세히 들여다본 그녀는 다이어트용 탄산음료를 끊고 물을 마시기 시작했다.

"그 정도로 간단했어요."

딱 한 가지 식습관을 고친 결과는 정말이지 경이로울 정도였다. 그로부터 2주 안에 카라의 몸무게는 8킬로그램이 줄었고, 6개월 후에는 거의 20킬로그램에 가까운 체중 감량에 성공했다.

하지만 1년간 밋밋한 맹물만 마시다보니 그보다 맛있는 음료를 마시고 싶어 안달이 날 지경이었다. 이를테면 그녀가 평소에 집에서 간단히 만들어 먹는 과일 조각을 띄운 물처럼 말이다.

"중요한 건 물을 더 많이 마실 수 있는 비법을 찾아내는 거였어요. 그런데 사람들과 이야기하다보니 나도 그렇고, 물을 마시는 건 아주 힘든 일이었죠. 일단 심심하거든요. 그래서 한번은 홀푸드Whole Foods에 갔다가 일하는 직원에게 물어봤죠. '혹시 이런 제품 있나요? 물인데 약간 과일향이나 과일맛이 나는 거요. 그런 제품이 있는지 찾아봐주시겠어요?' 그랬더니 비타민 워터라는 아주 훌륭한 제품이 있다고 하더군요. 하지만 찾아보니 코카콜라 한 캔보다도 설탕이 더 많이 들어 있는 것 같았죠. 그 사람과 이야기를 하다보니 대부분의 사람들이 자기가 마시는 음료수에 설탕이나 인공감미료가 얼마나 많이 들어가 있는지, 그게 건강에 얼마나 해가 되는지 모르는 것 같더라고요. 그래서 점원에게 말했죠. '그냥 제가 그런 제품을 만들까봐요.' 그랬더니 그 사람이 껄껄 웃으면서 이러더군요. '오, 좋은 생각이네요, 아가씨. 꼭 만들어봐요.' 그래서 물어봤죠. '음료 제품을 만들려면 뭐가 필요하죠?' 그가 말했죠. '글쎄요, 유통기간이랑 상품 이름이 필요하겠죠. 성공하면 나한테도 알려줘요.'"

그는 웃으면서 그녀를 보내주었다. 그는 카라가 재밌는 말을 한다고, 아주 불가능한 건 아니더라도 웃기는 이야기를 한다고 생각했을 것이다. 아, 하지만 카라는 그의 생각이 틀렸다는 걸 입증했다.

시기적으로 완벽한 타이밍은 아니었지만 – 카라는 여전히 직장을 구하기 위해 면접을 보러 다니고 있었고, 막 넷째 아이를 임신했다는 사실을 알게 된 참이었다. – 카라는 남편에게 새로운 일을 해보고 싶다고 말했다. 완전히 문외한인 분야에 새로 뛰어든다는 데 따른 불안감에도 불구하고, 카라의 남편은 그녀가 제품을 개발하고 출시할 수 있게 최선을 다해 도왔다.

"6개월 사이에 완전히 새로운 제품을 하나 개발했으니 거의 미친 짓이었죠. 결국 계획했던 것보다 몇 주쯤 뒤쳐졌는데, 제품이 나온 날은 심지어 내가 제왕절개 수술을 받기 바로 전날이었어요."

카라의 남편은 카라의 제왕절개 수술 예약이 잡힌 날 아침에 집 근처 홀푸드에 그들이 발명한 첫 제품을 열 상자 납품했다. 카라는 홀푸드가 실제로 이 신제품을 진열대에 진열하리라고 생각하지 못했지만, 다음 날 아침 병원에서 전화를 받았다. 처음 출하한 열 상자가 전부 매진되었다는 소식이었다.

"우리더러 당장 가게로 달려오라고 하더군요. 지금 당장 빈 공간을 채우지 않으면 나중에는 자리가 없을 거라면서요."

카라는 정말로 홀푸드에서 판매할 수 있는 상품을 개발한 것이다.

그 뒤로 그녀는 수많은 난관에 부딪쳤다. 힌트 워터의 유통기한을 방부제를 사용하지 않고도 안정적으로 유지하는 법, 식료품 가게들이 기존 음료수의 범주에 맞지 않는 이 제품을 진열하기 위해 공간을 확보하도록 설득하기 등, 많은 비판에도 직면했다. 한번은 상황이 좋지 않아 자신보다 이 사업을 더 오래 유지할 수 있을 법한 다른 음료 대기업에 회사를 매각할까도 고민했다. 회사의 고위 임원에게 전화를 걸어 그렇게 이야기를 꺼내자 그는 이렇게 대답했다.

"이봐요 아가씨, 난 당신 회사가 탐나지 않아요. 미국 사람들은 달콤한 걸 좋아하거든. 그리고 이건 절대로 크게 성장하지 못할 겁니다."

'아가씨'라고 불린 충격에서 가까스로 벗어난 뒤, 카라는 대기업 임원이 사실은 그녀와 힌트 워터에 커다란 기회를 주었음을 깨달았다. 카라는 두 회사가 너무나도 다르기 때문에 오히려 이 길에 계속 남아 있어야 한다고 생각했다. 그녀가 포기한다면 힌트Hint와 같은 제품은 시장에서 사라지게 될 것이기 때문이다. 카라는 사람들이 틀렸다고 말할 때에도 그 안에서 기회를 발견했다. 그녀는 이렇게 말했다.

"난 계속 그 이론에 도전했어요. 무엇보다 사람들이 내 질문에 대답을 하지 못했기 때문이죠."

카라는 사람들이 경험 많은 사람들의 말을 당연히 옳다고 여긴다는 사실을 알게 되었다. 왜냐하면 그들은 크고 굉장한 회사를 운영하고 있고, 다년간의 풍부한 경험을 갖고 있기 때문이다. 하지만 그런 사람들은 종종 바깥 세상에 있는 사람들만큼 창의적으로 생각하지 못한다.

그래서 카라는 또다시 사람들의 불신과 회의가 틀렸다는 사실을 입증해 냈다. 15년이 지난 오늘날 힌트 워터는 1억 달러 가치에 달하는 기업으로 발전했을 뿐만 아니라 지금도 계속 성장 중이다. 힌트 워터는 음료업계에 새로운 카테고리를 창조한 것을 넘어 하나의 웰빙운동이 되어가고 있다.

여기서 끝이 아니다. 카라는 전암성轉癌性 피부병변으로 고생하던 중 자신이 사용하는 선블록의 옥시벤존과 파라벤 성분이 증세를 더욱 악화시킨다는 사실을 알게 되었다. 그래서 카라는 힌트 워터에서 사용하는 과일 추출액을 가미한 무無 파라벤 선블록을 출시했다. 많은 음료 회사들이 힌트가 선블록을 출시하는 건 미친 짓이라고 생각했지만 카라는 기존의 브랜드와 그들이 창조한 무브먼트에 열정적으로 반응한 고객들이 음료수 말고도 다른 제품을 살 것이라고 믿었다. 그리고 그건 사실이었다. 과거 12개월 동안 온라인으로 힌트 워터를 구매한 고객의 60퍼센트가 힌트의 새로운 선블록을 구매했다. 이번에도 카라는 비판자들이 틀렸음을 입증한 것이다.

비판자들의 지식을 이용하라

비판자들을 다루는 또 다른 방법은, 그들의 지식을 조언으로 활용하는 것이다. 메리 루 젭슨Mary Lou Jepsen은 이 시대에 가장 뛰어난 컴퓨터 과학자 중 한 명으로 MIT 미디어랩MIT Media Lab 교수이자 구글X와 페이스북 오큘러스Oculus팀을 이끌고 있다. 그녀는 또한 불가능한 것을 실현하는 것으로 유명한데, 예를 들어 태양광을 이용한 1백 달러 노트북은 그녀와 팀원들이 'OLPC(One

Laptop per Child, 어린이에게 노트북을)' 프로젝트를 위해 개발한 것이다.

참으로 아이러니한 점은 어렸을 때 메리 루의 부모님은 그녀의 남자 형제들과 같은 지적 호기심이나 자유를 누리지 못하게 했다는 것이다. 메리는 이렇게 말했다.

"오빠들은 나와 달리 뭐든 다 할 수 있었어요. 하지만 나는 자라서 오빠들과 같은 나이가 돼도 그런 것들을 할 수가 없었죠. 징말 싫었어요. 남자들은 밤늦게까지 안 들어와도 되고, 친구들이랑 멀리 놀러갈 수도 있고, 전자 키트도 갖고 있었어요. 난 지금 세계 최고의 전자공학자 중 한 사람인데 어렸을 땐 그걸 만져보지도 못하게 했다니까요. 정말 불공평한 일이죠. 하지만 난 결국 전자공학을 전공했고 몇 년 전에는 세계 기술대상에서 하드웨어상을 수상했어요. 이런 내가 어렸을 때는 전자 키트도 만져보지 못했다는 게 말이 돼요? 정말 그랬다니까요."

때로는 "넌 할 수 없어"라는 말이 오히려 마음속 깊은 야망을 일깨우고 자극하는 계기가 되기도 한다. 메리 루는 어렸을 때 집에서 오빠들의 전자 키트를 만져보지도 못하며 자랐지만 그런 환경적 제약도 그녀를 가로막지는 못했다. 메리 루는《타임》이 선정한 '세계에서 가장 영향력 있는 100인' 안에 들은 바 있고, CNN에서는 '최고의 사상가 10인'에 올랐다.

메리 루는 삶과 커리어를 통해 자신을 신뢰하지 않는 사람들을 최대한 활용하는 한 가지 방법은, 그들에게서 적극적으로 비판적인 피드백을 받아내는 것임을 배웠다. 그 사람들이야말로 당신의 아이디어에서 잘못된 점을 가장 쉽게 찾아낼 수 있기 때문이다. 메리 루가 OLPC를 설립했을 때, 비록 전 세계 여러 지도자들이 자국의 어린 학생들을 위해 그런 제품(저렴하고 소비전력이 적으며 태양광을 이용할 수 있는 노트북)을 바라고 있었음에도, 그런 걸 개발하는 것은 불가능하다고 생각하는 사람들이 많았다.

"그래서 한 아시아 대기업 사람들을 만났지요. 도움을 받고 싶었거든요. 그 대기업 회장과 처음 만났을 때가 기억나요. 커다란 회의실에 들어갔는데, OLPC에서 온 사람은 나 혼자였고, 테이블 맞은편에는 열 명이나 앉아 있었죠. 한가운데에는 회장이, 양옆에는 전무이사들이 앉아 있었어요. 그리곤 그들은 나를 비웃기 시작했어요. 분위기가 어땠을지 상상해 보세요. 유일한 백인 여성인 내가 있고, 한 무리의 아시아 남성들이 날 비웃고 있는 모습이요. '하하하, 절대로 안 될 거요' 하며."

그러나 메리 루는 그들의 오만한 태도에 주눅들기는커녕 놀라운 일을 해냈다. 그 자리에서 반대론자들의 부정적 사고를 반대로 유익하게 활용할 방법을 알아낸 것이다.

"나는 공책을 꺼내 들고 이렇게 말했죠. '좋아요, 그게 왜 불가능할지 말씀해 보시죠?' 그러자 온갖 내용들이 쏟아지더군요. 한 시간 반쯤 지나자 그 프로젝트가 불가능한 이유가 스물세 개나 나왔어요. 나는 묵묵히 받아 적기만 했고요. 여자 서기들이 하는 것처럼 말이죠. 마침내 그 사람들이 만족했는지 이야기를 멈추자 내가 말했어요. '좋아요, 여기 안 될 이유가 스물세 개나 있네요. 그중 열일곱 개는 내가 벌써 해결했는데, 나머지 여섯 개는 꽤 괜찮은 지적이네요. 확실히 여러분은 이 문제에 전문가네요. 세계 최대의 소비자 가전 회사 중 하나니까요. 훌륭해요. 고맙습니다. 자, 그럼 내가 제안 하나 할까요? 우리 팀원들과 이 지적 사항들을 몇 달 고민해 본 다음 답변을 갖고 올 테니 그때 우리 계획에 문제가 있다면 다시 말씀해 주세요."

메리 루는 자신의 말을 지켰다. 대기업은 그 뒤로도 계속 그녀와 회의를 가졌고, 그때마다 메리 루는 노트북 설계와 소비자 가전, 소프트웨어 설계 부문의 최고 인재들로부터 유용한 의견을 경청했다.

"덕분에 돈을 쓰기 전에, 프로토타입을 만들기 전에 머릿속으로 미리 문제들을 해결할 수 있었죠."

그녀에게 목표를 달성하지 못할 것이라고 말하던 사람들이 실제로는 그녀가 목표에 도달할 수 있게 큰 도움을 주었던 것이다. 메리 루는 전문가들의 의견을 듣고 활용함으로써 문제를 미리 예측하고 그들의 도움이 없었을 때보다도 더 빨리 해결책을 찾아낼 수 있었다.

두 팔 벌려 껴안아줘라

체인지닷오알지의 커뮤니케이션팀에서 일하는 놀랜드 챔블리스Noland Chambliss는 갈등과 대립을 해결하기 위한 방안 중 하나로 '두 팔 벌려 껴안기'라는 용어를 고안해 냈다. 만일 공격을 당하더라도 사랑과 이해심을 갖고 다가간다면, 방어적으로 대응할 때보다 더 효과적으로 문제를 해결할 수 있다.

두 팔 벌려 껴안기의 전형적인 예시로[7] 2008년 NPR 〈라티노 USALatino USA〉에서 처음 방송된 스토리코어StoryCorps의 끝내주는 이야기를 들 수 있다. 훌리오 디아즈Julio Diaz라는 한 젊은 남성이 집으로 돌아가던 중 칼을 들고 덤벼 든 10대 강도를 만난 이야기다. 그는 지갑을 건네주었을 뿐만 아니라 강도가 요구하지도 않은 것마저 기꺼이 내주었다.

"얘야, 잠깐만."

그는 아이가 도망치기 전에 말을 걸었다.

"너 뭔가 잊어버린 거 같은데. 오늘 밤에 다른 사람들도 털 작정이라면 더 따뜻하게 입는 게 좋을 거야. 내 외투도 가져갈래?"

그렇게 두 사람은 훌리오가 제일 좋아하는 식당에서 밥을 먹으며 대화를 나누기에 이르렀고 - 매니저부터 접시닦이, 종업원에 이르기까지 모든 사람들이 보여준 친절을 경험한 다음 - 10대 강도는 인생을 다른 방식으로 살 수도 있다는 사실을 깨닫게 되었다. 소년은 훌리오에게 지갑을 돌려주고 저녁식사 값을 대신하여 그리고 그의 인생에서 너무나도 보기 드문 친절함에 대한 보답으로 갖고 있던 칼과 적은 액수의 돈을 건네주었다.

몇 년 전, 내가 체인지닷오알지에서 일하기 얼마 전에 스페인의 한 컴퓨터공학자가 체인지닷오알지 사이트를 공격한 적이 있었다. 컴퓨터 기술을 사용해 체인지닷오알지에 가짜 서명을 올린 다음 화면을 캡처하고 우리가 그 허위 서명들을 삭제하기 전에 재빨리 트위터에 공개한 것이다. 우리는 그런 허위 서명을 적발하고 삭제할 도구들을 갖추고 있었지만 실제로 서명을 삭제하는 데에는 몇 분이 걸리기도 하고, 어떤 경우에는 24시간이 걸리기도 했다(체인지닷오알지는 이 사건 이후 그러한 감시 도구들을 현저히 개선했다). 당시에 이 사건은 우리에게 대형 재난이나 다름없었는데 특히 이 일을 언론에서 자세히 보도한 스페인에서는 더욱 그러했다.

우리는 어떤 조치를 취해야 할지 다양한 접근법을 논의했다. 그중에는 기술팀이 저 사이버 공격자와 '직접 맞붙어' 기술적으로 맞대응한다는 방안도 포함되어 있었다. 그때 커뮤니케이션팀 책임자인 벤자민 조프 월트Benjamin Joffe-Walt, BJW가 두 팔 벌려 껴안기를 시도해 보자고 제안했다. 이 경우에 우리를 공격한 사람에게 사랑과 이해심을 발휘한다는 것은, 벤자민이 첫 비행기를 타고 스페인에 가서 그를 개인적으로 만난다는 것이었다. 솔직히 그건 많은 사람들이 이해하기 힘든 제안이었고, 나조차도 '다른 첨단기술 회사에서는 보기 드문, 아주 특이한 방식이네'라고 생각했던 기억이 난다. 하지만 어쨌든 시도해서 나쁠 것은 없었다.

문제의 스패머는 스페인에 있는 작은 섬에 살고 있었는데, 벤자민은 그를 찾아가 왜 우리를 공격했고 무슨 말을 하고 싶은지 면대면으로 이야기를 나눴다. 알고 보니 그는 체인지닷오알지에 허위 서명으로 청원 결과를 조작하기가 너무 쉽다는 데에 화가 나 있었고, 특히 당시 스페인에서 화제가 되고 있던 한 청원이 가짜 서명으로 도배된 건 아닌지 의심하고 있었다고 한다. 그는 그것이 가능하다는 사실을 모두에게 증명하고 싶어서 사건을 조작한 것이었다.

그를 직접 만나 체인지닷오알지의 시스템을 설명하자(물론 아주 높은 수준에서 말이다. 그런 짓을 저지르는 사람에게 조작방지기술을 자세히 설명하는 건 별로 바람직한 일이 아니니까) 그는 소량의 가짜 서명이 삭제되려면 24시간이 걸릴 수 있으며 대규모의 허위 서명은 거의 즉시 발각된다는 사실을 이해하게 되었다. 그보다 더 중요한 것은, 우리가 그의 말을 기꺼이 경청하고 대화를 나누려 한다는 사실을 그가 알게 되었으며, 그중에서도 특히 직접 찾아왔다는 데에 큰 감명을 받았다는 것이다.

그다음으로 우리가 아는 건 벤자민과 스패머가 스페인의 한

술집으로 함께 술을 마시러 갔고, 거기에서 어깨동무를 하고 있는 사진을 보내왔다는 것뿐이다. 그 뒤로는 스패머 공격은 멈췄다. 두 팔 벌려 껴안기 작전이 승리한 것이다.

당신을 비난하고 공격하는 사람을 이해하는 것은 결코 쉬운 일이 아니지만 한편으로 그것은 당신의 대의를 더욱 강력하게 다져주는 최상의 방법일 때가 많다. 비판자의 말을 경청하면 가장 부정적이거나 당신과 가장 상이한 관점을 가진 사람들조차 수용할 수 있는 방법을 모색할 수 있다.

그러기 위해서는 당신 자신의 고통에서 벗어나 그들의 행동 기저에 무엇이 있는지 살펴봐야 한다. 그 사람들도 똑같이 무언가로 고통받고 있는 건 아닐까? 설마 어머니 뱃속에서 나올 때부터 트롤이나 어그로꾼은 아니었을 텐데 말이다. 그들에게도 어떤 원인이 있어 고통이나 분노, 두려움을 느끼고 이런 적개심을 발산하게 된 건 아닐까? 만일 무엇이 그들의 증오심을 유발했는지 알아낼 수 있다면 그것을 제거할 수 있을지도 모른다.

넬슨 만델라가 말했듯이 "아무도 피부색이나 출신배경, 또는 종교 때문에[8] 다른 사람을 증오하도록 태어나지는 않았다. 사람들은 증오하는 법을 배워야 한다. 만약 증오하는 법을 배울 수 있다면 사랑하는 법 또한 배울 수 있다. 왜냐하면 사랑은 증오보다 더 자연스러운 감정이기 때문이다."

당신은 이런 불만 가득한 증오자들을 사랑할 수 있겠는가? 당신에게 반감을 표출하는 사람들에게 정반대의 감정을 베풀 수 있겠는가?

이러한 증오자들에게 분노나 두려움이 아닌 연민과 호기심으로 응대한 이야기 중에 실화라고는 믿기지 않을 정도로 놀라운 사례가 하나 있다. 엘리 새슬로Eli Saslow가 《워싱턴 포스트Washington Post》에 쓴 기사는, 플로리다주 사라소타에 있는 뉴 칼리지New College의 한 학생이 스물한 살의 편입생 데릭 블랙Derek Black의 진짜 정체를 알게 되면서 시작된다.

길고 붉은 머리카락에 카우보이모자를 쓴 이 별난 학생은 기숙사에서 다른 젊은이들과 같이 영화를 즐기는 평범한 역사학과 학생이 아니었다. 그는 공인된 백인 우월주의자로, 인터넷 최초의 백인 민족주의자 웹사이트 스톰프론트Stormfront를 운영하는 악명 높은 돈 블랙Don Black의 아들이었다. 데릭은 어린이 독자를 위한 스톰프론트를 운영했고, 그의 대부는 KKK단의 최고위 임원인 데이비드 듀크David Duke였다.

데릭의 정치적 성향에 관한 이야기가 온라인 포럼을 통해 캠퍼스 전체로 퍼져나가자 게시판에는 수천 개의 댓글이 달렸다. 그중에는 이런 제목의 글도 있었다. '데릭 블랙: 백인 우월주의자, 라디오 진행자… 뉴 칼리지 학생이라고???' 그 글은 이렇게 묻고 있었다.

퍼포스풀

"하나의 공동체로서 우리는 어떻게 반응해야 하는가?"

짐작할 수 있겠지만, 답변들의 상당수가 거칠고 격렬했다.

"자기가 공개적으로 인종차별주의자가 되기로 했으니, 공개적으로 인종차별주의자라고 부르면 되겠네."

이런 경우에는 비난과 폭로로는 충분하지 않다는 느낌이 고개를 들기 시작했다.

"어쩌면 선택의 여지가 없었던 삶에서 벗어나려고 한지도 모르지."

뒤이어 다른 의견들이 나타나기 시작했다. 더 깊은 이해가 필요하다고 말하는 사람들이었다.

"데릭을 배척해 봤자 아무 소용없어."

한 학생은 이렇게 썼고, 이런 댓글도 달렸다.

"어쩌면 우리가 진짜 사회운동가가 되어서 미국에서 제일가는 백인 우월주의자를 바꿀 수 있을지도 몰라. 과장이 아냐. 그렇게 할 수만 있다면 인권운동에 있어 커다란 승리가 될 거라고."

뉴 칼리지에서 유일한 정통 유대교 신자인 매튜 스티븐슨 Matthew Stevenson 이 비범한 행동을 한 것도 그때였다. 그는 데릭 블랙을 금요일 밤마다 자신의 아파트에서 열리는 안식일 만찬에 초대했다. 그가 주최하는, 거의 모든 참석자가 유대인이 아닌 모임이었다. 《워싱턴 포스트》 기사를 읽어 보자.

매튜는 데릭의 사고관에 영향을 미칠 가장 좋은 방법[9]은 그를 무시하거나 적대하는 것이 아니라 포용하는 것이라고 생각했다.

'어쩌면 이제까지 유대인과 알고 지낸 적이 없었는지도 몰라.'

매튜는 이렇게 생각한 것을 기억한다. 매튜의 저녁식사 모임은 데릭이 대학에 입학한 뒤 누군가에게 초대받은 유일한 사교 행사였고 그래서 그는 가겠다고 대답했다. 매튜의 안식일 만찬에는 대개 여덟 명에서 열 명의 학생들이 참석하지만 이번에는 몇 명밖에 나타나지 않았다. 매튜는 친구들에게 이렇게 말했다.

"다른 애들이랑 똑같이 대하면 돼."

데릭은 와인 한 병을 들고 나타났다. 매튜를 존중하는 의미로 참석자들은 아무도 백인 우월주의나 온라인 포럼에 대해 언급하지 않았다. 데릭은 조용하고 예의바르게 행동했으며 다음 주에도, 그다음 주에도, 그리고 그 뒤로 몇 달 동안 모임에 참가했다. 아무도 위협적인 느낌을 받지 않았고 얼마 지나지 않아 안식일 만찬은 예전과 같은 규모를 되찾았다.

얼마 전 데릭은 나와의 인터뷰에서 안식일 만찬 모임이 백인 우월주의에 대한 언급 없이 성장배경이나 사고방식이 다른 사람들과 신뢰관계를 구축할 수 있는 편안한 공간이었다고 말했다. 그렇게 신뢰를 쌓은 친구들은 데릭에게 그의 믿음에 대해 물어볼 수 있었고, 이는 데릭이 학생 포럼에서 기존에 그가 갖던 생각들이 많이 완화되었음을 보여주는 글을 쓰는 것으로 이어졌다.《워싱턴 포스트》에 따르면 그는 이렇게 말했다.

"나에 관한 소문 때문에 다른 사람들이 무서워하거나 겁을 먹거나, 심지어는 이곳이 안전하지 못하다는 느낌마저 받을 수 있다는 것을 알게 되었다."

그의 글은 이렇게 시작된다.

"나는 그러한 우려를 공개적으로 종식시키고 싶다. 그런 것들은 존재해서는 안 된다. 나는 누군가의 인종이나 신념, 종교, 성별, 사회경제적 지위나 다른 어떤 차이점 때문에 억압받아서는 안 된다고 생각한다."

데릭이 이런 글을 썼다는 소식은 그의 부친에 맞서 싸우고 있는 남부빈곤법률센터Southern Poverty Law Center, SPLC까지 전해졌고, 그들은 이를 인종주의에 대항하는 반대 여론을 일으킬 훌륭한 기회라고 여겼다. 데릭이 학생 포럼에서 기존의 관점과 견해가 바뀌었다고 글을 올린 것으로 보아 그가 변화를 겪고 있다는 사실은 자명해 보였다.

그리고 2016년 가을, 도널드 트럼프Donald Trump가 선거인단 투표에서 승리를 거둬 미국의 대통령으로 당선되었을 즈음 데릭의 이념적 변신이 완성되었다. 그가《뉴욕타임스》에 기고한 탁월한 사설이 이를 증명한다. 그 글의 제목은 이렇다.

'내가 백인 민족주의를 버린 이유.'

몇 년 전, 나는 진보적 분위기의 대학에 입학했다.[10] 그곳에서 내 존재는 격렬한 찬반논쟁을 불러일으켰다. 나는 그곳에서 다양한 배경을 지닌 헌신적인 사람들과의 - 나를 배척하기보다 그들의 대화나 기숙사에 기꺼이 포용해 준 - 대화를 통해 내가 어떤 피해를 끼쳤는지 깨닫기 시작했다. 그 뒤로 나는 이를 보상하기 위해 노력 중이다. 나의 사고관을 바꾸게 한 대화를 처음 시작한 계기는 사람들이 왜 나를 두려워하는지 이해할 수가 없었기 때문이다. 나는 내가 옳은 일을 하고 있고, 내가 사랑하는 사람들을 보호하고 있다고 생각했다. 만일 내가 변화하지 않았다면 나는 이 선거가 끝난 후 의기양양해 했을 것이며, 백인 주류가 감소하고 있다는 불안감 때문에 앞으로는 이런 단순한 서사를 활용하는 사람들이 더 많이 선출되리라고 그 어느 때보다도 확신했을 것이다. 그러나 나는 이제 그것이 우리의 운명이 될 필요가 없다는 것을 안다.

미국 최악의 백인 우월주의자에게 사랑을 베풂으로써 매튜 스티븐슨과 그의 친구들은 데릭의 시각을 바꿨고, 어쩌면 역사의 방향마저 바꾸었을지도 모른다. 커다란 영향력을 지닌 사람의 마음을 바꾸는 것은 단순히 개인을 변화시키는 것이 아니라 그 이상으로 거대한 여파를 미치게 한다.

현재 우리는 아주아주 오랫동안 보지 못한 극도로 분열된 역사의 갈림길에 서 있고 미래의 향방에 영향을 줄 수 있는 힘을 지니고 있다. 데릭은 백인 우월주의로부터 돌아선 데에는 두 가지 결정적인 요소가 있었다고 내게 말했다. 첫 번째는 백인 우월주의자들은 그들이 믿는 가치를 단호한 목소리로 주장하며, 데릭의 증오 어린 행동을 비난했다. 특히 백인 우월주의자들은 데릭이 믿는 것들이 그들에게 개인적으로 얼마나 큰 고통과 괴로움을 초래했는지 설명했다. 두 번째는 데릭과 대화를 나누고, 그의 이야기를 듣고, 무작성 분노를 표출하기보다 그가 아닌 그의 행동을 비판함으로써 신뢰관계를 구축한 사람들이었다. 데릭의 말처럼 우리가 양쪽 모두의 이야기를 진심으로 귀 기울여 들을 수 있다면, 우리는 진정한 변화를 창출할 수 있는 힘을 지닌 것이다.

최고의 선수에게도 코치가 필요하다

저 바깥 세상에 증오심 가득한 반대자들과 트롤이 존재하는 건 사실이지만, 마음을 열고 들여다본다면 실제로 피드백의 상당 부분이 우리의 아이디어를 개선하고 대의를 더욱 성공적으로 실현할 수 있는 제안의 형태임을 알 수 있다. 우리를 독려하는 사람들은 종종 우리를 더욱 향상시켜준다. 그들의 피드백에 늘 동의하지 않을 수도 있고, 피드백이 항상 이상적인 형태로 제시되는 것은 아니지만, 올바른 마음가짐만 유지한다면 상대의 피드백을 감사한 선물로 받아들일 수 있다.

코넬 경영대학원에 있을 때 베스트셀러 작가이자 리더십 전문 가인 켄 블랜차드Ken Blanchard를 만날 기회가 있었다. 그의 여러 가 르침 중에서 지금껏 인상 깊게 간직하고 있는 말은 '최고의 선수 에게도 코치가 필요하다'는 것이다. 그것이 바로 건설적인 피드 백을 받아들일 때 취해야 할 태도다.

나는 이제 누군가 비판을 하거나 다른 접근방식을 제시할 때 면 화를 내거나 짜증스러움을 느끼기보다 내 안에 살고 있는 스 티브 영Steve Young이나 조 몬태나Joe Montana를 소환한다(나는 샌프란 시스코에서 자랐고, 학창 시절 내 방 벽에는 가수가 아니라 미식축구 쿼 터백 사진이 붙어 있었다. 두 사람 모두 미국의 미식축구 선수다). 뭔가 를 정말로 잘하고 그 분야에서 최고가 되고 싶다면 다른 사람들 의 아이디어가 당신에게 도움이 될지도 모른다는 사실을 알고 인 정해야 한다. 코치가 당신보다 나을 필요는 없다. 그저 당신과 다 른 관점으로 볼 수 있고 당신을 향상시킬 수 있는 경험을 갖고 있 어야 할 뿐이다. 마이클 조던Michael Jordan의 코치가 그보다 3점 슛 을 더 잘 쏠 수 있는 것도 아니고 세레나 윌리엄스Serena Williams의 코치가 그녀보다 서브를 잘하는 것도 아니다. 그들은 그저 중요 하고 유용한 피드백을 제공할 뿐이다.

나의 10대 시절 우상인 스티브 영에게도 더 좋은 플레이를 하 는 방법을 조언하거나 자세에 대해 충고하는 등 그가 전반적으로 더 좋은 선수가 될 수 있게 옆에서 도와주는 사람들이 있었다. 더구나 다른 사람의 생각을 듣는다고 나아질 리가 없다고 생각하는 건 끔찍할 정도로 오만한 태도다. 건설적인 피드백을 부정적 비판으로 여기고 듣기를 거부한다면 성장할 기회를 스스로 부인하는 셈이다.

건설적인 피드백이라고 항상 받아들이기가 쉬운 것은 아니다. 특히 피드백이 무더기로 쏟아지거나 개인적으로 불안정한 시기일 때에는 더욱 그렇다. 2016년 체인지닷오알지는 안정성을 확보하고 외부 투자를 줄이는 한편 빠른 속도로 성장하는 청중과 범세계적 영향력을 지속할 역량을 관리할 수 있는 수익모델을 찾기 위해 힘든 시기를 거치고 있었다. 그렇게 비즈니스모델의 변화와 안정성 확보를 모색하던 과정에서 우리는 불가피하게 유능하고 존경받는 몇 명의 팀원들을 내보내야 하는 어려운 결정을 내려야 했다.

당시 CEO였던 나는 회사를 이런 어려운 결정을 내릴 수밖에 없는 상황까지 끌고 왔다는 데에 책임감을 느꼈다. 대단히 유능하고 내가 개인적으로 발굴하기까지 한 사람들을 보내주어야 할 뿐만 아니라 그 결정이 그들에게 얼마나 힘든 것인지 아는 입장에서 깊은 죄책감을 느꼈다. 체인지닷오알지의 사명을 실현하고 우리 플랫폼을 사용하는 수만 명을 위해 봉사하려면 이 같은 행동이 불가피하다는 것을 알면서도, 결정을 내리는 것은 정말 어려운 일이었다.

또한 나는 이런 혹독한 자기비판을 하는 중에도 훌륭한 리더로서 솔선수범하려면 어떻게 해야 할지 고민해야 했다. 그 첫 번째 단계는 많은 팀원들을 힘들게 만든 시기에 내가 수행한 역할에 대해 인지하고 책임을 지는 것이었다. 팀원들은 다양한 방식으로 반응했다. 어떤 사람들은 침착하게 하던 일을 계속하며 우리가 목표했던 곳으로 꾸준히 나아가길 바랐다. 첨단기술 회사나 스타트업 기업에서 일한 경험이 있는 사람이라면 대부분 이런 일에 익숙했기 때문이다. 그것은 실리콘밸리에서는 흔히 볼 수 있는 풍경으로 – 회사의 규모를 확장하려면 늘 큰 도박을 해야 한다. – 때로는 효과를 거둬 단계적인 변화로 이어질 수도 있었고 또 어떤 때에는 아무 효과도 거두지 못하기도 했다. 이런 경우에는 신속하게 실패하고 전진해야 한다.

한편 조직 내의 다른 사람들, 특히 사회운동에서 경력을 쌓은 사람들은 애초에 어쩌다 이런 귀한 팀원들을 잃는 지경에 이르게 되었는지 이유를 분석하는 것이 중요하다고 생각했다. 그들은 우리의 업무 및 정보 공유 방식, 그리고 중요한 결정을 내리는 방식을 다시 검토하고 평가함으로써 향후에는 이 같은 상황을 반복하지 않도록 대책을 세우고 싶어 했다.

내게 있어 그런 종류의 고찰, 즉 일종의 집단적 자기성찰은 대단히 새로운 경험이었다. 물론 첨단기술 분야에서도 그 비슷한 방식이 존재한다. 보통 포스트 모르템_{postmortem}이라고 부르는데, 제품에 문제가 발견될 경우 앞 단계로 돌아가 그런 일이 발생한 원인을 분석하고 달리 대처할 수 있게 대안을 모색하는 것이다. 하지만 이는 그보다도 더 심오한 과정이었다. 사람들은 조직 내 모든 개인들이 피드백과 대책 구상에 참여해야 한다고 제안했다. 내게는 꽤 두려운 일이었다. 특히 이런 경우에는 사람들이 아무 거리낌 없이 상당히 비판적이 될 수 있으리라는 것을 알고 있었기 때문이다. 그러나 지금은 피드백이 그 어느 때보다도 필요한 시기였다. 그러니 나는 불편한 감정 속에 틀어박히기보다 내 안의 운동선수를 소환했다.

'좋아, 어쩌면 여기서 배울 게 있을지도 모르잖아.'

나는 최소한 사람들이 분노와 실망감, 그리고 그들이 느끼고 있을 다른 감정들을 표출할 기회가 될 것이라고 느꼈고, 잘하면 나를 더욱 좋은 리더, 우리를 더 훌륭하고 유능한 조직으로 거듭나게 만들 수 있는 아이디어들을 접하게 될지 모른다고 기대했다.

몇몇 사람들이 이 과정을 책임지고 진행하기로 결정했다. 그들은 모든 직원을 각각의 소집단으로 나눠 면담을 통해 현 상황이 어떠한지, 왜 이런 사태가 발생하게 되었는지, 앞으로 우리가 어떻게 다른 방식으로 일했으면 좋겠는지에 관한 의견들을 수집하고 나를 비롯한 임원진에게 결과를 요약해 보고했다. 물론 어떤 면에서 결코 듣기 편한 이야기는 아니었지만, 직원들이 제시한 피드백에는 해결에 도움이 될 아이디어가 포함되어 있었다. 모두 좋은 아이디어들이었다. 우리는 그중 상당수에 동의했고, 개중에는 우리 조직을 진정으로 개선하고 나 혼자서는 도저히 생각해 내지 못했을 아이디어도 있었다.

결론을 말하자면, 그들은 근사한 해결책이 담긴 목록을 가져왔다. 심지어 거기 적힌 모든 제안들이 실현 가능했으며 그중 대부분이 실제로 시행되었다. 많은 아이디어가 조직의 다양한 단계에 위치한 사람들이 공헌할 수 있는 방식이었기에, 모두가 해결책의 일부가 된 것처럼 뿌듯함을 느낄 수 있었다. 그렇게 우리는 모두의 목소리를 적용한 균형 잡힌 과정을 통해 보다 탄탄한 회사가 될 수 있었다. 처음에는 약간 두려웠지만, 결과는 내 기대치를 훨씬 능가했다. 이는 나 하나의 머리로 짜낼 때보다 다른 사람들의 아이디어를 참고하는 것이 훨씬 유익하다는 사실을 보여주는 또 하나의 일화다.

그렇지 않았다면 애초에 이 방법을 추천하지도 않았겠지. 만일 내가 피드백에 방어적으로 굴면서 사람들의 입을 막아버렸다면 나는 내 맹점을 극복하지 못했을 것이며 조직도 그로써 고통받았을 것이다.

세계 최고의 선수들도 이러한 접근법을 활용한다. 우리 시대에 가장 뛰어난 선수 중 한 명인 스테판 커리Stephen Curry는 2017년 NBA 결승전 2차전에서 힘겹게 승리를 거둔 뒤, 경기에 이긴 소감을 말해달라는 요청을 받았다. 그는 결승전에서 2-0으로 이기고 있다는 현황도, 동료 팀원들에 대한 감회도 말하지 않았다. 그의 대답은 "더 잘할 수 있었습니다"였다. 실제로도 아마 그랬을 것이다(그의 경우에는 논쟁의 여지가 있겠지만).

그러나 이것이 바로 챔피언이자 리더, 항상 개선할 여지가 있다는 사실을 아는 사람의 반응이다. 그러니 당신이 가장 좋아하는 선수가 시몬 바일스Simone Biles든 무하마드 알리Muhammad Ali든 아니면 조 몬태나든, 당신 내면의 프로선수들을 받아들여 항상 지금보다 더 나아질 수 있음을, 혼자 노력하기보다는 남들의 피드백이 당신을 더 강하게 만들어줄 수 있다는 사실을 기억하라.

7

실패의 두려움을 넘어서라

장애물을 넘어 끊임없이 나아가라

우리가 '실패'라고 부르는 것은[1] 추락하는 것이
아니라 바닥에 머무르는 것이다.

- 메리 픽포드 Mary Pickford

흐린 날에도 계속 산에 올라라

우리가 무브먼트를 시작하는 것은 커다란 변화를 만들고 싶기 때문이다. 그리고 그러기 위해서는 커다란 장애물을 극복해야 한다. 장애물을 극복하는 한 가지 방법은 우리 앞에 그것이 놓여 있다는 사실을 늘 명심하는 것이다. 내가 프레젠테이션이나 강연을 할 때마다 활용하는 이미지가 하나 있다. 한쪽에는 맑고 화창한 날, 푸른 풀밭이 펼쳐진 산 사진으로, 산꼭대기 근처에 '나'라고 적힌 화살표가 있다. 다른 한쪽은 흐리고 우중충한 날, 어둡고 험한 산 사진으로, 산기슭에 역시 '나'라고 표시된 부분이 있다.

나는 창업가가 된다는 것이 어떤 기분인지 설명할 때 이 사진을 보여준다. 이것은 팀이나 무브먼트를 이끄는 리더의 심정을 나타낸 것이기도 하다. 맑고 화창한 날의 산꼭대기 근처에 소풍 바구니를 들고 있거나, 아니면 비바람이 몰아치는 날 무거운 배낭을 메고 산기슭에서 과연 저 위에 올라갈 수 있을지 불안해 하고 있거나. 당신은 언제나 이 두 가지 상태를 반복하고 있을 것이다. 최악의 시기와 최고의 시기가 빙글빙글 꼬리에 꼬리를 물고 이어진다. 갑자기 기적적으로 모든 고난과 난관을 헤치고 항상 맑은 날만 계속되는 세상으로 갈 수는 없다. 그보다는 맑은 날이 흐린 날이 되고 또다시 맑은 날이 찾아오기를 기다리는 나날들이 끝없이 이어질 것이다.

성공의 열쇠는 흐린 날보다는 맑은 날이 많으리라고 믿으면서 날마다, 무슨 일이 있더라도 정상을 향해 전진하는 것이다. 훌륭한 리더는 날씨와 상관없이 산을 오를 뿐만 아니라 팀원들에게 함께 오르자고 격려한다. 언젠가는 반드시 흐리고 궂은 날이 찾아올 것이기에, 우리는 늘 그런 경우를 각오하고 대비하며 그때를 이겨내는 데 필요한 장비로 단단히 무장해야 한다.

그러나 흐리고 궂은 날씨가 영원히 지속되는 것은 아니다. 언젠가는 또 반드시 구름이 걷히고 맑은 하늘이 나타날 것이며, 그럴 때마다 우리는 이를 기껍게 맞이해야 한다. 맑은 날에도 게으름 피우지 말고 꾸준히 오르는 것이 중요하다. 중간에 멈춰 도시락을 먹겠다고 시간을 너무 오래 허비하지 마라. 그랬다간 뒤에 쫓아오던 사람이 우리를 제치고 정상을 차지할 것이다.

내가 딜맵을 운영할 때에도 수많은 구름 낀 날들이 있었다. 나는 종종 회사가 망할지도 모른다고 생각했고, 특히 회사를 시작하고 처음 몇 년 사이 제품을 바꾸고 심지어 회사의 이름마저 여러 번 바꿨을 때에는 더욱 그랬다. 그리고 마침내 우리가 올바른 아이디어를 성공시킨 뒤에는 우리 회사가 죽여주게 성공하리라는 희망찬 기분을 더 자주 느꼈다. 좋았다 나빴다, 신이 났다가 실망했다가, 늘 그렇게 굴곡이 있었다.

핀터레스트Pinterest의 창립자 겸 CEO인 벤 실버맨Ben Silbermann은[2] 2012년 솔트레이크시에서 열린 알트 서미트Alt Summit에서 스타트업 창업가들의 그런 상태를 공포와 기쁨의 교차점이라고 불렀다.

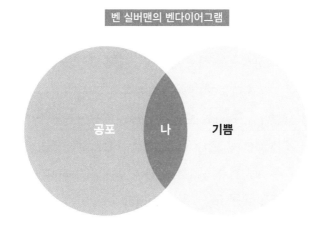

벤 실버맨의 벤다이어그램

공포　나　기쁨

나는 그가 한 말이 무슨 의미인지 진심으로 이해한다. 회사의 앞길에는 항상 아름다운 꽃밭만 펼쳐져 있는 게 아니며, 난관을 헤쳐나가려면 그런 장애물이 존재한다는 것을 서로에게 솔직하게 인정해야 위기에 처했을 때에도 외롭지 않다. 다른 모든 리더들도 우리와 똑같은 불안과 두려움을 겪는다는 걸 알면 우리의 기분도 그리 나쁘지 않을 것이다.

앞으로 이 장에서 보게 되겠지만, 도전과 난관은 그 자체만으로도 특별한 가치를 지니는 경우가 많다. 그것은 우리를 더 강하게 단련해 주고 미래에 더욱 잘 대처할 수 있게 돕는다. 뿐만 아니라 그 과정을 즐기게 된다면, 함께 일하는 사람들로부터 용기를 얻고 당신이 하는 일을 믿는다면, 맑은 날에 쌓은 믿음과 인내심이 어둡고 험한 날들을 이겨낼 수 있게 도와줄 것이다.

스탠퍼드 경영대학원 교수인 데이비드 도슨David Dodson은 이러한 '산 오르기'에 내포된 또 다른 중요한 요점을 지적했다.

"그렇게 열심히 노력해서 정상에 도달하면 앞으로 정복해야 할 또 다른 산봉우리들이 더 잘 보이죠."

그건 사실이다. 하나의 도전을 극복하고 나면 앞으로 넘어뜨려야 할 것들을 더 잘 볼 수 있을 뿐만 아니라 더 잘 추월할 수 있다. 그러므로 계속해서 올라가라. 함께 오르고 싶은 사람들을 데려와, 당신이 혼자가 아님을 늘 상기하라.

록키의 순간을 기억하라

나는 영화라면 사족을 못 쓴다. 정말로 그렇다. 나는 무슨 영화 건 – 심지어 애니메이션도 – 볼 때마다 거의 항상 눈물을 펑펑 쏟는데, 이것 때문에 가족들 사이에서 놀림감이 될 정도다. 더구나 얼마나 넋을 놓고 푹 빠지는지 내가 영화관에서 멋지다고 박수를 쳐대거나 심지어는 화면 속에서 손을 흔드는 캐릭터에게 같이 손을 흔들어주는 모습을 본 친구들도 수두룩하다. 그건 아마 내가 삶의 중요한 교훈을 가르치는 이야기의 힘과 그러한 이야기를 전달하는 예술작품의 위력을 진심으로 믿고 있기 때문일 터다.

그러니 내가 영화나 연극에서 주인공이 쓰러졌다가 불굴의 의지로 다시 일어나는 장면에 특히 깊은 감동을 받는다는 건 별로 놀랄 일도 아닐 것이다. 나는 그것을 '록키의 순간'이라고 부른다. 1라운드에서 쓰러지고, 2라운드에서 또 쓰러져도, 아니면 지금까지 모든 싸움에서 패배를 거듭하더라도 사력을 다해 더 열심히 노력한다면, 주변 사람들의 응원과 격려를 등에 업어 무적처럼 보이던 상대도 승리하게 될 것이다.

아니면 영화 〈마션〉과도 같은 순간도 있다. 화성에 혼자 낙오된 우주비행사를 구출해 지구로 데려와야 한다는 어려운 문제를 놓고 유능한 팀원들을 전부 불러모아 수많은 시행착오를 반복하다가 갑자기 유레카 같은 근사한 아이디어가 '반짝!' 하고 떠오르는 것이다.

나는 이런 순간들이 스크린 밖에서, 그리고 우리의 일상생활에서도 날마다 일어나고 있다고 믿는다. 그리고 그중 일부는 영화만큼이나 극적이고 드라마틱하다. 생사를 건 수술, 종료 휘슬이 겨우 몇 초 남았을 때 골대로 날아가는 공, 새로운 돌파구를 마련한 과학적 개가, 방대한 글로벌 정책을 이끌어낸 사회운동에 이르기까지. 때로는 보다 작고 사소해 보이는 순간들도 있다. 가령 합격할 거라곤 상상도 못했던 시험에 합격한다거나 아무도 신경 쓰지 않을 거라고 생각한 작은 프로젝트에 필요한 기금을 마련하는 등. 우리는 열심히 노력할 때 크든 작든 이런 록키의 순간들을 만나게 되고 아무도, 심지어는 우리 자신조차도 가능할 것이라고 생각지 않은 일들을 달성한다.

그 과정에서 실패가 없으리라는 얘기는 아니다. 사실 '록키의 순간'이란 성공을 이루기 전에 반드시 실패가 존재해야만 가능하다. 목표에 닿는 과정 중에 실패가 당연히 보장되어 있지 않다면 그건 별로 어려운 도전이 아니라는 의미이기도 하다. 그러나 F. 스콧 피츠제럴드F. Scott Fitzgerald의 말처럼[3] "한 번의 실패와 패배를 혼동하지 마라." 우리는 삶에서 만나는 이런 작은 실패들을 패배가 아니라 궁극적인 성공으로 가는 과정으로 봐야 하며, 실패로부터 배움으로써 더 강하게 단련하고 궁극적 목표를 달성할 가능성을 높여야 한다.

록키 발보아_{Rocky Balboa}의 말을 빌리자면 "세게 치는 건 중요한 게 아냐.⁴ 세게 맞고도 계속 싸우는 게 중요한 거지." 삶을 록키의 순간의 연속으로 여긴다면 우리는 놀라운 일들을 성취할 수 있다. 어렵고 격렬한 싸움일수록 승리는 달콤한 법이다.

실패의 경험을 공유하라

우리의 앞길에 무수한 실패가 기다리고 있다는 것을 알고 나면 그다음 단계는 그것을 어떻게 극복할 것인지 알아내는 것이다. 진부한 소리처럼 들리겠지만(이게 진부한 데에는 다 이유가 있다), 우리가 할 일은 실패를 통해 배우는 것이다. 하지만 실패를 통해 배움으로써 정말로 성장하는 게 가능할까? 내 말은, 실패로부터 배운다고 해서 정말로 크게 도약할 수 있을까? 나는 그렇다고 믿는다. 그러기 위해서는 단순히 '이건 효과가 없네'에서 그치지 말고 철저하게 파고들어 정확하게 '무엇'이 효과가 없고, '왜' 효과가 없는지 이해하고 기록해야 한다.

그리고 그다음 단계로 넘어가고 싶다면 가장 좋은 방법이 배운 내용을 남들과 공유하는 것이다. 그저 다른 사람에게 전달하는 게 아니다. 지붕 위에서 큰 소리로 외치듯이 온 세상에 나눠주어야 한다. 특히 당신과 똑같은 문제를 해결하고 싶어 하는 사람들에게 말이다. 우리는 서로의 실패에 대해 더 잘 알고 이해할수록 같은 실수를 반복하는 것을 피할 수 있고, 그 결과 해결책을 찾는 길로 더욱 신속하게 나아갈 수 있다.

토머스 에디슨_{Thomas Edison}이 했다는 유명한 말이 있다.

"나는 실패한 것이 아니라 효과가 없는 1만 가지 방법을 발견했을 뿐이다."

그리고 그 1만 개의 방법들은 그가 다음에 무엇을 시도하고, 무엇을 시도하지 말아야 할지 알려주었다. 에디슨은 더 많은 실수를 하고, 더 많은 사람들이 똑같은 문제에 대해 고민한다면 해결책을 더 빨리 찾아낼 수 있음을 깨달은 것이다. 실제로 뉴저지 웨스트 오렌지에 있었던 에디슨의 실험실은 역사상 최초로 현대적 의미의 연구개발실이라고 할 수 있다. 빠른 시일 내에 실패를 거듭하여[5] 궁극적으로 성공을 이뤄냄으로써 에디슨은 미국에서만 1천93개의 특허권을 획득했고, 이는 2주마다 하나씩 특허를 따 냈다는 의미다. 에디슨과 그의 팀은 현재 실리콘 밸리와 전 세계 혁신 허브에서 활용하고 있는 '빠른 실패' 전략을 사용했던 것이다.

체인지닷오알지에서는 실패에 붙는 부정적인 낙인을 없애기 위해 '실패 축제'라는 것을 도입해 실천하고 있다. 다른 사람들의 실패를 통해 배울 수 있게 실패한 내용을 서로 공유하는 것인데, 회사 전반에 걸쳐 있다기보다는 각각의 팀이 업무 흐름에 맞춰 내부적으로 도입하고 있는 방법론이다. 몇몇 국제 또는 다기능 팀의 경우에는 매주 회의를 통해 실패 축제 시간을 갖고 가장 최근에 실패한 사례에 대해 발표한다. 매주 누가 무슨 작업을 진행 중인지 서로 데모를 교환하는 엔지니어팀은 정기적으로 내부적인 '실패 축제'를 열어 그들이 저지른 실수나 잘못 삽입한 코드, 그리고 그 일을 통해 무엇을 배웠는지를 공유한다.

이 축제는 실패를 수치심이나 부끄러움을 느껴야 하는 것이 아니라 새로운 것을 배울 수 있는 기회로서 조명한다. 어차피 우리 모두는 실패를 경험하고, 특히 야심찬 일을 할 때에는 더욱 그렇다는 사실을 깨닫게 해주는 것이다. 실패를 부끄러워할 필요는 없다. 정말로 부끄러워할 일은 실패한 내용을 서로 공유하지 않아 다른 사람들이 배울 수 있는 기회를 빼앗는 것이다.

유일한 실패는 포기하는 것

나는 스타트업 창업가로서, 실패란 무언가를 구축하고 성장시키는 과정에 있어 불가피한 것이라는 사실을 매우 고통스러운 방식으로 배웠다. 야후에서 거의 10년간 승진 사다리를 오르던 중, 나는 내가 회사를 기초부터 시작해 성장시킬 수 있을지, 중요 사용자 니즈를 해결할 수 있는 제품과 유능한 팀, 그리고 가슴 벅찬 기업문화를 만들 수 있을지 궁금해졌다. 간단히 말해 나는 CEO 가 되고 싶었다.

무언가에 도전한다는 것은 흥분되는 일이지만 당연히 그에 따른 우려도 있었다. 나는 스타트업 기업은 실패할 확률이 매우 높다는 것을 알고 있었다. 정확히 말하자면《확률에 관한 책The Book Of Odds》을 읽어 보니 스타트업 회사가 성공하는 것(출처에 따라 다르지만 대략 7개 중 하나, 또는 10개 중 하나)보다 차라리 UFO를 볼 확률(미국 성인 5.8명 중 1명)[6]이 더 높다는 것을 알게 되었다.

지인들도 내가 야후 임원진을 그만두고 아직 확실한 대표작도 없는 작은 회사를 운영하기로 했다고 말하자 깜짝 놀랐다. 나는 설령 실패하더라도 괜찮을 거라고 스스로를 이성적으로 토닥였다. 지난 경험을 통해 사업에 실패하더라도 직장을 구할 수 있으리라는 것을 알고 있었기 때문에 재정적으로 아주 큰 위험도 아니었다.

또 내게는 무슨 일이 있더라도 나를 격려하고 응원해줄 가족과 친구들이 있었다. 사업에 실패하더라도 그들은 나를 실패자로 여기지 않을 것이다. 그러나 괜찮을 것이라고 말하는 이성과는 달리, 마음속 저 깊은 곳에서는 실패할까봐 두렵다는 목소리가 울리고 있었다. 어쨌든 최종적으로 승리한 것은 뭔가 새로운 것을 창조하고 발전시켜 내가 무엇을 할 수 있는지 입증하고 싶다는 욕구였다.

그래서 나는 뛰어들었다. 나는 회사를 세우기보다 이미 존재하는 작은 회사에 합류했다. 나는 일부러 내가 배울 것이 있다고 생각하는 사람들이 있는 회사를 선택했다. 마이크로소프트 출신의 뛰어난 엔지니어 찬두 소타_{Chadu Thota}가 창립하고, 페이팔_{PayPal}과 인튜이트_{Intuit}의 CEO를 역임하고 풍부한 경험을 갖춘 빌 해리스_{Bill Harris}가 경영을 맡고 있는 회사였다. 나는 그 뒤로 수년간 그들을 비롯해 다른 수많은 사람들로부터 정말 많은 것을 배웠다. 기업가가 된다는 게 얼마나 어려운 일인지도 배웠고, 참으로 많은 실수를 저질렀다. 특히 초반에 말이다.

처음 이 회사에 합류했을 때, 나는 팻도어_{Fatdoor}라는 이 지역사회 소셜 네트워크 사이트의 이름이 마음에 들지 않았다. 이해하기도 힘들고 '팻_{fat}'이라는 단어가 특히 긍정적인 인상을 주지 못한다고 느꼈기 때문이다. 그러나 센터드_{Center'd}라고 이름을 바꾸자는 내 결정은 그보다도 더 나쁜 결과를 가져왔다. 마지막 e를 생략하고(그 이름으로 도메인을 사기엔 돈이 모자랐기 때문이다) 그 자리에 아포스트로피(')를 넣은 건 내 일생 최대의 실수였다.

나중에 언론 홍보를 할 때에는 우리 이름을 소유격 형태로 쓸 수도 없었다. Center'd's처럼 두 개의 아포스트로피가 들어갈 테니 말이다. 게다가 아포스트로피는 컴퓨터 코드에서 '특수문자'에 해당하기 때문에 우리가 만들고 싶은 많은 기능에 방해만 되었다. 철자가 부적절하다는 것만으로도 문제가 많은데 의미마저 애매모호하다보니 사람들은 우리가 무슨 일을 하고 무엇을 의미하는지 이해하지 못했다. 한마디로 처음부터 끝까지 해만 되는 결정이었다. 나는 우리 제품이 최종적으로 출시될 즈음에야 이를 바로잡는 법을 배울 수 있었다.

우리는 사람들이 실제 생활하는 지역공동체라는 작은 세상에 대한 비전을 갖고 있었고, 지역 주민들을 더욱 긴밀하게 연결하고 더 편리하게 생활할 수 있도록 돕고 싶었다. 비전 자체는 뚜렷하고 분명했지만 창업가와 투자가들이 '제품 – 시장 적합성product/ market fit'이라 부르는 것을 창조하려면 막대한 노력이 필요했다. '제품 – 시장 적합성'이란 좋은(규모가 크고 성장률이 높은) 시장이 있고 해당 시장의 니즈를 충족시킬 제품이 있다는 뜻이다. 우리는 진정한 제품-시장 적합성을 지닌 제품을 내놓기까지 세 개의 상품을 거쳐야 했다.

첫 번째는 팻도어로, 내가 회사에 합류하기 전에 개발한 지역사회 소셜 네트워크였다. 잠재력은 강했지만 많은 첨단기술 제품들이 그렇듯이 시대에 지나치게 앞서 있었다. 2007년에 출시된 팻도어는 오늘날 삶의 기본이 된 아이폰과 안드로이드앱, 페이스북 커넥트(페이스북 아이디로 다른 사이트에 로그인하여 사용자 정보를 연계시킬 수 있는) 같은 제품들보다 훨씬 일찍 탄생했다. 그래서 시장 자체는 거대한 잠재력을 지니고 있었음에도(사람들은 이웃들과 연결되고 싶어 한다) 시장에 충분한 숫자의 사용자를 끌어들이지 못했다.

다시 말해 사람들을 효과적으로 지역에 연결하지 못했다는 의미다. 또 사용자의 개인정보 보안 문제도 얽혀 있었다. 그래서 우리는 이 네트워크를 폐쇄했다. 첫 번째 라운드는 패배로 돌아갔다.

그다음에 출시한 제품은 센터드 ver.1이었다. 센터드의 첫 번째 버전은 기존에 팻도어에서 만든 것을 활용해 지역사회 내에 있는 특정 커뮤니티에 초점을 맞춰 지역 수민늘을 연결했다. 바로 학교와 학부모들이었다. 센터드는 학교에서 특정한 행사 계획이나 자원봉사활동처럼 사람들이 서로 나누고 배분해야 하는 일들을 체계적으로 조직할 수 있게 도와줌으로써 삶을 보다 편리하게 해주었다. 또 이 도구를 사용하는 사람은 자동적으로 더 많은 사용자를 끌어들이기 때문에 확산성을 내포하고 있었다.

그러나 사용자가 많은 거대 시장이 될 수 있는 잠재력은 있어도 사용자의 니즈가 충분히 절실하지 않아 수익성이 높은 시장이 아니었다. 우리는 이 프로그램을 작은 스타트업 기업에게 매각했다. 2라운드도 패배였다.

센터드 2.0은 기존의 두 제품에서 활용했던 지역기반 시스템을 지역 검색으로 확장한 것이었다. 우리는 세상이 점점 더 모바일 중심으로 변할 것이라고 예측했다. 지역 상권을 검색하는 사람들은 스마트폰으로 수백 개의 리뷰를 읽느니 가장 중요한 특징들만 재빨리 훑어보고 싶어 할 것이다(특히 대부분의 가게들이 거의 전부 별점 네 개를 받고 있는 상황이라면 말이다).

그래서 우리는 이런 편의성을 제공하기 위해 지역 상점에 대한 4천만 개가 넘는 온라인 리뷰를 분석하고 감성분석 및 머신러닝을 이용해 짤막한 요약 설명을 뽑아냈다. 자가트_{Zagat} 점수와 비슷하지만 그 과정을 자동화했다고 설명하면 이해가 빠를 것이다. 우리는 어떤 레스토랑이 데이트에 적합한지, 아동친화적인지, 아니면 대규모 모임을 하기에 좋은 장소인지 말해줄 수 있었다. 사람들이 가장 많이 언급한 메뉴는 무엇이고 서비스에 대해 뭐라고 평했는지, 또 화장실은 얼마나 깨끗한지도 말해줄 수 있었다.

센터드 2.0은 훌륭한 제품이었지만 충분한 소비자 기반을 확보하지 못했고, 수익을 올릴 비즈니스모델도 찾을 수가 없었다. 사용하는 사람이 없다면 광고를 판매할 수도 없기 때문이다. 닭이 먼저냐 달걀이 먼저냐와 같은 문제였다. 대신 우리가 가진 데이터에 관심이 있는 고객을 발견했는데 - 또 다른 지역 검색 및 디렉토리 회사 - 그들은 그 데이터에 대해 기꺼이 돈을 지불할 의향이 있었다. 그래서 우리는 그것을 판매하고 돈을 꽤 벌었다.

'끝내주게 기분 좋았다'!

나중에 우리가 가장 큰 잠재고객에게 그것을 팔아넘겼다는 사실을 알 때까지는 말이다. 그건 우리의 시장 규모가 충분하지 못하다는 의미였다. 3라운드는 조금 나아지긴 했지만 그래도 역시 패배였다.

나는 각각의 갈림길에서 때려치울 수도 있었다. 아마 많은 사람들이 그랬을 거다. 지금 와서 생각해 보면 나는 우리 회사가 세 번이나 실패했다고 말하고 다니긴 했지만 짐을 싸들고 집으로 돌아가지는 않았다. 2008년과 2009년에 미국 은행들이 '무너지기엔 너무 크다'는 말을 들었다면, 우리는 '무너지기엔 너무 완고'했다. 나와 같은 입장에 있었다면 아마 많은 사람들이 투자가들에게 돈을 돌려주고 판을 접었을 것이다.

하지만 나는 자기회의와 불안감에 젖어 있긴 했지만 포기하고 싶지는 않았다. 우리는 올바른 팀을 보유하고 있음을, 지역기반적 삶을 개선한다는 비전이 충분한 가치가 있음을, 그리고 그 기저에 있는 기술이 진짜 잠재력을 갖추고 있음을 알고 있었다. 나는 야후에서 시행했던 지역 및 시장 비즈니스에 관한 모든 연구조사 내용과 사람들이 우리에게 부족하다고 지적했던 것들을 되짚어보았다. 사용자들은 항상 우리에게 가까운 곳에서 진행 중인 할인 행사에 대해 알고 싶다고 말하곤 했다. 그것이 우리의 유레카! 순간이었다.

우리는 네 번째 제품 딜맵을 개발하기 시작했다. 딜맵에는 우리가 그동안 지역 상권에 관해 모은 모든 데이터가 망라했고, 당시 어떤 상점들이 할인이나 특별 행사를 하고 있는지 보여줄 수 있었다. 우리는 당시 그루폰Groupon이 한참 잘 나가고 있던 소셜 커머스 시장에 딜맵을 내놓았다. 한편 우리는 전국 브랜드(예를 들어 갭처럼)의 지역 매장 특별 행사와 그루폰 스타일의 할인 행사를 똑같이 지도에 표시할 수 있었기 때문에 더 큰 장점을 지니고 있었다. 다른 지역 서비스들이 한 도시에서 하루에 12개의 행사를 표시할 수 있다면 우리는 수천 개를 표시할 수 있었다. 이런 것이 바로 하나의 무브먼트가 될 수 있는 아이디어다. 사람들은 생활이 더 편리해졌을 뿐만 아니라 다른 중요한 것에 쓸 돈을 아낄 수 있기 때문에 이 제품에 열광했다. 그리고 전작들과 달리 딜맵은 돈을 절약하고 싶다는 소비자들의 가장 근본적인 욕망을 충족시켰다.

딜맵은 들불처럼 퍼져나갔고, 출시 첫 해에 수백만 명의 사용자를 확보했다. 마스터카드와 마이크로소프트 같은 대기업들이 함께 일하고 싶다고 연락을 해오기까지 했다. 내가 제품-시장 적합성이라는 건 무엇인지 커다란 깨달음을 얻은 순간이었다.

이러한 시대정신을 실리콘 밸리 용어로 표현해 보자. 우리는 실패를 받아들이기보다 피벗(pivot, 핵심 원천기술을 유지하면서 전략을 수정해 제품의 방향이나 기능을 수정하는 것 - 옮긴이)을 채택했다. 그리고 효과를 거뒀다.

궁극적으로 성공을 거두긴 했지만, 내가 이제까지 설명한 것은 그 과정에서 맞닥뜨린 무수한 난관과 도전들을 간단히 줄여 표현한 것에 불과하다. 우리는 정말 높은 산을 올랐다. 맑은 날도 많았지만 구름 낀 날도 많았다. 우리가 방대한 시장에서 잘 나가

퍼포스풀

는 제품을 출시했다고 해서 모든 장애물이 사라진 것도 아니다. 특허권 트롤들에게 고소를 당한 적도 있고, 더 많은 사업 자본을 유치할 것인지 아니면 회사를 매각할 것인지를 두고 이사회가 양쪽으로 갈라져 다투기도 했고, 구글의 인수가 확정되기 36시간 전에(심지어 팀원들이 이 소식을 듣고 짐을 싸기 시작한 뒤에) 갑자기 협상이 결렬될 뻔한 고비를 넘겨야 하기도 했다. 이런 사건들을 겪을 때마다 나는 생각했다.

'어떻게 한 발짝 더 높이 오를 수 있을까?'

우리는 한걸음 한걸음씩 난관을 헤쳐나갔다. 구글과 필요한 추가 협상을 하고 인수체제를 수정했다. 성공하기 위해 필요한 일을 했다. 나는 테네시대학의 여성농구팀 감독이자 로빈 로버츠 Robin Roberts의 코치이기도 한 고(故) 팻 서미트 Pat Summitt의 명언을 떠올렸다.

"왼발, 오른발, 숨 쉬고.[7]"

그냥 계속 움직이자. 난관에 부딪쳤을 때마다 침착하게 풀어나간다면 성공을 붙잡을 수 있을 것이다.

협력자를 찾아라

산이 높게 느껴질 때면 반드시 혼자 올라갈 필요는 없다는 사실을 떠올려라. 처음 변화를 위한 투쟁을 시작했을 때는 혼자였을지 몰라도, 당신의 무브먼트를 지지하러 모인 사람들은 당신이 장애물을 넘고 앞으로 나아가게 도와줄 수 있다. 올가 리브코브스카야Olga Rybkovskaya가 러시아 보건부의 집중치료실에 누워 있는 가족을 면회하는 것을 금지하는 법률을 수정해 달라고 청원을 올렸을 때에도 그랬다. 그녀의 청원에 서명한 수많은 사람들이 체인지닷오알지에 개인적인 경험담을 올렸고, 올가는 그런 감동적이고 강력한 서사와 이야기들을 모아 다른 사람들도 경험을 공유해 달라고 독려했다. 지지자들을 결속시키고, 새 법안과 관련 서류를 작성하는 데 도움을 줄 수 있는 변호사와 심리학자들을 포함해 자원봉사자들을 활용한 것은 이 캠페인에서 가장 효과적이었던 부분이다.

"나는 많은 사람들에게 법적 도움이 필요하다는 걸 알게 되었습니다. 그런데 공교롭게도 서명을 한 사람 중에 변호사들이 있었지요. 그래서 변호사들끼리 모여서 뭔가 해보자고 제안하는 글을 올렸어요. 서른 명이 즉시 답변을 보내왔지요. 그래서 페이스북에 비공개 그룹을 만들었고, 며칠도 지나지 않아 자원한 변호사들이 브레인스토밍을 거쳐 중요하고 유용한 서류들을 완벽하게 준비해 왔지요. 우린 아직도 페이스북 그룹을 운영하고 있어요. 참가자들끼리도 아직 연락을 계속하고 있고요."

그리고 앞에서 만났던 아만다 응웬도 있다. 그녀는 성폭력 생존자들의 권리를 위해 열심히 싸웠지만 이내 혼자서는 할 수 없다는 사실을 깨달았다. 그녀가 법안 개정을 위한 무브먼트에 동참할 협력자를 찾기 위해 가장 먼저 한 행동은 아주 작고 단순했지만 동시에 매우 강력했다. 아만다는 자신이 아는 모든 사람에게, 친구, 동료, 교수들 할 것 없이 가리지 않고 전부 이메일을 보냈다.

"매사추세츠주의 법안을 개정하자는 내 비전에 동참해 달라고 부탁했어요. 말하자면 이렇게 말했죠. '이게 내가 하고 싶은 일입니다. 누가 나와 함께하며 도와줄 사람 없나요?'"

자신의 개인적인 이야기를 털어놓는 것이 쉽지는 않았지만, 아만다는 그것이 성폭력에 관해 이야기하는 방식을 바꾸는 데 매우 중요한 요소임을 알고 있었다.

"강간은 생존자들에게 치욕스러운 일이죠. 내 이름 옆에 '강간'이라는 글자가 적혀 있는 걸 보기만 해도 가슴이 철렁 내려앉아요. 하지만 나는 우리가 하는 일이 그들에게 얼마나 중요한지, 그들의 삶을 어떻게 바꿨는지 미국 전역에서 나아가 전 세계에서 보내오는 사람들의 이야기를 보고 들어요. 그래서 내가 이 일을 계속할 수 있는 겁니다. 계속해서 밖으로 나가 내 약점을 드러내 보이면서, 그렇지만 내가 하고자 하는 이야기를, 내 이야기를 들려주고 다른 사람들도 다 볼 수 있게 공개적으로 싸우는 거예요. 어쨌든 중요한 건 그거니까요."

사람들은 기꺼이 반응했다. 변호사부터 프로그래머, 코미디언까지 어떻게 도울 수 있느냐고 물었다. 라이즈를 설립했을 때, 아만다는 변화를 만들기 위해 주 단위는 물론 나아가 전국 단위로 사람들을 조직할 수 있었다. 라이즈의 가장 놀라운 점 하나는 거기서 일하는 대부분의 사람들이 자원봉사자라는 것이다. 그들은 다양한 형태의 전문지식과 서비스를 그들이 옳다고 생각하는 대의를 위해 무료로 제공했다.

"라이즈는 사회운동의 우버와도 같습니다. 변화를 만들기 위해 전문기술을 공유하는 경제라고 할 수 있죠. 하루하루 살면서 남는 시간에 나라를 바꾸고 싶나요? 그게 바로 우리가 하는 일이랍니다. '하지만 난 그런 일을 할 시간이나 능력이 안 돼요'라고 변명할 여지가 없는 거죠. 우리에겐 하루 종일 월스트리트에서 바쁘게 일하는 금융 전문가들과 경제학자들이 있어요. 그렇지만 우리가 어떤 국회의원 지역구의 경제 침체 현황에 대해 계산해 달라고 부탁하면 그 바쁜 와중에도 두 시간을 투자해 주고, 그러면 우리는 그 결과를 국회의원에게 보여주죠. 우리의 가장 큰 자산은 사람들과 그들의 이야기, 배경, 그리고 다양한 전문기술과 능력입니다."

아만다는 성폭력에서 살아남은 생존자들과도 협력하고 있다. 체인지닷오알지에서 청원을 시작한 이래 14만 명 이상이 청원에 서명하고 그녀의 무브먼트를 지지하는 이유를 적었고, 그중 많은 사람들이 성폭력에서 생존한 경험담을 털어놓았다. 후에 아만다는 스무 명의 생존자를 워싱턴 D.C.에 데려와 국회의원들 앞에서 직접 이야기를 들려줄 수 있도록 체인지닷오알지에서 모금운동을 하기도 했다. 그리고 앞에서 봤듯이, 아만다와 그녀의 협력자들은 겨우 7개월 만에 의회에서 법안을 통과시킴으로써 승리를 거두었다.

연방의회에서 법안이 통과한 깃은 엄칭난 진진이지만 그들이 올라야 할 산은 여전히 높다. 미국은 각 주마다 다른 법안을 적용하고 있고, 많은 주에서 생존자의 권리가 충분히 보호받지 못하고 있기 때문이다. 현재 아만다는 여러 주에서 무브먼트를 시작하고 있으며 더 많은 생존자들이 고향에서 캠페인에 참여하고 있다. 지금 이 글을 쓰는 동안에도 이 비범한 봉사팀은 지난 6개월 사이 12개 주에서 성폭력 생존자 권리법을 통과시켰다.

책임과 지지를 나눌 파트너를 세워라

파트너는 궁극의 협력자다. 이베이에서 카테고리 관리자로 일하던 에이미 노먼Amy Norman과 스텔라 마Stella Ma는 2008년 사내 회의에서 처음 만난 후 리틀 패스포트Little Passports를 공동창립했다. 처음부터 사업을 하려 했던 것은 아니다. 그들은 그저 뭔가 변화를 만들고 싶었지만 자신들이 하는 일이 그만한 영향력을 끼치지 못한다는 느낌을 받았을 뿐이다. 스텔라는 이렇게 말했다.

"미국 기업들에 진절머리가 났어요. 내가 하는 일이 세상에 좋은 영향을 충분히 끼치고 있지 못한다는 생각이 들었고요. 내가 이제까지 해온 일을 돌아봐도 세상을 더 나은 곳으로 만들고 있다는 걸 확인할 수가 없었으니까요."

그래서 두 사람은 공동창립자 겸 공동경영인으로서 새로운 세대를 세계 시민으로 교육한다는 사명을 지닌 리틀 패스포트를 설립했다. 리틀 패스포트는 회원가입을 하면 3~12세 아동들에게 매달 여러 국가나 주제에 대해 가르치는 우편 패키지를 보내주는데, 각 자료들은 세계를 여행 중인 '펜팔' 캐릭터가 보내준다는 형식을 띠고 있다.

그로부터 9년 후 리틀 패스포트는 전 세계 아동들을 고취시키고 새로운 상품을 거듭 개발하며 빠른 속도로(매년 약 두 배씩) 성공적이고 수익성 높은 회사로 성장했다. 그러나 그런 시점에 도달하기까지 스텔라와 에이미는 수차례 거대한 난관에 부딪쳐야 했다. 그리고 그 거대한 난관들을 - 개인적으로나 사업적으로나 - 극복하는 과정에서 가장 큰 도움이 된 것은 바로 서로의 존재였다. 나는 2009년부터 리틀 패스포트의 이사회 임원이었던 덕분에 이들의 굳건한 각오와 투지를 옆에서 직접 지켜볼 수 있었다.

"우리가 사업을 시작한 바로 그 주말에 정말 상상치도 못하게 내 결혼이 파탄났어요. 난 둘째를 임신한 지 8개월째였고요. 그 다음엔 키우던 개가 암 진단을 받았고 넉 달도 안 되어 무지개다리를 건넜죠. 이제 난 혼자서 애를 키워야 하는데 거기다 수입도 없었어요. 그때가 아버지가 돌아가신 지 얼마 안 됐을 때였는데, 그분은 내 인생에서 가장 큰 버팀목이셨죠. 그리고 우리 둘은 회사를 어떻게든 일으켜보려고 안간힘을 쓰는 중이었고요. 말 그대로 방금 시작한 회사였으니까요. 아직 사업자금도 다 모으지 못한 상태였죠. 그래서 회사를 유지하려면 엄청난 노력과 헌신과 참을성, 그리고 우리들 자신에 대한 극한의 믿음이 필요했죠."

뒤이어 에이미는 리틀 패스포트가 인생 최악의 순간에 엄청난 희망을 의미했으며 스텔라가 공동 CEO로 옆에 있어 준 것이 얼마나 큰 차이를 불러왔는지 털어놓았다.

"그런 힘든 시기에 스텔라는 나에게 최고의 버팀목이었어요. 나를 안정적으로 붙잡아주는 목소리였죠. 한번은 추수감사절에 갈 곳 없는 나를 자기 집에 초대해 줬는데, 아마 그 기억은 평생 잊지 못할 거예요. 사업과 관련된 우리의 의리와 우정은 개인적인 우정과도 완벽하게 일치했지요. 나중에, 이 모든 게 좋은 결과로 나타났을 땐 정말 끝내주는 기분이 들었죠."

스텔라는 자신이 힘들었던 때 에이미가 곁에 있어 주었던 수많은 일화 중 하나를 들려주었다.

"에이미와 나는 친구로 시작해서 어렵고 힘든 시기를 함께 헤쳐나갔죠. 내가 예정일보다 빨리 우리 아들을 출산했을 때도 내 곁에 있어 주었어요. 그때가 사업을 시작한 지 얼마 안 되었을 때인데 그 애는 석 달이나 병원에 있어야 했고, 에이미는 개인적으로나 사업적으로나 나를 최대한 뒷받침해 줬어요. 그게 정말 결정적이었죠."

사업에 대한 신념과 그들 자신에 대한 믿음, 그리고 서로에 대한 믿음이야말로 두 사람이 수많은 장애물과 실패할지도 모른다는 두려움을 버티고 극복하여 위기를 넘기며 일어날 수 있었던 가장 중요한 열쇠였다. 두 사람은 개인적으로 힘든 순간들뿐만 아니라 사업에 있어서도 수많은 어려움을 이겨내고 – 자금 문제로 어려웠을 때, 직원들 월급을 주지 못할까봐 걱정이 되었을 때, 물류 창고를 변경해야 했을 때, 한 회사가 그들에게 제품을 납품하지 않겠다고 협박했을 때 등 – 함께 난관을 헤쳐나갔다.

두 사람은 실패할 수 있었던 순간들을 한 번에 하나씩 해결해 나가며 그때마다 서로를 지탱하고 보살폈다. 도움이 필요할 때면 서로를 믿고 의지할 수 있다는 것을 알았고, 서로를 위해 최선을 다했다. 익숙하고 능숙한 분야를 나누어 책임지고, 각자 맡은 역할을 – 에이미는 마케팅과 재정관리를, 스텔라는 상품 개발과 운영을 맡았다. – 서로가 잘 해낼 것이라고 믿어 의심치 않았다. 어떤 전략을 짜야 할지, 새 상품을 출시해야 할지, 아니면 특정한 투자자와 함께 일해야 할지 등의 커다란 결정을 내려야 할 때에는 함께 머리를 맞대고 의견을 나눴다.

돈독한 파트너십은 회사를 더욱 강하고 확고하게 만들었으며, 궁극적인 성공을 향해 나아갈 수 있도록 도와주었다. 리틀 패스포트는 3천만 달러 이상의 매출을 올리며 빠른 속도로 성장했다. 또 그들의 무브먼트 뒤에는 리틀 패스포트 브랜드를 사랑하고 새 상품이 나올 때마다 구독을 신청하는 열렬한 팬들이 있었다.

당연하게 들릴지도 모르겠지만, 주변에 당신을 지지하고 믿을 수 있는 사람들을 배치하는 것은 삶의 어떤 분야에서든 효과적인 방법이다. 연구조사에 따르면 남들과 목표를 공유하는 것만으로도 그것을 성취할 가능성이 높아진다고 한다.

2015년, 캘리포니아 도미니카대학의 게일 매튜스_{Gail Matthews} 교수는[8] 여러 산업 분야에서 일하는 다양한 배경을 지닌 276명의 사람들을 대상으로, 4주 동안 비즈니스 관련 목표를 성취하기 위해 다양한 수준의 행동을 수행하게 했다. 실험 참가자들은 무작위로 다섯 개 집단에 배정되었는데, 각각의 집단은 목표에 대해 생각하기, 다른 관점에서 평가하기, 목표를 작성하고 각오 다지기, 목표와 이를 달성하기 위해 해야 할 행동을 작성하고 각오 다지기, 앞에서 언급한 모든 행동과 더불어 친구에게 자신이 할 행동에 대해 공유하기, 그리고 마지막으로 앞에서 언급한 모든 일을 실천하고 매주 친구에게 진행 상황 보고하기라는 과제를 부여받았다. 실험에 참가한 사람들의 목표는 책의 1장을 쓰는 것부터 주택 매매에 이르기까지 다양했다.

실험이 끝난 뒤, 참가자들은 목표에 대한 자신의 성취 수준을 평가했다. 매튜스는 친구들에게 진행 상황을 보고한 참가자의 70퍼센트와 친구들에게 자신이 취할 행동에 대해 공유한 참가자의 62퍼센트가 목표를 성공적으로 달성한 반면(목표를 완벽히 달성하거나 절반 이상 달성) 목표를 작성하지 않고 생각만 한 집단과 목표를 작성하긴 했지만 다른 사람에게 알리지 않은 집단은 각각 35퍼센트와 43퍼센트만이 성취했다는 사실을 발견했다.

다른 사람의 신뢰나 지지를 받는다고 느끼는 사람들이 목표를 성취할 가능성이 높다는 사실은, 금연이나 다이어트에 이르기까지 여러 분야에서 확연히 드러났다.

최근에 내 친구는 체중 감량을 위해 지인들끼리 일종의 '지지와 책임' 모임을 만들었다. 그들은 매주 일주일에 네 번 운동을 한다는 계획을 세우고, 운동을 끝내고 나면 오늘은 무엇을 했는지 친구들에게 짧게 메시지를 보냈다. 그러면 다른 친구들은 반드시는 아니지만 대개 격려의 답변을 보냈다. 한 주에 네 번 운동을 한다는 약속을 지키지 못할 경우에는 벌칙으로 그다음 주에 버피 75번(스쿼트와 윗몸일으키기, 제자리 뜀뛰기 다음에 쪼그렸다 뛰기)을 추가로 해야 했고 그건 짐작하다시피 전혀 즐거운 일이 아니었다.

그렇게 1년이 지났을 때, 그들은 처음 모임을 만들고 52주 동

퍼포스풀

안 일주일에 네 번이라는 약속을 지키지 못한 경우가 고작 4~5주에 불과하다는 사실을 알게 되었다. 두 명은 한평생 최고의 몸 상태를 유지하고 있었으며 한 명은 자신의 목표에 '근접했다'고 평가했다. 지속적인 문자 보고는 결심을 유지하는 데 큰 도움이 되었고, 일 년도 한 달도 아닌 일주일을 기준으로 한 작은 목표는 중간에 지쳐 나가떨어지지 않고 꾸준히 운동을 계속할 수 있게 해주었다. 심지어 이 시스템은 여행을 가거나 평소와 다른 생활을 할 때에도 평소처럼 운동을 할 수 있게 도와주었으며, 거의 항상 효과가 있었다. 물리적으로 가까이 있을 필요도 없었고(한 명은 뉴욕, 한 명은 캘리포니아, 그리고 한 명은 호주에 살고 있었다.), 바다 건너 다른 대륙에서도 서로를 격려할 수 있었다. 게다가 날마다 연락을 주고받으면서 더욱 가까운 사이가 된 것은 보너스였다.

무브먼트를 성공시키고 싶다면 파트너가 될 수 있을 가까운 사람들을 떠올려보라. 누가 당신을 늘 격려하고 응원해 줄 것인가. 당신은 누구에게 책임감을 느끼고 힘든 난관을 이겨내기 위해 더 열심히 노력할 것인가.

완벽주의에서 벗어나라

많은 경우에 무브먼트나 새로운 비즈니스는 도전과제에 맞서 싸우고 뭔가 커다란 일을 시작할 때 딸려오는 방대한 일거리를 처리하고 맷집 좋게 버팀으로써 성공을 거둔다. 뭔가를 완전한 밑바닥부터 시작하려면 상당한 노고가 필요하다. 결코 쉽지 않은 일이고, 아무도 그럴 것이라고 기대하지도 않는다. 성공에 필요한 듯 보이는 자원을 갖추고 있지 못한 경우도 많은데, 그건 다시 말해 모든 관계자들이 더 열심히 노력하고, 더 열심히 일하고, 서툴더라도 계속 버텨야 한다는 뜻이다.

그러나 당신이 하는 일은 그럴 가치가 충분하고, 서툴고 산만한 과정도 겪을 가치는 충분하다. 실제로 대부분의 대규모 사업이나 무브먼트의 시작은 모두 작고 소소했으며, 어설픈 시작이 없었다면 성공하지 못했을 것이다.

HP부터 구글에 이르기까지, 지금은 대기업으로 성장한 많은 첨단기술 기업들이 가정집 차고에서 시작되었다는 사실은 우연이 아니다. 내가 피츠버그에서 브레이크스루를 시작했을 때에도 사무실이라고 부를 만한 것이 딱 두 개 있었는데, 심지어 하나는 진짜 옷장이었고, 우리는 그것을 '옷장실cloffice'이라고 부르곤 했다. 매일 같이 어찌나 늦게까지 일해야 했던지 심지어 오후 9시에 문을 닫는 슈퍼에 갈 시간이 없어서 1년 내내 호주머니에 똑같은 쇼핑 목록이 들어 있었다(물론 훌륭한 리더라면 그래선 안 된다는 것을 안다. 나도 나중에는 우선순위를 구분하는 법을 배우게 됐다).

여하튼 뭔가를 새로 시작하게 되면 할 일이 많다. 그리고 때로

퍼포스풀

는 일이 순조롭게 잘 진행될수록 할 일이 늘어난다. 적어도 불어
난 규모에 적응할 때까지는 그렇다.

드라이바를 창시한 앨리 웹과 마이클 란다우는 처음 매장을
열고 몇 주 후에 이 사실을 깨달았다. 처음에는 예약이 간간히 들
어왔다. 몇 시간마다 예약 이메일이 날아왔고, 그때마다 손님이
생겼다고 신이 났었다. 그러다 데일리캔디 사이트에서 드라이바
를 나룬 특집기사를 내면서 모든 게 삽시간에 달라졌다.

어느 날 함께 모여 점심을 먹고 있는데, 갑자기 모두의 전화기
가 한꺼번에 요란하게 울리기 시작한 것이다. 예약 신청이 미친
듯이 쇄도하기 시작한 것이다. 일주일 뒤가 되자 미용사는 다섯
명에 의자는 겨우 여덟 개였다. 마이클의 말을 빌리자면 '늑대 떼
에 던져진 것 같았다'고 했다. 드라이바에 대한 수요를 너무 과소
평가한 게 문제였다.

초반에 드라이바의 정신없는 풍경은 가히 코미디에 가까웠다.
마이클과 앨리, 그리고 두 사람의 배우자는 새벽 두 시까지 매장
에 남아 영업 체계를 배우고 다음 날의 영업 준비를 했다.

"대혼란이었죠. 몇 달이 지났는데도 앨리는 여전히 뒷방에 틀
어박혀서 월급 계산을 하고 일정을 조정하느라 정신이 없었어요.
게다가 말 그대로 스타일리스트들에게 머리 꼭대기까지 시달리
고 있었고요. 그래서 브렌트우드에 있는 가게 뒤에 원룸을 하나
빌렸습니다. 아내와 나는 오렌지카운트에 살고 있었기 때문에 주

말에는 집에서 자고 주중에는 거기서 출근했어요. 또 앨리가 가게에서 벗어나 숨을 돌리거나 생각할 시간을 갖거나, 아니면 월급을 계산하고 일정을 조정할 장소로도 사용했고요."

그들은 조금씩 직원을 고용하기 시작했고 나중에는 진짜 사무실을 마련하게 되었다. 심지어 사업 경영을 돕고 고객들의 머리를 직접 다루는 앨리마저 사업을 유지하려면 얼마나 열심히 일해야 하는지를 알고 경악했다.

"난 처음에 매니저를 고용하지 않았어요. 이렇게까지 커질지 몰랐거든요. 나는 정말로 쉴새없이 손님들 드라이를 하고 드라이를 하고 또 가게 운영을 도왔어요. 처음 매장을 홍보할 때 '언제든 편할 때 들러주세요'라고 해서 손님들이 왔는데, 오히려 화를 내면서 가버리곤 했죠. 우리가 너무 바빠서 정신이 없었거든요. 처음 브렌트우드에 가게를 열었을 때 프런트데스크에 전화를 놨는데 너무 바빠서 전화를 받지도 못했어요. 드라이기 소리와 음악 소리 때문에 시끄럽기도 했고요. 만일 전화를 받더라도 모두에게 나쁜 경험만 됐을 거예요. 차례를 기다리는 손님들은 짜증이 날 테고, 전화를 건 사람도 우리가 무슨 말을 하는지 안 들릴 테니까요. 그래서 콜센터를 열게 된 거예요. 정말이지 그럴 계획이 아니었는데. 그저 잠깐 숨을 돌리는 동시에 다른 모든 문제를 해결할 방도를 알아내려고 하는 거 같았죠. 이렇게까지 단기간에 성공할 줄은 정말 상상도 못했어요. 첫날엔 너무 힘들어서 다들 죽으려고 했다니까요. 혼란 그 자체였어요."

마이클의 말처럼, 결국 중요한 것은 필요한 일을 완수해 내는 것이다.

"완벽함에 너무 얽매이지 마세요. 사업을 운영할 때 할 일들은 어차피 전부 다 어렵고 까다로워요. 그러니 뭐든 열심히 해서 해 내기만 하면 됩니다."

장애물을 탓하지 마라

많은 사람들이 그렇듯이 나 역시 살면서 삶에 대한 인생관을 바꾸고 난관과 장애물을 다른 관점으로 보게 한 커다란 사건들을 경험했다. 그중 하나인 에마의 사고에 대해서는 앞에서도 이야기했지만, 실제로 내 인생관을 뒤바꾼 최초의 사건은 그보다 더 오래전인 내가 20대 후반일 때 일어났다.

나는 지금의 남편인 렌과 피츠버그에서 처음 만났다. 피츠버그는 그의 고향이었고, 나는 브레이크스루 프로그램을 위해 막 그곳으로 옮겨 온 참이었다. 우리는 2년 뒤에 결혼식을 올리고 얼마 지나지 않아 경영대학원에 함께 입학했다. 2년 동안 우리는 코넬대학교에서 행복한 시간을 보냈다.

당시에 나는 지속적으로 심한 두통을 앓기 시작했지만, 나이도 젊었고 워낙 바쁘게 살았기 때문에 그저 축농증이 심해졌거니 하고 크게 신경 쓰지 않았다. 게다가 우리는 학교생활과 서로에게 푹 빠져 우리 인생에서 가장 행복한 시절을 보내고 있었다. 그러던 중 나보다 열 살 많은 그 당시 30대 중반이었던 렌은 아버지가 될 준비를 했었다. 나 역시 항상 어머니가 되고 싶었고, 왠지 모르게 삶의 당연한 것으로 여겼기에 두려움은 있었지만 그의 생각에 찬성이었다. 나는 아직 스물여섯 살이지만 앞으로 무슨 일이 생길지 모르기 때문에 지금 시도하는 게 좋겠다고 말했다.

우리는 경영대학원에 다니던 2년 차부터 임신을 시도했지만 성공하지 못했다. 대학원을 졸업한 후 우리는 팔로알토Palo Alto로 이사를 했고, 우리 둘 다 닷컴 붐이 일던 시기에 첨단기술 기업에 취직했다. 나는 팔로알토에서 임신이 안 되는 이유를 알아보려고 의사를 찾아갔다. 두 번째 만남에서 의사는 내 혈액검사 결과를 알려주며 약간 비정상적인 호르몬 수치가 발견되었으니 뇌 MRI를 찍어보자고 권유했다.

왜 그랬는지는 모르겠지만 그때 나는 의사가 검사를 미리 예약해 놓은 것을 보고도 아무 생각도 하지 않았다. 너무 젊고 순진해서였을 수도 있고, 그때는 무슨 일이 생길 때마다 인터넷을 뒤져보는 습관이 흔치 않던 시절이었기 때문일 수도 있다. 어쨌든 내가 아는 것이라고는 내가 앞으로 맞닥뜨리게 될 소식을 받아들일 준비가 되어 있지 않았다는 것뿐이다.

며칠 후, 의사가 전화를 걸어왔다. 하필 사무실에 칸막이가 없는 야후에서 일하는 중이어서 유일하게 사적인 대화를 할 수 있는 곳으로 자리를 옮겨 전화를 받았다. 투명한 유리벽으로 둘러싸인 회의실이었다. 내가 전화를 받자마자 의사가 잽싸게 말했다.

"MRI 결과가 나왔어요. 뇌종양이니 당장 신경외과에 가세요."

뇌종양이라고? 순간 머릿속이 새하얘졌다. 그러더니 온갖 생각들이 난무하기 시작했다. 모든 게 혼란스럽고 무서웠다.

'신경외과 의사를 어디서 찾지? 지금 당장 병원에 가라는 건 내가 죽을 병에 걸렸다는 얘기인가?'

내가 이 청천벽력 같은 소식을 받아들이려고 안간힘을 쓰는 동안, 모두가 유리벽 너머에서 내가 우는 모습을 보고 있었다. 속으로 이렇게 생각하던 게 기억난다.

'여기서 어떻게 나가지? 반차를 내려면 누구한테 말해야 돼?'

이런 소식을 접하고 회사에서 태연하게 일을 할 수는 없지만 그렇다고 회사에 들어온 지 얼마 되지도 않은 주제에 책임을 다하지도 못하고 뛰쳐나가고 싶지도 않았다. 여름 내내 인턴으로 일하다가 겨우 한 달 전에야 정사원이 되었기 때문이다. 상사에게 무슨 일인지 털어놓자 그는 내게 빨리 집으로 가라고 충고했다. 당시에 나는 아직 관리자가 아니었지만 그때의 경험은 후에 내가 관리자가 되고 회사의 리더가 되었을 때 사용한 소중한 가르침이었다. 그날 상사가 보여준 연민과 침착한 대응은 내게 깊은 감명을 주었고, 그 뒤로 나는 함께 일하는 사람들이 힘든 일을 겪을 때마다 그가 그랬던 것처럼 친절함을 베풀기 위해 다분히 노력했다.

머리 속에 뇌종양이 자라고 있다는 사실을 알게 된 날 나는 집으로 돌아가 그 사실을 받아들이려고 애썼고, 그 뒤 일주일 동안에는 더 정확한 진단과 내가 받을 치료 내용에 대해 자세히 알게 되었다. 나는 (사실 지금도) 뇌하수체선종이라는 걸 앓고 있었다. 느리게 성장하는 뇌종양으로 대개는 양성이며, 나중에 알고 보니 꽤 흔한 병이었다. 하지만 당시에는 그런 과학적 사실도 내 두려움을 덜어주지는 못했다. 겁이 나긴 했지만 그나마 다행인 것은 종양의 크기가 커서 수술을 해야 하긴 하지만 암은 아니라는 점이었다. 수술만 잘 된다면 나는 괜찮을 터였다.

불현듯, 그동안 왜 그렇게 지독한 두통에 시달렸는지 이해가 됐다. 나는 이제 복잡하고 심각한 뇌수술을 받아야 하는 처지에 있었다. 아직 아이를 낳지 않은 젊은 기혼 여성으로서, 내 어머니가 비슷한 일을 겪었을 때와 똑같은 스물일곱의 나이에 말이다.

나는 정말 운이 좋았다. 이런 종류의 종양에 있어서는 세계 최고의 실력을 자랑하는 의사가 마침 샌프란시스코에 있었기 때문이다. 찰리 윌슨Charlie Wilson 박사는 내가 수술을 받기 두 달 전에[9] 《뉴요커》에 '수술 천재'로 보도된 적이 있었고, 그 기사를 쓴 말콤 글래드웰은 그를 신경외과계의 요요 마(Yo-Yo Ma, 첼리스트) 또는 웨인 그레츠키(Wayne Gretzky, 전설적인 아이스하키 선수 – 옮긴이)라고 칭했다.

내 종양은 크기가 큰 데다 시신경 바로 위에 있었기 때문에 수술 외에는 다른 선택의 여지가 없었다. 수술로 제거하지 않는다면 종양은 계속 커져서 실명이나 다른 심각한 문제를 야기할 수 있었다. 내가 수술에 농의하자 이내 수술 일정이 잡혔다. 예약이 가능한 가장 빠른 날짜는 4주 후였다.

수술을 기다리는 시간은 두려움으로 가득했다. 나는 모든 게 무서웠다. 만약에 내가 수술을 마치고 깨어나지 못하면 어떻게 하지? 수술을 받다가 잘못되어서 뇌기능이나 시력에 문제가 생기면, 아니면 그보다 더 심각한 문제가 생기면 어쩌지? 하지만 이런 두려움에도 불구하고, 삶을 다른 방식으로 돌아볼 수 있게 해주는 기쁜 시간들도 있었다.

평소에 독립적이고 주변 사람들에게 도움을 요청하는 것을 꺼리던 나는 이번 일을 계기로 도움이 필요하다는 것을 인정하게 됐다. 내가 취약성의 위력을 깨달은 첫 번째 계기였다.

나는 나를 도와준 수많은 사람들에게 커다란 은혜를 입었다. 직계 가족은 물론이고, 컬럼비아대학에서 소아내분비 과장이었던 아버지 사촌의 부인은 내가 수술 절차에 대해 더 잘 이해하고 좋은 의사를 만날 수 있게 주선해 주었다. 경영대학원에서 사귄 친구 주디는 수술 전날에 병문안을 와주었다. 전에는 누군가에게 부탁한다는 걸 상상도 못했는데, 주디는 본능적으로 그게 환자에게 얼마나 위안이 되는지 알고 있었고 그녀의 생각은 옳았다. 나는 인간관계가 얼마나 중요한지 새삼 깨달았다.

인생관에 있어 가장 큰 변화는, 우리의 생이 생각보다 짧을지 모르니, 그러므로 다른 사람들과 함께하는 모든 순간들을 감사하고 소중하게 여겨야 한다는 것을 깨닫는 경험을 통해 온다. 때때로 사는 게 너무 힘들 때면 나는 수술대에 혹시나 잘못될 경우를 대비해 렌에게, 부모님께, 그리고 동생들에게 쓴 편지를 떠올리며 지금 내가 마주하고 있는 문제나 스트레스가 그에 비하면 얼마나 사소한 것인지 생각한다. 왜냐하면 바로 지금 누군가는 수술대에 오르거나 사랑하는 사람을 잃거나 혹은 생사가 걸려 있는 중요한 순간에 있을 것이기 때문이다. 나는 정말 운이 좋게도 그런 경험들을 이겨냈지만 모든 사람이 그렇게 운이 좋은 것은 아니라는 걸 안다.

성장형 사고로 전환하라

때때로 가치란 난관과 시련 그 자체에 있기도 하다. 내 딸은 초등학교에서 아주 훌륭한 교사를 만났는데, 그녀의 혁신적인 교육

퍼포스풀

법은 삶에 대해서도 귀중한 교훈을 가르쳐준다. 그 교사는 수학이란 정답만 맞추는 게 중요하지 않다고 말했다. 중요한 것은 노력이다.

어렵고 힘들 때일수록 견디고 버티는 방법을 배우는 것이야말로 가장 중요하다. 딸의 수학 교사가 말했듯이, 세계 최고의 수학자들은 문제 하나를 풀기 위해 몇 년이 넘게 매달려 고심한다. 그분은 학생들에게 수학적 능력뿐만 아니라 문제를 해결하는 과정에서 난관에 부딪치더라도 포기하지 않고 헤쳐나가는 방법을 가르쳤다. 그녀는 학생들의 한계를 시험하는 숙제를 곧잘 내주곤 했다. 예를 들면 '계산기를 사용해도 좋지만 곱하기 버튼은 사용하지 말 것'처럼 특정한 제한을 두는 것처럼 말이다. 이런 독특한 방식으로 문제에 도전하게 함으로써 학생들이 어려운 문제를 창의적으로 해결하고 나아가 힘든 상황에서도 분투하며 해답을 찾을 수 있게 격려했다.

어려운 난관과 장애물에 부딪쳤을 때 어떤 방식으로 접근하느냐에 따라 – 당신의 근성과 회복력이 어디서 비롯된다고 믿느냐에 따라 – 성공여부가 결정되기도 한다.

스탠포드대학의 심리학 교수이자 《마인드셋Mindset》의 저자인 캐럴 드웩에 따르면[10] 고착형 사고방식을 지닌 사람들은 자신이 가진 특성이 선천적이라고 믿는다. 그런 사람들은 자신이 선천적으로 고정된 지능과 잠재력을 갖고 태어났으며 노력이 아니라 타고난 재능이 성공을 좌우한다고 믿는다. 반면에 성장형 사고방식을 지닌 사람들은 꾸준하고 성실하게 열심히 노력한다면 지금보다 더 발전할 수 있다고 믿는다. 어떤 재능과 능력을 갖고 태어났든 그것은 출발점에 불과하다. 그들은 아무리 훌륭한 위인이라도 성실한 연습과 배움을 거치지 않았다면 위대한 결과를 이룩할 수 없다는 사실을 잘 알고 있다.

드웩은 《하버드 비즈니스 리뷰》에 기고한 글에서 사람들은 대부분 한 가지 사고방식을 일관되게 유지하는 것이 아니라고 말한다. 우리는 대개 시간과 경험의 축적에 따라 변화에 대한 여러 가지 믿음을 갖고 이는 성공에 대한 우리의 잠재력에 강한 영향력을 끼친다. 상황이 어려워지면 모든 게 변화한다.

"이러한 마이크로 개념micro concept을 수정하더라도 성장형 사고방식을 갖추는 것은 쉬운 일이 아니다. 그 이유 중 하나는 사람에게는 누구나 고착형 사고를 자극하는 독특한 유인誘因이 있기 때문이다. 난관에 부딪치거나 비판을 받을 때[11], 혹은 타인과 비교당할 때 우리는 성장형 사고를 저해하는 불안감 또는 방어적인 태도에 빠지기 쉽다."

이 같은 사고방식에 영향을 받는 것은 리더와 기업들도 마찬가지다. 드웩은 이렇게 설명했다.[12]

"성장형 사고방식을 가진 기업은 원하는 결과를 내지 못할 수도 있다는 것을 알면서도 적절한 위험부담을 감수하도록 직원들을 독려한다. 프로젝트가 목표를 달성하지 못하더라도 중요하고 유익한 교훈을 배운 직원에게 포상을 부여한다. 그들은 팀이나 직원들이 경쟁하기보다 조직 내의 경계를 넘어 서로 협력할 수 있게 지원한다. 말로만 떠드는 것이 아니라 광범위한 발전이나 승진 기회 등의 행동을 통해 전 조직원의 성장을 유발하는 데 전념한다. 또 확고한 정책으로 성장형 사고관을 꾸준히 강화한다."

《심리학 선구자Frontiers in Psychology》에 게재된[13] 데이브 콜린스Dave Collins, 아인 맥나마라Aine MacNamara, 닐 맥카시Neil McCarthy의 2016년 연구는, 운동선수들이 도전에 접근하는 방식에 따라 세계급 '수퍼 챔피언'과 재능은 있지만 최고 수준에 오르지 못한 '하마터면 챔피언'으로 나뉜다고 한다. 본 연구에 따르면 수퍼 챔피언은 '도전에 거의 광적인 반응'을 보인다. 그들은 슬럼프와 부상, 또는 선발전에 떨어진 경험을 난관이나 장애물이 아니라 더욱 높이 발전할 계기로 여긴다. 반대로 하마터면 챔피언은 처음에는 모든 게 쉬웠다고 말하지만 난관에 부딪치면 원인을 외부에서 찾음으로써 부정적 태도를 보이거나 의욕을 잃는다. 비슷한 도전에 대한 서로 다른 대응방식이 그들의 궁극적인 성공 수준에 지대한 영향을 끼치는 것이다.

헌신적인 노력으로 고난을 이겨내는 것은 수학이든 스포츠든, 또는 일상적인 삶에서든 결코 쉬운 일이 아니다. 그러나 우리 평범한 사람들은 날마다 어려움을 극복하고 위대한 일들을 성취하고 있다. 장애물에 부딪칠 때마다 그런 탄성력을 발휘할수록 성공 가능성이 높아진다는 것을 안다면 힘든 길을 돌파할 때 큰 도움이 될 것이다.

감정적 거리 유지하기

크고 심각한 난관을 마주했을 때 이를 성장 기회로 여길 뿐만 아니라 위기상황에서 탁월하게 대처할 수 있는 사람을 찾아 옆에 두는 것은 굉장히 유익하다. 그들은 위태로운 시기를 견뎌낼 수 있게 돕고, 나아가 당신 스스로 그런 능력을 발전시키게 도울 수 있다.

6장에서 소개한 벤자민 조프 월트(두 팔 벌려 껴안기의 전문가)도 그런 사람 중 한 명이다. 그는 체인지닷오알지에 합류하기 전에《더 가디언The Guardian》과《텔레그래프Telegraph》에서 특파원으로 활약했는데, 특히 다푸르 인종학살과 르완다 후투족 난민에 이르기까지 아프리카 지역을 주로 다뤘다. 다시 말해 그는 대단히 어려운 상황에 대한 경험이 다분했다. 그를 처음 만났을 때 '쿠바에서 의약품을 전달하다 체포되었을 때…'라든가 '수단에서 이질에 걸렸을 때…' 같은 말로 시작하는 이야기를 여러 가지 들은 기억이 난다. 마치 저녁식사를 하면서 가벼운 잡담을 나누듯이 태연하게 말이다.

벤자민은 체인지닷오알지에서 커뮤니케이션팀을 이끌고 있을 때 팀원들에게 위기상황을 이겨내는 한 가지 방법은 사태의 심각성과 감정적 거리를 유지한 채 그것을 '재미난 것'으로 바라보는 것이라고 말한 적이 있다. 사건의 무게나 중요성을 폄하하라는 게 아니라 해결책을 모색하고 그러한 위기상황으로부터 배울 수 있는 것에 초점을 맞추는 전략을 사용하라는 것이다.

이는 또한 무거운 압박감 속에서 팀원들을 한데 뭉치게 하는 일종의 대응 메커니즘이기도 했다. 그때 우리가 사용하던 그룹 채팅방이 있었는데, 어쩌다 누군가 활동 중인 국가나 지역에서 힘든 위기나 도전을 맞닥뜨리게 되면 – 언론의 역할이 중요한 청원이나 우리가 허위 서명으로 청원 결과를 조작했다는 비난 등 – 다들 그 사람에게 아이러니를 담아 '재밌겠다!'라는 메시지를 날리곤 했다. 위기상황을 관리해야 하는 사람의 긴장감을 누그러뜨리고 다른 팀원들이 그를 지지하고 있음을 알려주기 위해서였다.

해외 업무를 담당하던 제이크 브루어Jake Brewer는 유달리 거기에 탁월한 재능을 갖고 있었다. 그는 어떤 위기상황에서든 기꺼이 달려들 준비가 되어 있었고 언제나 유연하고 열린 자세를 취했다. 그는 '재밌겠다!'에서 그치지 않고 아예 거기에 'TM'을 덧붙였다. 우리 팀이 정말로 위기관리에 뛰어난다면 아예 전매특허를 내서 어떤 종류의 상황이든 극복해 낼 수 있다는 것을 트레이드마크로 삼자고 말이다. 그래서 아무리 힘든 상황에서도 우리의 반응은 항상 '재밌겠다!™'였다.

2016년 후반에 나는 《포춘》이 주최하는 콘퍼런스에서 위기관련 패널로 참석했다가 월마트와 테라노스Theranos, 홀푸드에서 커뮤니케이션팀을 지휘한 브룩 뷰캐넌Brooke Buchanan을 만났는데, 그녀의 말은 이런 태도를 아주 잘 설명해 준다.

"왠지 몰라도 난 위험한 불속에 뛰어드는 게 좋더라고요."

그녀는 긴급 사태가 발생할 경우를 대비해 항상 침대 옆에 두 대의 전화기를 놓고 잔다고 말했다. 당신도 브룩과 벤자민, 그리고 제이크와 비슷한 사람들을 찾고 싶을 것이다. 가장 어려울 때 최고의 능력을 발휘하는 사람들, 주변의 다른 사람들을 일으켜 세워 함께 도전에 맞서 싸울 수 있게 가르칠 수 있는 사람들 말이다.

체인지닷오알지에서 온갖 산전수전을 헤쳐나가던 시절에 벤자민과 나는 힘든 상황에도 침착함을 유지하며 적응하는 능력이 모든 수준의 리더십에서 얼마나 중요한지 강조하면서 다음과 같은 말을 비유하곤 했다.

"호수에 배를 띄우면 훌륭한 선장이 되는 법을 배울 수 없습니다. 진정 자신의 역량을 시험하려면 폭풍우가 치는 날 바다로 나가 봐야 하죠."

위대한 리더는 조용하고 잔잔한 날뿐만 아니라 풍랑이 치는 날에도 팀을 이끌 수 있어야 한다. 폭풍우가 칠 때면 평소보다 더

퍼포스풀

기운 넘치는 동료가 있다면 큰 도움이 될 것이다.

변화란 당신이 꿈꾸는 이상적 미래에서 때로는 불완전한 현실에 이르기까지 여러 단계로 구성된 과정이며, 끊임없는 장애물과 난관으로 가득 차 있다. 따라서 이를 이해하려면 좌절과 실패를 잠재적인 무브먼트의 순간으로 인식해야 한다. 난관에 직면해도 희망을 갖고, 인내심을 발휘하며, 대의를 실현하기 위해 타인의 비판을 창의적으로 활용할 방법을 모색하는 것은, 모든 무브먼트 스타터와 리더들에게 가장 필수적인 기술이다. 그러한 역량을 갈고 닦는다면 아무리 험하고 어두컴컴한 산도 포기하지 않고 끝까지 오를 수 있을 것이다.

당신은 누구에게든 영향을 미칠 수 있다

이 책을 쓰기 위해 많은 사람들을 인터뷰하면서 내가 제일 좋아했던 것은, 그들이 무브먼트를 하면서 영감받은 사람들에 관한 이야기였다. 내가 만난 거의 모든 청원 발제자들이 그와 비슷한 캠페인을 시작하거나 사회적 행동을 실천한 사람들에게 큰 영향을 받았다고 털어놓았다. 변화를 만들기 위해 노력하는 사람이 있다는 것만으로도 그들에게 할 수 있다는 생각을 심어주었던 것이다. 그리고 놀랍게도 그중 대다수는 영감받은 사람들에게 '당신에게 감화되어 이런 일을 하게 되었다'고 밝힌 적이 없다고 한다.

우리는 우리가 한 말이나 행동이 어느 누구에게 영향을 끼쳤는지 평생 알 수 없을지도 모르지만, 그것이 다른 사람들에게 작지만 때로는 심오한 영향을 끼칠 수 있다는 사실을 늘 인지하고 있어야 한다. 우리의 말과 행동은 모르는 사이에 강력한 힘을 발휘할 수 있다.

호주에 거주하는 타린 브럼핏Taryn Brumfitt은 세 자녀의 어머니
로, 수년간 자신의 몸에 대해 불만을 가지고 있었다. 성형수술을
할까도 고민했지만 딸들에게 그릇된 본보기가 될지도 모른다는
생각에 단념했다. 그래서 그녀는 엄격한 다이어트와 운동, 그리
고 신체를 꾸준히 단련하여 보디빌더가 되었다. 그녀는 이렇게
말했다.

"완벽한 몸을 갖기 위해서 굉장히 엄격하고 제한된 삶을 살았
는데, 그건 별로 즐겁지가 않았어요."

타린은 자신이 원래의 몸이었을 때 더 행복했다는 사실을 깨
달았다. 타린이 있는 그대로 존중하고, 더욱 사랑하고, 균형 있게
대우하는 지금의 몸말이다. 그래서 타린은 뜻밖의 일을 감행했
다. 인터넷에 자신의 '비포&에프터' 사진을 올린 것이다. 하지만
보통 생각하는 '비포&에프터' 사진과는 달리 타린의 비포 사진
은 조각처럼 근육 잡힌 보디빌더의 몸매였고, 에프터 사진의 그
녀는 보다 통통하고 균형 잡힌, 더 즐겁고 행복한 몸이었다.

타린은 다른 사람들을 고쳐시키기 위해 이 사진을 올린 게 아
니다. 그저 자신의 몸을 사랑할 방법을 찾기 위한 개인적인 여정
일 따름이었다. 그러나 타린은 그 한 장의 사진이 얼마나 많은 사
람들에게 영감을 줬는지 알지 못했다. 타린의 사진은 1억 이상의

조회수를 기록했고, 7천 명이 넘는 사람들이 이메일이나 소셜 미디어를 통해 타린에게 그 사진을 보고 얼마나 큰 감명을 받았는지 고백했다. 타린이 용기를 내어 온라인에 올린 사진은 수백만 명을 감동시켰고, 그 결과 그녀는 《임브레이스_{Embrace}》라는 제목의 책을 집필하고 동명의 다큐멘터리를 제작했으며 나아가 몸 이미지에 관한 범세계적인 무브먼트를 이끌기에 이르렀다.

성폭력 생존자들을 위해 싸우고 있는 아만다 응웬은 다소 뜻밖의 이야기를 들려주었다. 매사추세츠주 의회에서 아주 힘든 하루를 보낸 어느 날, 그녀는 집으로 돌아가 정치가들이 친숙하지 않은 대의에 관심을 쏟게 설득할 수 없을 거라는 좌절감에 휩싸여 펑펑 울었다. 그리곤 다음 날 또다시 의원들에게 로비를 하기 위해 우버를 타고 의회로 가던 중, 우버 운전사가 왜 그곳에 가느냐고 물었다. 아만다는 말했다.

"그래서 그에게 이유를 말해줬지요. 그랬더니 생판 모르는 이 낯선 사람이 갑자기 울기 시작하는 거예요. 눈물이 가득 고인 눈으로 이렇게 말하더군요. '내 딸도 강간 생존자예요. 법의 도움을 받으려고 했는데 정말 엉망이더군요.' 그리곤 차를 멈춰 세우더니 나와 악수를 하고 싶다고 했어요. 딸을 위해 대신 싸워줘서 고맙다고요. '오늘 누구한테서 사랑한다는 말 들은 적 있나요? 나는 당신을 사랑합니다.' 난 그 사람을 평생 잊지 못할 거예요. 내가 이 일을 하면서 배운 게 하나 있다면 일을 할 땐 외로움을 느낄지 몰라도 사실 우리가 하는 일이 엄청나게 강력하고 중요한 영향을 미친다는 거예요. 얼마나 중요한지 당신이 알지도 못하고 어쩌면 상상조차 못한 사람들에게도 영향을 미칠 수 있죠."

아만다는 우버 운전사에게 누군가 그의 딸을 위해 투쟁하고 있다는 사실을 알려줌으로써 그를 감동시켰고, 그 보답으로 그 역시 그녀에게 커다란 감동을 주었다. 단순하긴 해도 그가 해준 감사의 말은 아만다에게 깊은 의미를 주었다. 특히 그토록 힘들고 지친 날에는 말이다.

장애인권 활동가이자 동기부여 강사며 또한 다운증후군을 앓고 있는 사라 울프는 ABLE법을 위해 싸우던 중 만난 수많은 사람들로부터 영감을 받았다. 그들과 이야기를 나누고 귀를 기울이는 일은 그녀가 실천하는 역할 중에서도 가장 의미가 깊고 장애인권을 위해 투쟁할 의욕을 불러일으켰다.

"사람들은 다른 사람을 고쳐시킵니다. 모든 사람들은 서로에게서 뭔가를 배울 수 있으니까요. 나는 고등학교 때까지만 해도 이런 일을 할 수 있을 거라곤 상상도 못했어요. 내 자신을 위해 나설 수 있다면 남들을 위해서도 그럴 수 있다는 걸 배웠지요. 난 이 일이 좋아요. 다른 사람들에게 배우고, 그 사람들과 친구들, 가족들, 그리고 그들의 감정에 대해 듣고 배우는 건 정말 굉장한 기

퍼포스풀

분이에요."

더욱 놀라운 것은 사라 본인의 활동이 장애인 사회와 그 너머에 있는 무수한 사람들을 고쳐시키고 감명을 주었다는 사실이다. 미국 다운증후군협회 회장 사라 위어는 이렇게 말했다.

"사라 울프는 놀랍다는 말로는 부족한 사람이죠. 지난 10년간 그녀는 이 법안의 얼굴이자 대표자였고, 자신의 주장을 펼치고 개인적인 이야기를 이용해 주변 사람들을 고무시키는 능력을 보면 정말 굉장합니다. 사라는 이 여정을 거치면서 훌륭한 사회활동가가 되었어요. 무엇보다 대부분의 사람들이 간과하는 점은 사라가 어제 태어난 또는 내일 태어날 다운증후군 아기의 부모들에게 높은 기준을 세워주었다는 겁니다. 그들은 이제 사라를 보고 사라가 무슨 일을 할 수 있는지 봅니다. 다운증후군을 가진 사람이 미국 상원 재정위원회 앞에서 연설을 하는 건 날마다 있는 일이 아니잖아요. 사라는 사람들의 인식을 완전히 바꿔놨어요. 그것도 자신의 진정한 모습을 보여줌으로써 그걸 해냈죠. 사라는 장애인 사회에 다운증후군을 가진 사람들도 밝은 미래를 가질 수 있다는 걸 보여줬습니다. 그들도 원하는 꿈과 희망, 열정을 이룩할 수 있다는 걸요."

인터뷰 상대에게 그러한 영감을 누구에게 받았는지 물으면 어머니, 옛 동료, 어린 시절의 교사, 그리고 함께 연주하던 펑크 밴드 멤버들에 이르기까지 각양각색의 대답을 들을 수 있었다. 무브먼트 스타터들은 크고 작은 일들을 통해 자신들이 영감받은 사람들을 즉시 말할 수 있었지만, 그들에게 어떤 영향을 받았는지 직접 이야기한 사람은 소수에 불과했다. 자신에게 영감을 준 사람에게 그 사실을 알려줬든 아니든, 무엇이 자신을 일깨운 계기가 되었는지는 모두가 분명히 알고 있었다. 그들도 크고 심각한 문제를 해결하고 무브먼트를 일으킬 수 있다고 보여주는 말이나 행동이었다.

우리는 우리의 말과 행동이 남들에게 어떤 영향을 끼칠지 정확하게 알지 못한다. 하지만 누군가의 청원에 '서명 이유' 같은 짧은 글을 남기는 사소한 행동도 커다란 영향을 끼칠 수 있다. 우리가 말하고 적는 사소한 것들이 엄청나게 큰일을 해낼 수 있다.

나는 기말학기 논문을 학술지에 내보라고 격려한 교수님과 중요한 기회가 될 역할을 맡긴 회사 상사가 내게 얼마나 긍정적이고 고무적인 영향을 끼쳤는지 기억한다. 나 역시 내가 학생들에게 보여준 신뢰가 성공의 발판이 되었다거나 작은 충고나 제안 덕분에 함께 일하는 동료들의 커리어가 완전히 바뀌었다는 이야기를 들으면 뜻밖의 기쁨을 만끽하곤 했다. 우리는 우리가 언제 어디서 어떤 사람들에게 지대한 영향을 미치게 될지 알 수 없다.

이 두 가지 사실을 늘 명심하자.

첫째, 다른 사람에게 끼칠 수 있는 영향에 대해 진지하게 생각해 보라. 항상 친절하고 격려하며, 그들이 더 높은 곳에 이르도록 지지하는 등, 크고 작은 상호작용을 해라. 우리의 말과 행동이 누구에게 얼마나 깊은 영향을 줄지 우리는 알 수 없기 때문이다.

둘째, 영감을 준 사람들에게 연락하여 그 사실을 알려주라. 이는 관계를 더 돈독히 할 수 있을 뿐만 아니라, 그 사실을 알려줌으로써 그들의 행동이 강화된다면 이 세상이 얼마나 더 나은 곳이 될 수 있을지 상상해 보라. 어쩌면 당신의 말 때문에 그들이 그런 행동을 더 자주, 많이 하게 될지도 모른다.

우리가 남들에게 영향을 줄 수 있는 사실을 안다는 것이 중요한 게 아니다. 긍정적인 영향을 주기 위해 노력하는 삶을 산다는 것이 중요하다. 목적이 있는 삶, 다른 사람들에게 봉사하는 삶, 그리고 희망이 있는 삶. 지금까지 우리는 용감하게 무브먼트를 시작한 사람과 그들을 지지하는 수많은 사람들이 새롭고 목표지향적인 회사를 만들기 위해, 고루한 조직 속에서 새로운 아이디어와 접근법을 실천하기 위해, 그리고 더 나은 세상을 위한 새로운 법률과 정책을 만들기 위해 얼마나 강력한 힘을 발휘할 수 있는지 보았다.

이제 당신 차례다.

1. 퍼포스풀의 놀라운 힘

1. Christine Todd Whitman, paraphrasing a quote attributed to the Dalai Lama.

2. The Nike Pro Hijab web, November 19, 2017, http://www.nike.com/ae/en_gb/c/women/nike-pro-hijab.

3. "B Corporation." Plum Organics | B Corporation. June 01, 2008. Accessed November 16, 2017, https://www.bcorporation.net/community/plum-organics.

4. Sandler Research, "Organic Baby Food Market—11.51% CAGR to 2020 Driven by EMEA," PR Newswire, July 7, 2016, http://www.sandlerresearch.org/global-organic- baby-food-market-2016-2020.html and https://www.marketwatch.com/ story/organic- baby-food-market—1151-cagr-to 2020-emea-2016-07-07-4203226.

5. Brielle Schaeffer, "Student Finds Niche in Bra World," Jackson Hole News & Guide, March 26, 2014, http://www.jhnewsandguide.com/news/business/student-finds-bra-world/article_8569c52c-6c14-5b2b-a9ac-

3012c13f73e9.html.

6. Elana Lyn Gross, "How Yellowberry Is Changing the Bra Industry for Pre- Teens," Forbes, April 17, 2017, http://www.forbes.com/sites/elanagross/2017/04/17/how- yellowberry-is changing-the-bra-industry-for-pre-teens/2/.

7. Manuela Bárcenas, "Sara El-Amine Shares Digital Advocacy Experience at Ottawa Progressive Policy Conference," The Capital Times (blog), March 31, 2016, http://ottcapitaltimes.wordpress.com/2016/03/31/sara-el amine-shares-digital-advocacy-experience-at ottawa-progressive-policy-conference/.

8. J. L. Freedman and S. C. Fraser, "Compliance Without Pressure: The Foot-in-the-Door Technique," Journal of Personality and Social Psychology 4, no. 2 (1966), 195–202.

9. John P. Kotter and James L. Heskett, Corporate Culture and Performance(New York: The Free Press, 1992).

10. Harvard Business Review Analytic Services and EY Beacon Institute, The Business Case for Purpose(Harvard Business School Publishing, 2015), http://www.ey.com/Publication/vwLUAssets/ey the-business-case-for-purpose/$FILE/ey the-business-case-for-purpose.pdf.

11. Karen Freeman, Patrick Spenner, and Anna Bird, "Three Myths about What Customers Want," Harvard Business Review, May 23, 2012, http://hbr.org/2012/05/three-myths-about-customer-eng.

12. Reid Hoffman, "The Power of Purpose at Work," ReidHoffman.org, November 6, 2015, http://www.reidhoffman.org/article/1470.

2. 기꺼이 시작하면 도달한다

1. Amy Poehler, Yes Please(New York: Dey Street Books/William Morrow Publishers, 2014).

2. Gloria Teal, "The Spark That Lit the Gay Rights Movement, Four Decades

Later," PBS.org, June 30, 2010, http://www.pbs.org/wnet/need-to-know/culture/the-spark-that-lit-the-gay-rights-movement-four-decades-later/1873/.

3. Arlene Mayerson, "The History of the Americans with Disabilities Act: A Movement Perspective," Disability Rights Education and Defense Fund, 1992, https://dredf.org/news/publications/the-history-of the-ada/.

4. Tiffany Shlain,"50/50: Rethinking the Past, Present & Future of Women+Power,"(film), 2016, http://www.letitripple.org/films/50-50/.

5. Chiyoko Kobayashi Frank, Simon Baron-Cohen, and Barbara L. Ganzel, "Sex Differences in the Neural Basis of False-Belief and Pragmatic Language Comprehension," NeuroImage 105(January 15, 2015): 300–11, doi:10.1016/j.neuroimage.2014.09.041; Gijsbert Stoet, Daryl B. O'Connor, Mark Conner, and Keith R. Laws, "Are Women Better Than Men at Multi-Tasking?" BMC Psychology 1, no. 18(October 24, 2013), http://doi.org/10.1186/2050-7283-1-18; Danny Cohen-Zada, Alex Krumer, Mosi Rosenboim, and Offer Moshe Shapir, "Choking Under Pressure and Gender: Evidence from Professional Tennis," Journal of Economic Psychology 61(August 2017): 176–90, https://doi.org/10.1016/j.joep.2017.04.005.

3. 간절한 것을 설정하라

1. Ken Auletta, Googled: The End of the World as We Know It(New York: Penguin Books, 2010).

2. Marshall Ganz. "What Is Public Narrative: Self, Us & Now, 2009."(Public Narrative Worksheet). Working Paper. http://nrs.harvard.edu/urn-3:HUL.InstRepos:30760283 and https://dash.harvard.edu/bitstream/handle/1/30760283/Public-Narrative-Worksheet-Fall-2013-.pdf?sequence=1

3. "His Parents' Death Gave Him a Mission: The Medical Brain Drain in Sub-Saharan Africa." *Goats and Soda: Stories of Life in a Changing World*, National Public Radio, April 28, 2017, http://www.npr.org/sections/goatsa ndsoda/2017/04/28/525756657/his-parents-death-gave-mission-stop-the-medical-brain-drain.

4. "Guided Example: Project Superwomen," Center for Theory of Change, December 27, 2004, http://www.theoryofchange.org/pdf/Superwomen_ Example.pdf.

5. Derek Sivers, "How to Start a Movement," filmed February 2010 at TED2010, TED video, 3:09, https://www.ted.com/talks/derek_sivers_ how_to_start_a_movement.

6. "Blowing Hot Air," DailyCandy, February 10, 2010, http://www.dailycandy. com/los-angeles/article/80153/Drybar-Blow-Dry-Studio-Opens.

7. "Nielsen: Global Consumers' Trust in 'Earned' Advertising Grows in Importance," news release, April 10, 2012, http://www.nielsen.com/us/en/ press-room/2012/nielsen-global-consumers-earned-advertising-grows.html.

8. Jenny Gao, "How to Make $1M in a Day with Gretta van Riel, Instagram Queen," Influencive, June 22, 2017, http://www.influencive.com/gretta-van-riel.

9. Nathan Chan, "How Gretta Rose van Riel Built Multiple Multimillion Dollar Ecommerce Businesses with This One Simple Hack," Foundr, May 25, 2017, http://foundrmag.com/gretta-rose-van-riel-influencer-marketing/.

10. Esha Chhabra, "Meet the Female Entrepreneur Who Raised Over $3 Million from Crowdfunding, Not VCs," Forbes, July 31, 2017, http://www. forbes.com/sites/eshachhabra/2017/07/31/meet-the-female-entrepreneur-who-raised-over-3-million-from-crowdfunding-not-vcs/.

4. 골리앗을 동반자로 만들라

1. "Don't Raise Your Voice—Improve Your Argument," Murmurings to the Masses(blog), November 24, 2004, http://people.cs.uchicago.edu/~srasul/ blog-archives/ murmur-v1/C1092540138/ E714722103/index.html.
2. "The King Philosophy," The Martin Luther King, Jr. Center for Nonviolent Social Change, http://www.thekingcenter.org/king- philosophy.
3. Malcolm Gladwell, David and Goliath: Underdogs, Misfits, and the Art of Battling Giants(New York: Little, Brown and Company, 2013).
4. Gladwell, David and Goliath.
5. Reuters, "Brown Calls for More EU Sanctions on Myanmar," October 6, 2007, http://www.reuters.com/ article/us myanmar-britain-idUSL06416574 20071006.
6. Tessa Hill and Lia Valente, "'Allegedly,' the Rape Culture Doc by Grade 8 Consent Activists," Huffington Post Canada, June 23, 2015, http://www. huffingtonpost.ca/2015/06/23/allegedly-rape-culture-tessa-hill-lia-valente_ n_7637832.html.
7. Benjamin Wallace, "SeaWorld, Breached," New York, May 4, 2016, http:// nymag.com/ daily/intelligencer/2016/04/seaworld-tilikum-orcas.html.
8. Paul Rockwell, "Protect Your Users From Stalkers and Help Keep Victims Safe,"(blog), Change.org, February 21, 2014, https://www.change.org/ p/linkedin-protect-your-users-from-stalkers-and-help-keep-victims-safe/ responses/10562.

5. 혼자서는 멀리 갈 수 없다

1. "Contrary to what I believed as a little girl": Tina Fey, Bossypants(New York: Little, Brown and Co. 2011).
2. Özgecan Aslan, a nineteen-year-old Turkish university student: RT, "Massive

Protests in Turkey after Student Murdered and Burnt in Attempted Rape," RT.com, February 14, 2015, http:// www.rt.com/news/232423-turkey-protests-student-rape/.

3. "The Six People You've Never Heard of Who Changed the World in 2015," Independent, December 31, 2015, http://www.independent.co.uk/voices/the-six-people-youve-never-heard-of-who-changed-the-2015-a6792246.html.

4. A. M. Grant, E. M. Campbell, G. Chen, K. Cottone, D. Lapedis, and K. Lee, "Impact and the Art of Motivation Maintenance: The Effects of Contact with Beneficiaries on Persistence Behavior, Organizational Behavior and Human Decision Processes 103(2007), 53–67.

5. Susan Dominus, "Is Giving the Secret to Getting Ahead?," New York Times Magazine, March 27, 2013. http://www.nytimes.com/2013/03/31/magazine/is giving-the-secret-to getting-ahead.html.

6. Robert Rosenthal and Lenore Jacobsen, Pygmalion in the Classroom: Teacher Expectation and Pupils' Intellectual Development(New York: Holt, Rinehart and Winston, 1968).

7. John Rutkiewicz, "Great Expectations Drive Great Performance," Living As A Leader, https://www.livingasaleader.com/great-expectations.

8. Jack Zenger and Joseph Folkman, "If Your Boss Thinks You're Awesome, You Will Become More Awesome," Harvard Business Review, January 27, 2015, http://hbr.org/2015/01/if-your-boss-thinks-youre-awesome-you-will-become-more-awesome.

9. Alison Wood Brooks and Francesca Gino, "Asking Advice Makes a Good Impression," Scientific American, March 1, 2015, http://www.scientificamerican.com/article/asking-advice-makes-a good-impression1/.

10. Julia Rozovsky, "The Five Keys to a Successful Google Team," re:Work(blog), November 17, 2015, http://rework.withgoogle.com/blog/five-keys-to-a successful-google-team/.

11. Brené Brown, "The Power of Vulnerability," filmed June 2010 at TEDxHouston, TED video, 20:19, http://www.ted.com/talks/brene_

brown_on_vulnerability.

12. Jessica Glenza, "Congress Passes Bill to Extend Health Coverage for 9.11 Responders," Guardian, December 16, 2015, http://www.theguardian.com/us-news/2015/dec/16/congress-spending-bill-budget-zadroga-911-health-and-compensation-act.

13. Robin Roberts with Veronica Chambers, Everybody's Got Something(New York: Grand Central Publishing, 2014).

14. Robin Roberts, interview by Rachel Martin, "Wise Words from Robin Roberts' Mom: 'Honey, Everybody's Got Something', " Weekend Edition Sunday, NPR, April 27, 2014, http://www.npr.org/2014/04/27/306542402/wise-words-from-robin-roberts-mom-honey-everybody-s got-something.

15. Lee Ross and Leonard Berkowitz, "The Intuitive Psychologist and His Shortcomings: Distortions in the Attribution Process," in Advances in Experimental Social Psychology, vol. 10(New York: Academic Press, 1977), 173– 220.

16. Brené Brown, Rising Strong: The Reckoning. The Rumble. The Revolution(New York: Spiegel & Grau, 2015).

17. Kate Gamble Dickman, "Beam Me Up, Sweet Scotty," January 9, 2017, http://medium.com/@kategambledickman/beam-me-up-sweet-scotty-fab26b8b6ab9.

18. Urban Dictionary(web), definition by Portpressure, July 01, 2005, https://www.urbandictionary.com/define.php? term=coxswain.

19. Alan W. Gray, Brian Parkinson, and Robin I. Dunbar, "Laughter's Influence on the Intimacy of Self-Disclosure," Human Nature 26, no. 1(March 2015), https://doi.org/10.1007/s12110-015-9225-8.

20. Joel Stein, "Humor Is Serious Business," Insights by Stanford Business, July 11, 2017, http://www.gsb.stanford.edu/insights/humor-serious-business.

6. 부정 요인에 속지 마라

1. Scott Stratten, UnMarketing: Stop Marketing. Start Engaging(Hoboken, NJ: John Wiley & Sons, 2012).
2. Xeni Jardin, "What Amazon's Jeff Bezos Thinks about Peter Thiel and Hulk Hogan vs. Gawker," June 1, 2016. https://boingboing.net/2016/06/01/what-amazons-jeff-bezos-thin.html. Link to video: https://www.youtube.com/watch? time_continue=291& v=Mf0e8M5Fxfo(4:51).
3. "Understanding the Stress Response," Harvard Health Publishing, March 2011, updated March 18, 2016, https://www.health.harvard.edu/staying-healthy/understanding-the-stress-response; Tiffany A. Ito, Jeff T. Larsen, N. Kyle Smith, and John T. Cacioppo, "Negative Information Weighs More Heavily on the Brain: The Negativity Bias in Evaluative Categorizations," Journal of Personality and Social Psychology 75, no. 4(1998), 887–900, http://dx.doi.org/10.1037/0022-3514.75.4.887.
4. Tony Schwartz, "Overcoming Your Negativity Bias," Dealbook(blog), New York Times, June 14, 2013, http://dealbook.nytimes.com/2013/06/14/overcoming-your-negativity-bias/.
5. McKenna Pope, "McKenna Pope: Want to Be an Activist? Start with Your Toys," filmed November 2013 at TEDYouth 2013, TED video, 5:22, http://www.ted.com/talks/mckenna_pope_want_to_be_an_activist_start_with_your_toys.
6. McKenna Pope, "McKenna Pope: Want to Be an Activist? Start with Your Toys," filmed November 2013 at TEDYouth 2013, TED video, 5:22, http://www.ted.com/talks/mckenna_pope_want_to_be_an_activist_start_with_your_toys.
7. "A Victim Treats His Mugger Right," Morning Edition, NPR, March 28, 2008, http://www.npr.org/2008/03/28/89164759/a victim-treats-his-mugger-right.
8. Nelson Mandela, Long Walk to Freedom(New York: Little, Brown and Company, 1994).

9. Eli Saslow, "The White Flight of Derek Black," Washington Post, October 15, 2016, http://www.washingtonpost.com/national/the-white-derek-black/2016/10/15/ed5f906a-8f3b-11e6-a6a3-d50061aa9fae_story.html.

10. R. Derek Black, "Why I Left White Nationalism," New York Times, November 26, 2016, http://www.nytimes.com/2016/11/26/opinion/sunday/why-ileft-white-nationalism.html.

7. 실패의 두려움을 넘어서라

1. Mary Pickford, Why Not Try God?(Culver City: Northern Road Productions, 2013). First published 1934 by H. C. Kinsey & Co.

2. "Ben Silbermann Keynote Address at Alt Summit," Vimeo video, 1:05:38, filmed January 27, 2012, in Salt Lake City, http://vimeo.com/user10165343/review/35759983/ 820bd84fa4.

3. F. Scott Fitzgerald, Tender Is the Night(New York, Charles Scribner & Sons, 1934).

4. "Rocky Balboa (2006) Quotes," IMDb, http://www.imdb.com/title/tt0479143/quotes.

5. The speed of getting through failures: Gerald Beals June. The Biography of Thomas Edison(web). 1999. http://www.thomasedison.com/ biography.html.

6. Amram Shapiro, Louise Firth Campbell, and Rosalind Wright. The Book of Odds: From Lightning Strikes to Love at First Sight, the Odds of Everyday Life(New York: William Morrow, 2014).

7. "Pat Summitt's Son: 'God Has Bigger Plan for Her'", CBS News, April 20, 2012, http://www.cbsnews.com/news/pat-summitts-son-god-has-bigger-plan-for-her/.

8. "Study Focuses on Strategies for Achieving Goals, Resolutions," Dominican University of California, http://www.dominican.edu/dominicannews/study-

highlights-strategies-for-achieving-goals.

9. Malcolm Gladwell, "The Physical Genius," New Yorker, August 2 1999, http://www.newyorker.com/magazine/1999/08/02/the-physical-genius.

10. Carol Dweck, "What Having a 'Growth Mindset' Actually Means," Harvard Business Review, January 13, 2016, http://hbr.org/2016/01/what-growth-mindset-actually-means.

11. Dweck, "What Having a 'Growth Mindset' Actually Means."

12. Dweck, "What Having a 'Growth Mindset' Actually Means."

13. Dave Collins, Aine MacNamara, and Neil McCarthy, "Super Champions, Champions, and Almosts: Important Differences and Commonalities on the Rocky Road," Frontiers in Psychology, January 11, 2016, http://journal.frontiersin.org/article/10.3389/fpsyg.2015.02009/ full.

퍼포스풀

1판 1쇄 인쇄 2021년 1월 4일
1판 1쇄 발행 2021년 1월 11일

지은이   제니퍼 덜스키
옮긴이   박슬라

발행인   양원석
편집장   최두은
책임편집   정효진
디자인   어나더페이퍼
영업마케팅   양정길, 강효경

펴낸 곳   ㈜알에이치코리아
주소   서울시 금천구 가산디지털2로 53, 20층(가산동, 한라시그마밸리)
편집문의   02-6443-8847   도서문의 02-6443-8847
홈페이지   http://rhk.co.kr
등록   2004년 1월 15일 제2-3726호

ISBN 978-89-255-8940-4 (03190)